JN204167

隔たりと政治

統治と連帯の思想

重田園江

青土社

隔たりと政治　目次

III　隔たりと政治

隔たりと政治　統治と連帯の思想

はじめに

政治体は人体と同じで、出生が死への門出であり、自己のうちに破滅の原因を宿している。だがいずれの場合も、丈夫できちんと手入れされた作りであるか否かによって、長生きしたり早死にしたりする。人の作りは自然の作品で、国家の作りは人工の作品である。人の寿命を延ばすのは人間のわざでは無理だが、ありうる最善の状態を与えられれば、国家の寿命はできるだけ延ばすことができる。よりよい国家にもやがて終焉が来る。だが国制さえうまく作れば、予期せぬ事故で寿命の前に死んでしまわないかぎり、その国はほかの国より長く生き延びるだろう。

――ルソー『社会契約論』第三篇第一一章「政治体の死について」

本書はさまざまな思想家について、また思想家たちのアイデアに基づいて書かれている。それによって考えたかったこと、知りたかったことは、「いま」がどういう時代なのかである。これは言い換えると、二一世紀とはどういう時代なのかということだ。本書の中には一六世紀から二〇世紀までのさまざまな思想家が登場する。だがとりわけ、ミシェル・フーコー、カール・ポランニー、ハンナ・アーレントなど、二〇世紀の思想家が中心となっている。

三者に共通するのは、彼らにとっての「いま」を避けがたく規定する二〇世紀前半を、遡る時代や地域に遠近をつけて考察することで照らし出そうとする努力であった。彼らはときに古典古代に向かい、またオリエント世界、そしてより広範囲の非ヨーロッパ社会へと歴史的にも地理的にも飛翔した。それを通じて示されたのは、近過去である「西洋近代」によって作られた「いま」の歪みと危機的状況であった。彼らは近過去を透かし見ることで「いま」を捉えたのである。

半世紀後に生まれた者としてしなければならないのは、これとは別の事柄だろう。二度の世界大戦がすでに歴史となり世紀が変わった現在、なすべきことはむしろ「いま」を起点に近未来を見ることではないだろうか。本書に収められた諸論考のテーマは多岐にわたるが、この一点においてすべての論考のポジショニングは共通しているように思われる。五〇年前の思想家たちは激動の時代の「あと」に思索した。いまのわたしたちは新たに生じつつある時代の変動の「まえ」におり、それを予感している。その予感は決して明るいものではない。だが身をすくめて待っていては時のえじきにされてしまう。

未来をいまよりよくしたいと願うことは、ホッブズによれば人間本性である。異なった思惑をもつ人々が住まうこの世界では、未来をよくしたいという個々の願望は意図せざる結果を生む。それが愚かな帰結につながらぬよう社会のチューニングを調整することは、生きるときを選べない人間という生物に与えられた責務ではないだろうか。

一七世紀が発見した人間の姿は次のようなものだった。人間とは時間という枷の外には出られず、限られた空間を占め、そこでコナトゥスを燃やす存在である。そしてわたしたちは、いまもこの人間観のうちに生きている。近代が発見した、あるいは作り出した人間観はそう簡単に変わることはない。変わったのは社会であり、世界のさまざまな地域と時間を生きる人々が結ばれる、そのあり方である。人が社会において共存せざるをえない以上、相互行為によって社会の状況や条件は変わりつづける。そのためそこにはつねに不協和や摩擦が生じ、何らかのチューニングが必要になる。

本書のタイトル『隔たりと政治』も、こうした一七世紀以来の人間像を前提としている。ホッブズは自然状態の人間が「孤独で惨め」だと言った。この状況は、人間が孤独 solitary だがひとり alone ではないことによって生じる。人は生のさまざまな局面で、自分を優先し、人より先んじたい、できるだけ有利な立場に置かれたいと願う。その意味で人は孤独だが、かといって他者なしで生きることなどできない。たしかに他者と関わらなければ嫉妬も競合もなく、安らかに暮らせるかもしれない。それはルソーの「自然人」の生である。だがわたしたちはその生活を想像することができない。しかも自然人は、言語ももたず複雑な感情もなしに動物のように生きて死ぬ。つまり人が人としての生を営むかぎり、その生は他者との共存を条件としている。しかし同時に、共存それ自体によって孤独に陥らざるをえないのである。

これが人と人との「隔たり」の意味するところである。この隔たりは、何らかのしかたでそれを埋める努力がなされなければ、厄介な事態を引き起こす。それはたとえば「孤独死」のような形で、人をばらばらにしてしまうだけではない。隔たりながらもともに生きざるをえない人間の条件によって生じるのは、紛争、抗争、そして暴力と支配である。弱き者たちは強い者の口車に乗せられ、ときに愚かにふるまい、それを通じて犠牲にされる。

ここに政治の舞台がある。政治とは、孤独だがひとりではない人間たちがくりひろげる生の闘争、そこから帰結する暴力と抑圧を矯めるためにある。隔たりながらもひとりになれないことが人間にとって避けがたい条件である以上、政治が必要とされる。ではその政治はどのような形で展開し、そこにどんな軋轢や問題が生じているのか。またそれはどのような方向を目指すべきなのか。さらに、そうした政治が成立する場、政治の舞台とはそもそもどのような場所なのか。

本書はⅢ部構成をとっており、それぞれの部がこれらの問いに異なった視角から答えようとしている。

第Ⅰ部は、現代における政治の展開とそこで生まれる軋轢について、いくつかの具体的場面を見ていきながら素描したものである。全体として「新自由主義の統治」をキーワードにしている。というより、「新自由主義」の概念そのものを再検討するものとなっている。統治がなされるいくつかの領域を見ていくと、新自由主義が一枚岩ではないことに気づく。あるいはそもそも新自由主義の統治と呼べるような共通の特徴があるかどうか自体分からなくなる。このことをいくつかの実例を通じて示そうと試みている。それだけでなく、では仮に現状が「ポスト新自由主義」とでも呼ぶべき状況であるとして、それがいかに混迷をきわめているかを描写している。

第Ⅱ部は、「ばらばらにして活用する」という新自由主義における個人の扱いとは対照的な、「つながり」をテーマとしている。どうすればつながりを語る言語を構築することができるのか。そしてまた、新しいつながりのヒントはどこにあるのか。一つは、あまりにひどい現状を見かねてやむにやまれず立ち上がった人たちが現に作りつつあるつながりの中であるだろう。もう一つは、福祉国家以前のつながりの言語の再検討を通じて、構想されたが実現しなかったさまざまな可能性を明らかにしていく必要があるだろう。こうした作業によって、現在流布している「つながり」をめぐる言説に何が足りないのか、わたしたちはどこで想像力を発揮し希望を抱くべきなのかを考えようとしている。

第Ⅲ部は、統治が行われ、政治が営まれる「場」、政治の舞台についての考察である。人が生きる場所とは、神々や聖人君子が集う天上の世界と、素朴で時間性を欠いた本能と感情のままに生きて死ぬ動物たちが住まう世界との間にある。自然人と神とのあわいと言ってもよい。それがもたらすもの、そして人間がこの世を生きるかぎりとどまらざるをえない場所について、さまざまな素材や場面、また思想家たちを引いて考察している。

人間たちが織りなす関係の帰結として変動しつづける社会の、いま現在の姿はどのようなものなのか。そして悪い結末を回避し人々の生の場所をできるだけ長く維持しつづけるために、何がなされるべきなのか。古いことばでいうなら、これは国制をうまく作って政治体の寿命を延ばすための「わざ」の探求である。これについて考え、行動するためのヒントが、本書の中に隠れていることを願う。

I　隔たりと統治

第Ⅰ部について

第一部は五つの論考からなる。はじまりはやはりフーコーであった。彼が一九七九年の講義で取り上げた「新自由主義の統治」とはどのようなものなのか。フーコー自身の研究は、いくつかの思想史あるいは科学認識論上のターニングポイントを示したものである。そのため、それが現代の、とりわけ多様な社会領域においてどのような働きをしているのかを考察する仕事は残されたままであった。これについて、保険や社会保障、犯罪と処罰と治安維持、市場をめぐる統治、官僚制の再編成、そして行政と政治の関係といったテーマで論じたのが第Ⅰ部の諸論考である。

コミュニティと犯罪、新しい保険商品、市場をめぐる諸言説の歴史と現在、大学への行政の介入、行政スキャンダルといったいくつかの場面を見ていくことで明らかになるのは、長らく「ポスト福祉国家」あるいは「新自由主義」として括られてきた統治のあり方が、領域によってまた場面によってそれぞれ別個の特質をもっていることである。

大前提となるのは、「市場の論理」によって完全に秩序づけられるような場が、社会の中にはほぼ存在しないという事実である。市場は一八世紀に、万能の利益調整システムとして華々しく登場した。しかしいわゆる「完全競争」が一つの理念型であり、経済学の科学化と数学化のために要請された非現実であることは、いまではよく知られている。とくに近年は、経済学自体が合理的経済人を批判することで展開してきており、一口に経済学といってもその内部での分岐が著しく、「標準的経済学」が一つの像を結ぶことは難しくなっている。

そのため新自由主義は、交換におけるエゴイズムと相互利益の調和よりは、むしろ競争を通じた社会の活性化という秩序像を前面に打ち出してきた。人は自己を資本として生涯を組み立てる企業家であるといったモデルが重視されてきたのである。しかし、ここでもまた社会の多くの領域は、自己を資本として投資しつづける企業家モデルを単純には適用できないことが明らかになる。

あまり費用をかけずに犯罪を地域から減らすにはどうすればいいか。社会保障の行き詰まりの中で、市場や競争と保障の言語を結びつけるにはどうすればいいか。いうことをきかず二言目には「学問の自由」を唱える大学教員たちを管理下に置いて効率を上げるにはどうすればいいか。「官邸」とは異なる独自の人事システムと価値観で動く官僚たちに、規則を踏み越えさせ思いどおりに動かすにはどうすればいいか。

これらの問題に応えるため、それぞれの領域で、競争、自己投資、成果主義、自己責任、自己利益、功利的行動、自由の下でのサンクションなどの、市場と関係ありそうだが自己調整の論理とは直接結びつかない価値観や原則がさまざまに適用され、統治が編成されてきた。そのありようを示したのが第Ⅰ部の諸論考である。

それを通じて改めて示されるのは、「新自由主義の統治とは、市場の論理の社会への貫徹である」といった命題が現実を言い当てていないということである。場面によって、領域によって、統治は多様であり、一括りにその特徴を述べることはできない。同じことばが異なった文脈や意味で用いられ、期待される人の行いもそれぞれ違っている。

こうした個別領域の違いの先に、何を見出すことがでるだろう。人をどう捉え、欲望のどの部分をくすぐって、あるいはどのように恐怖心を煽って統治可能な存在に作りかえていくのか。第Ｉ部の諸論考を通じて、「ポスト福祉国家」時代の統治の戦略のうちに、読者がぼんやりとでも共通の方向性を見出せたなら、それで第Ｉ部の目的は果たせたといえる。

第一章　監視と処罰の変貌

1　はじめに

二〇世紀の終わりから現在にいたるまで、犯罪統制や処罰、刑事政策の領域において、目まぐるしい変化と新しい事態が次々と起こっている。だがとくに日本においては、刑事司法と裁判に関連する事柄を議論するのはもっぱら法学者や法曹家に限られてきた。そうでない人たちが論じはじめると、それは「市民の意見」となり、「素人はこう思う」「一般市民の感情はこうだ」という、専門家とは隔たったコモンセンスの一般感情となるか、被害者家族や遺族の生々しい声となる。さらに、逮捕から判決までという刑事司法の入口のところはさかんに取り上げられるが、その後の処遇あるいは犯罪予防から被害者への対応をも含む広い意味での犯罪政策については、ごく限られた法学・犯罪学関係者以外にはさほど真剣な興味も持たれていないようである。そして、世間をにぎわした重大犯罪の被告が死刑を執行され、あるいはまれには出所するときだけ、もう一度その事件が振り返られるにすぎない。そのため、現在の社会状況との関係で犯罪政策の動向を位置づけるという、法律専門家の議論とも一般市民の感情とも違ったレベルで、監視と処罰の現在を考えようとする研究[1]が成立する余地がきわめて限られている。

日本でなぜ法律専門家(あるいは法学部出身者)でない研究者が、犯罪について法学的にでも犯罪学的にでもなく論じるのが難しいのかは分からない[2]。だが逆に専門家でないからこそ、別の脈絡につながる動向として現在の犯罪政策を見られる強みはあるはずだ。この論考は、以前に私が書いた二つの論文[3]の延長上に、ミシェル・フーコーが「統治性」の研究において取り上げた次元[4]に注意を払いながら、「犯罪政策の現在」を位置づけようとする試みである。不十分かもしれないが、日本における監視と処罰のあり方に一つの見取り図を与えるとともに、その動向が、混沌として行方の定まらない現在の日本社会の状況そのもののある種危険な表現となっていることを示したい。

2 監視と処罰の断絶という様相

最初に、世紀の境目あたりから二〇〇〇年代に入って目立ちはじめた現象を挙げたい。まず、コミュニティベースの犯罪予防活動の隆盛がある。街区や学区単位での安全パトロールや地域防犯活動など、警察と連携しながらも警察だけに依存しない、コミュニティから人材を募ったボランティア活動としての犯罪予防活動がさかんになっている[5]。

また、たとえばホームセキュリティや集合住宅のオートロックシステム、街中の監視カメラ、あ

（1）たとえば、Pat O'Malley, 'Risk Societies and the Government of Crime,' in Mark Brown, John Platt ed., *Dangerous Offenders: Punishment and Social Order*, Routledge, 2001, pp.17-33〔重田園江訳「リスク社会と犯罪統治」『現代思想』二〇〇八年一〇月号、一九五―二一一頁〕のような研究。

（2）イギリス、アメリカ、オーストラリアなどでは事情が異なるようである。イギリスのケンブリッジ大学には「犯罪学研究所」として、犯罪学専門の大学院がある。リヴァプール大学犯罪学コースは、捜査心理学（犯罪者と犯罪行動の心理分析）が専門のデイヴィッド・カンターが創設したものである。アメリカで犯罪社会学や犯罪心理学がさかんであることは言を俟たない。また、オーストラリア国立大学の犯罪学コースでは、社会学的な考察に力点を置いた研究が行われている。いずれの国でも、犯罪と社会の関係や新たな犯罪捜査技術の社会的な意味について研究できる環境がある。日本では刑法学研究に付随する形での犯罪学や犯罪心理学以外に、そのような研究を行うことができるディシプリンはほぼないのが実情である。そのため、こうした研究に関心をもつ人材が育つ可能性が少なく、現在こうした研究に携わるのは、他に専門を持ちながらたまたまそれに関心を持った研究者に限られるように思われる。

（3）「プロファイリングの現在」「ＧＩＳ――空間を掌握する」（重田園江『フーコーの穴――統計学と統治の現在』木鐸社、二〇〇三年、一八七―二四八頁所収）。このうち「ＧＩＳ――空間を掌握する」は、はじめ『現代思想』二〇〇二年九月号に掲載された。著書収録後も含め、二つの論考への反応は現在まで皆無に等しい。

（4）Michel Foucault, *Sécurité, territoire, population, Cours au Collège de France, 1977-1978*, Paris: Gallimard / Seuil, 2004.〔高桑和巳訳『安全・領土・人口――コレージュ・ド・フランス講義 1977-1978 年度』筑摩書房、二〇〇七年〕

（5）日本において、コミュニティパトロールを中心とする犯罪予防活動を積極的に推奨しているのは、たとえば立正大学の小宮信夫である。著書に『ＮＰＯによるセミフォーマルな犯罪統制――ボランティア・コミュニティ・コモンズ』立花書房、二〇〇一年、『犯罪は「この場所」で起こる』光文社新書、二〇〇五年、『犯人目線に立て――危険予測のノウハウ』ＰＨＰ研究所、二〇〇七年などがある。

るいはオービス（写真撮影によるスピード違反取締り）やNシステム（自動車ナンバー自動読取装置）、また道路上のライブカメラなど、新しいテクノロジーを用いた自動的・非人的監視が驚くべきスピードで普及している。

こうした装置は大きく分ければ「監視」の部類に入る。子どもたちの通学路を地域の大人が見守り、商店が危ない目に遭ったときの避難場所の機能を果たし、安全な通りを作ることで買い物客に安心してもらう。これらはたしかに何かを監視している。だが少し考えると分かるとおり、『監獄の誕生』(6)で知られるようになった、受刑者・労働者・子どもなど、「逸脱」の危険を孕んだ存在に目印をつけ、それらを特権的な監視対象とするのとは決定的に異なっている。

一方処罰の側では、二〇〇一年・二〇〇七年道路交通法改正による交通違反の厳罰化、二〇〇一年刑法改正時の危険運転致死傷罪の新設、二〇〇七年少年法改正による少年院送致対象年齢などの引き下げ、近年の死刑判決数および死刑執行人数の増加(7)など、軽犯罪・重罪を問わず厳罰化が進行している。また、二〇〇四年の犯罪被害者等基本法成立に見られるように、被害者あるいは遺族の感情や意見への配慮という、これまでの日本の司法においては前面に出てこなかった問題が大きくクローズアップされるようになった。こうした動きと連動して、マスコミの事件報道においても、少し前は少年犯罪の実名報道の是非などが話題になったが、一九九九年の光市母子殺害事件を大きな契機として、被害者遺族の見解や言動をくり返し報道する姿勢が目立つ。

厳罰化と被害者（遺族）感情の重視という近年際立ってきた動きを見ると、被害者ならびに被害者を含む共同体である「被害を受けた社会」に重心を置いた司法に力点が移動しつつあるように見える。あるいは加害者に関心をもつ司法という、加害者の矯正を中心とする規律型の懲罰システムとは異なった傾向の制裁が現れている。

「規律」との対比で位置づけるなら、これらの新しい傾向は「ポスト規律的」な監視と処罰の体制を作っていると考えることができる。そしてこのこと自体は、すでに指摘されてきたことだと思う。だがもう少し考えてみると、なぜ「コミュニティベースの犯罪予防」[8]と「厳罰化」が同時に現れるのか、あるいはなぜ被害者重視の犯罪政策と自動監視システムの拡大が同時期に進展したのかには、必ずしも明確な答えを見出せない。この点をさらに掘り下げて考えると、安全パトロールと厳罰化は事実としても論理としても、同じ一つの権力テクニックの一部をなすわけではなく、むしろ本質的にはあまり関係がないことが分かる。

そのため現在の状況を、一方で新しい監視のテクニックとしてコミュニティベースの犯罪予防や

(6) Michel Foucault, *Surveiller et punir: Naissance de la prison*, Paris: Gallimard, 1975.〔田村俶訳『監獄の誕生——監視と処罰』新潮社、一九七七年〕

(7) 一審の死刑判決数は、二〇〇〇年以降ずっと二桁である(一九九〇年代は一九九五年を除いて一桁)。二審は二〇〇一年以降は二〇〇二年を除いて二桁で、二〇〇〇年までは一桁だった(判決日基準)。また二〇〇八年の執行数はすでに二桁に達したが、二桁執行は一九七六年以来である。〔二〇一八年追記——二〇〇九年以降二〇一七年まで一桁執行がつづいたが(二〇一一年はゼロ執行)、二〇一八年にはオウム真理教死刑囚一三人の死刑が執行された〕

(8) 地域共同体を中心としてそこでのパトロールや住民主体の監視・目配りによる予防を重視するタイプの犯罪政策。

監視装置のハイテク化があり、他方で厳罰化と被害者重視の処罰があるという意味で、監視と処罰の二極化と見ることもできる。

本章ではまず、両者、とくにコミュニティベースの犯罪予防と厳罰化とが最初からつながっているかのように語られるのは事実に反することを押さえる。このことを示すために、ジョック・ヤング『排除型社会』（一九九二）を取り上げる。つづいてコミュニティベースの犯罪予防という考え方が明確に示された論文として二〇年以上にわたって言及されつづけている、ウィルソンとケリングの「割れ窓」（一九八二）を参照する。これら二つの例から、コミュニティベースの犯罪予防の試みは、厳罰化とは異なる発想に基づく別の実践であることを示す。

それにもかかわらず両者はしばしば地続きと見なされてきた。それはどうしてなのか。安全パトロールと厳罰化とはなぜどこかでつながっているように見えるのか。そしてなぜ実際に同時期に現れて浸透したのか。この理由を、特殊アメリカ的な事情とそれを超えてあてはまる説明要因を加えて考えてみる。

3　ゼロ・トレランスと割れ窓理論

ジョック・ヤングは『排除型社会』[9]の第五章で、一九九三年から一九九六年の三年間に三六パーセントも犯罪率が低下したニューヨーク[10]が、「奇跡」として語られた際の騒ぎを書きとめている。当時のジュリアーニ市長、またそのもとで警視総監を務めたウィリアム・ブラットンが自分たちの政策の成果を誇らしげに語る一方、「割れ窓」[11]の著者の一人ジョージ・ケリングも、ニューヨークの奇跡は自分たちの理論を実践した結果だと賞賛した。

ヤングは「二〇世紀の残り三分の一の時期、おそらく日本を除けば、どの先進産業国でも犯罪発生件数は増加した」[12]と述べている。なかでもアメリカについては、国の内外から手のつけられない治安悪化を懸念する声が高まっていた。そこにきて犯罪率が劇的に低下したという「ニューヨークの奇跡」の報告に、世界中から視察が殺到する。そしてたとえば一九九七年には英国のストロー内務大臣がゼロ・トレランス政策を採用することを表明し、同年アイルランドではフィアナ・フォイル党首のバーティ・アハーンが総選挙でゼロ・トレランスを公約に掲げ首相となった。二〇〇五年にフランス全土に広がった暴動の鎮圧に当たったサルコジ内務大臣（当時）はゼロ・トレランスの強硬路線に固執した。

（9）Jock Young, *The Exclusive Society: Social Exclusion, Crime and Difference in Late Modernity*, Sage, 1999.〔青木秀男他訳『排除型社会――後期近代における犯罪、雇用、差異』洛北出版、二〇〇七年〕

（10）*ibid.* chap.5, figure 5-1を参照。「三年間」はヤングの記述のまま。おそらく九三年から九六年の同月の三年間の意味であるが、何月であるかは明記されていない。

（11）James Q. Wilson, George L. Kelling, 'Broken Windows: The Police and Neighborhood Safety,' in *Atlantic Monthly*, March 1982, pp.29-38（日本ガーディアンエンジェルズ訳、小宮信夫監修「割れた窓ガラス――警察と近隣の安全」http://www.ap-soken.com/info/2002/020410.html）〔二〇一八年付記――このURLはすでに閉鎖されている。現在 https://plaza.rakuten.co.jp/onetwolock/4001/ で同じ訳文を見ることができる〕

（12）Young, *The Exclusive Society*, p.122.〔『排除型社会』三一一頁〕

ここですでに、ニューヨーク警察が九二年の改革以降行ったことが割れ窓理論なのかゼロ・トレランス政策なのか混乱してしまう。ヤングの考えは、ニューヨーク警察が実践したのは割れ窓理論であってゼロ・トレランスではなかったというものである。その当否を問う前に、まずは彼が両者をどう区別し、何を根拠にこうした結論に至ったかを見ておこう。

彼はゼロ・トレランスの鍵となる要素として、次の六つを挙げる。

1. 犯罪や逸脱に対する寛容度の低下。
2. 目的達成のために懲罰を利用し、過激な手段を用いることも辞さない。
3. 礼儀や秩序、市民道徳の水準を、知られうるかぎりの過去にまで戻す。
4. 市民道徳に反する行為と犯罪が連続したものと見なされ、「生活の質」を維持するための規則を破ることは、重大な犯罪とつながっていると見なされる。
5. 市民道徳に反する行為と犯罪には関係があり、市民道徳に反する行為を監視しておかなければ、さまざまな形で犯罪が増加すると信じられている。
6. そうした考えを広げるために、同じテキストに何度も繰り返し言及される。それは、一九八二年の『アトランティック・マンスリー』誌に掲載され、もはや古典として知られるようになった、ウィルソンとケリングによる「割れ窓（Broken Windows）」という論文である。[13]

ここでヤングは英語圏の読者を想定しているため、ゼロ・トレランスの実践例はよく知られているという前提がある（日本では教育分野への導入が見られるが[14]、犯罪政策においてはあまり浸透していない）。ゼロ・トレランスは「三振アウト政策」がその典型とされ、アメリカでは州法としてスタートしたが、一九九四年に合衆国連邦法に格上げされた。三振アウトの対象となる犯罪の種類は州によって異なるが、共通するのは刑事事件で三回目に起訴された場合、法定の上限より重い刑罰を課すことができる点である。

話が複雑になるが、ヤングの挙げている六つの特徴自体に、ゼロ・トレランスと割れ窓理論がすでに混合している。1と2は犯罪に対する寛容度を下げ、厳罰に処すという点で明らかにゼロ・トレランスと一致する。だが3と5はゼロ・トレランスにも割れ窓理論にも見方によっては含まれる。4は軽微な罪でも重大犯罪の入口になると考える点ではゼロ・トレランスに関わるが、秩序を乱すちょっとした行為を重視する点では割れ窓理論にも関係している。

ヤングによると、ブラットンは講演の中で、杓子定規に厳罰を適用するゼロ・トレランスは実効性に乏しい政策であるとしてこれを斥けているという。ブラットンの念頭にあったゼロ・トレラン

（13） *ibid.*, p.124.〔同書三一六―三一七頁〕
（14） 一九八〇年代以降、深刻化する学校内での暴力事件や素行不良に対処するため、生徒による小さな違反や挑発行為にも厳格に対処するという教育方針が、アメリカで実践されるようになった。日本にもこの方針を前面に出す学校が見られるが、もともと日本には管理教育の「伝統」があり、むしろアメリカが日本の教育から学んだという見方もできる。

メは三振アウト法のように厳罰という手段をつねに振りかざすやり方のようだ。これは地下鉄の落書きを消して歩き、巡回を強化し、軽犯罪の取締りに配備する警察官のための十分な予算を取ってくる、最新の統計システムを導入するなど、ブラットン自身が行った地道な改革とは異なるということになる。[15]

さらに、「割れ窓」の著者の一人ケリングも、割れ窓理論と「街路掃討」や弾圧的取締り、さらにはゼロ・トレランスとは相容れないと言明している。[16] こうした事実を挙げ、ヤングは「ニューヨークの奇跡」とゼロ・トレランスとが結びつけられたのは、メディアや大衆が安易なストーリーに飛びついて作ったお話であり、一種の勘違いだと結論づけている。犯罪減少という難題に特効薬があるという幻想に、皆がすがろうとしたというわけである。

このように見てくると分かるのだが、ゼロ・トレランスということばは、たとえばニューヨークやカリフォルニアで用いられ、また三振アウト法のような法律ができ、さらに世界の他地域へと広がってゆく過程で、さまざまな意味や負荷を与えられてきた。そのため使われる文脈や時期を度外視してこのことばに明確な定義を与えることは難しい。だが大きな共通項として、厳罰によって犯罪に対処する傾向をもち、それが犯罪を抑止しあるいは懲罰を与えるための最も効果的な方法であるという信念に裏づけられ、要するに犯罪への寛容度を以前より下げるという特徴がある。そしてこれを現在の日本についていうなら、交通違反にはじまり少年犯罪・重大犯罪に至る厳罰化への傾向と共通している。

4　割れ窓理論とコミュニティパトロール

割れ窓理論とゼロ・トレランス（あるいは厳罰化政策）の間に相容れない部分があるとして、では割れ窓理論の核心にある考えとはどのようなものなのか。この点を見てゆくと、それが安全パトロールやコミュニティ主体の犯罪防止活動につながることが明らかになり、また共通の知的背景として環境犯罪学に行き当たる。

割れ窓理論は、「割れ窓――警察と近隣の安全」という一九八二年の論文から広まった考えである。[17] 今振り返ってみるとたしかにこの論文は、地域の安全と警察のあり方との関係、歴史を遡って

（15）ただし、ブラットンの主張は政治的な意味で割り引いて考えるべきだろう。ジュリアーニ－ブラットン時代のニューヨーク市警では、エスニック・マイノリティの露骨なターゲット化、「生活の質」を乱す者を街頭から排除する実践、警察官による暴行や射殺など、裁判やデモ・抗議行動に発展するようなケースが頻発した。そのため九・一一以降アメリカ全土に広がるエスニックターゲットへの尋問・拷問・不当逮捕の先駆けともいわれ、非常に評判が悪い。彼らが自分たちの意図や実際を、コミュニティパトロールを中心とする無害な「割れ窓」理論で覆い隠そうと考えても不思議はない。ジュリアーニ時代の警察における理論と実践のずれ、それへの反発や抵抗については、村田勝幸「〈帝国〉状況を／から透かしみる――取り締まられるアメリカ都市空間、「ホームランド・セキュリティ」、人種」山下範久編『帝国論』講談社選書メチエ、二〇〇七年、一五一―四二頁を参照。

（16）George L. Kelling, Catherine M. Cole, *Fixing Broken Windows: Restoring Order and Reducing Crime in Our Communities*, Martin Kessler Books, 1996, chap.1.〔小宮信夫監訳『割れ窓理論による犯罪防止――コミュニティの安全をどう確保するか』文化書房博文館、二〇〇四年、ix頁（日本語版への序文）、第一章〕

アメリカの警察が果たしてきた役割への言及、コミュニティが持つ地域再生力への信念、安全に対する地域の人々の「感情」や「気持ち」への注目、犯罪者の「機会性」など、短い中にさまざまなテーマが入っており、その後の環境犯罪学の主要トピックを一通り押さえている。

割れ窓理論は「一枚の割れた窓を放置しておくとつぎつぎに窓が割られ、地域の治安は悪化し重大犯罪も増加する」という、小さな無秩序を見逃すことが重大な犯罪への道を開くことへの警句として流通している。ところがもとの論文を読んでみると、ここには重大犯罪に関係することは何も書かれていない。著者たちの力点は重大犯罪を抑えることにも、さらには犯罪率を低下させることにもなく、まして犯罪者を迅速かつ厳格に処罰すること（厳罰やゼロ・トレランス）にあるのではない。

「割れ窓」論文は一九七〇年代半ばにアメリカ・ニュージャージー州で行われた「安全で清潔な近隣プログラム」への言及からはじまる。なかでもニューアークにおける警官の徒歩でのパトロールの成果の報告を取り上げ、次のように述べている。

……誰も驚かなかったのだが、徒歩でのパトロールによって犯罪率は下がらなかった。だが徒歩でのパトロールが行なわれた地域では、他の地域より住民が安全だと感じ、犯罪が減ったと思う傾向が強かった。また犯罪から自己防衛する手段（たとえばドアに鍵をかけて家にこもる）をあまり取らなくなった。しかも徒歩でのパトロール地域の市民は他の地域の住民より警察に好感を持ち、警官のほうでも高いモラルや仕事への満足感を得ていた。(18)

冒頭から、著者たちは犯罪率そのものではなく、住民の「感じ」や「気持ち」、また警察官の側についても「モラル」や「誇り」を重視していることをはっきり認めている。そして気持ちやモラルといった人々の「感情」が、近隣そのものがもつ安全回復力と秩序維持能力を高めるために最も大切であることがさまざまな例で説明されている。たとえばニューアーク中心部の駅ターミナル（空きビルやさびれた商店が点在する、あまり治安のよくない地域）を徒歩で巡回する警察官は、次の点に注意している。そこにたむろする人たちに課されている暗黙のルール、つまり酔っ払いは玄関ポーチにすわってもいいが寝転んではいけない、わき道で飲んでもいいがメインの交差点ではいけない、酒瓶は紙袋に隠しておかないといけない、バスを待つ人たちに物乞いしてはならない、客と商売人

（17）ただし、基本的な考え方は街の無秩序への危機感が広がった一九六〇年代に遡ることをケリング自身が指摘している。前掲『割れ窓理論による犯罪防止』第一章を参照。これはアメリカで街頭でのデモや集会を行う市民運動が広がった時期と重なる。いわゆる「保守」の側からのこうした運動に対する、あるいはそれに付随して生じた「無秩序」への嫌悪感・危機感が、強権発動を伴う三振アウト政策やゼロ・トレランスだけでなく、近隣住民ならびに路上生活者までも巻き込んだ「割れた窓の修理」の要請を生んだことを示している。六〇年代の「無軌道な」若者と権利を叫ぶ大衆の「蛮行」に驚いた保守主義者たちが、非常な危機感を持ってそれらに対抗すべく準備を進めていったプロセスは、たとえば Katherine Beckett, *Making Crime Pay: Law and Order in Contemporary American Politics*, Oxford University Press, 1997, chap.3-4 で描かれている。ベケットによると、八〇年代以降の保守主義の巻き返しを可能にしたのは、それまでリベラル派の一部をなしていた南部の白人労働者層の（人種主義をくすぐる形での）取り込みだった。

（18）'Broken Windows,' p.29.

とのいざこざでは商売人が正しいと見なすといった仔細なルールが守られているかを、巡回中にチェックするのだ。こうしたルールは、いつもそこにたむろする人たちに課されているだけでなく、彼ら自身、新参者がこのルールを守っているかを監視する任を負っている。

こうして守られるルールを列挙してみると、一つ一つは些細なものである。だが著者たちによると、大都市に住む人々が「実際の」犯罪と公共秩序が乱されることのどちらを恐れているかを考えると、あるいは秩序の維持にどれほど関心が高いかを考えると、これらはどうでもよいことではない。しかも、「コミュニティのレベルでは、無秩序と犯罪は不可避に結びついて」おり、「建物の一枚の窓が割られたまま修理されずに放っておかれると、残りの窓はたちまち全部割られる」[19]のが事実であるとするなら、些細な秩序違反を見過ごすことは取り返しのつかない結果をもたらす。コミュニティが自浄能力を失いはじめると安全に気を配る家族持ちはその地域を出ていき、地域社会に帰属しない独り者や若者が増えてますます治安が悪化するという負のスパイラルに落ち込むからだ。

さらに興味深いのは、彼らがこうした変化をアメリカ警察史と重ね合わせている点である。著者の一人ウィルソンは一九六〇年代から都市問題を研究対象の一つとしてきたが[20]、彼はすでに一九六九年に、いかにアメリカ警察が建国以来の伝統である「夜間にならず者から街を守る見張り」役から暴力犯罪の取締りへと役割を変えたかを記している。ウィルソンとケリングは、一九七〇年代に犯罪取締りへと大きく転換した警察の役割を、コミュニティの治安維持という古きよき伝統に戻すことができれば、地域の人々の犯罪や秩序への不安はかなりの程度解消できると考えている。司法の一部をなし、犯罪者に法の裁きを受けさせるために行動することだけが警察の仕事ではない。

犯罪が起きてからではなく、むしろ犯罪を生み出す土壌となるコミュニティのあり方を知り、そこに介入することが重要である。たとえばギャングの一味は必ずある地域を根城とし、そこに埋め込まれ、仲間を募り、地域住民を困らせている。これに対して、単にギャングの犯罪が起きてから逮捕するという法的手段に訴えるだけでは効果は乏しい。むしろ地域住民と警察とが緊密に連携し、ギャングの活動の仕組みを把握し、情報を共有して秩序維持に当たることが必要である。

こうして「割れ窓」においては、犯罪者の逮捕より徒歩でのパトロールが、法的な強制手段に訴えるよりコミュニティと警察との連携による犯罪予防が重視される。このような方向性は、日本でも二〇〇〇年前後から目立ちはじめたコミュニティパトロールを支持する議論にそのまま通じるものである。

コミュニティパトロールには、警察による地域巡回のほか、ボランティアの地域住民からなるパトロール隊、またガーディアンエンジェルスのようなＮＰＯによるパトロールなど、さまざまな

（19） *ibid.*, p.31.

（20） James Q. Wilson（1931-）はシカゴ大学でエドワード・バンフィールドに学び、学位を取得。ハーバード大学で政治学教授として教鞭を執るかたわら、七〇年代から政府の犯罪対策や麻薬撲滅キャンペーンに加わった。レーガン政権時代の（悪名高い）ドラッグ戦争の主導者の一人と見なされ、銃規制と同性婚に反対している。そのキャリアをアメリカの「圧力団体」研究からはじめており、社会組織と個人の行動との関係に関心を持っていた。そのことが都市という一種の社会組織にまつわる問題への関心、都市問題の典型としての治安や犯罪への関心を生み、「アメリカ再生」への希望と結びついてきわめて保守的で復古的な論調に向かったようである。

種類がある。いずれの場合も、地域との連携を図り、犯罪者の摘発や逮捕よりも秩序維持に重点を置き、公園や街路などの公共空間、夜間の繁華街、不審者情報が得られた地点の見回り強化など、コミュニティに「割れた窓」を作らない姿勢をアピールすることで、犯罪を未然に防ごうとする方針を採っている。ここで注意すべきは、犯罪者の逮捕より犯罪予防に重点を置くコミュニティパトロールは、それが実際にどの程度の効果を持ったかを測ることがしばしば困難な点である。とくに実施される地域の規模が小さく、たとえば学区の保護者によって当番制で行われるようなパトロールの場合、何に対してどんな効果があったのかを数値化すること自体難しい。それでも安全パトロールがさかんなのは、気分や感情が重要であると考えるといくらか説明がつく。重視されるのは統計数値で測られる有効性ではなく、「自分たちが目を配っている」「地域が一体となって安全への姿勢を示している」といった感情や気分であり、「見張り」役として警察と地域がきちんと役割を果たしているという安心感なのだろう。

5　環境犯罪学と犯罪の「機会性」

「割れ窓」論文は、スタンフォード大学のフィリップ・ジンバードが一九六九年に行った実験結果を引き合いに、コミュニティ主体の治安維持の重要性を強調している。ジンバードの実験は次のようなものである。「ナンバープレートをはずし、ルーフを上げたままのオープンカーを一台はニューヨークのブロンクス、一台はカリフォルニアのパロ・アルトに駐車した」。すると「ブロンクスの車は「放置」後一〇分で「破壊者」に遭遇した。最初に手を出したのは「家族連れ」で、父親と母親と息子がラディエーターとバッテリーを持ち去った。二四時間後には文字通りすべての金目の物が盗まれ、つづいて無目的な破壊がはじまった。人々は窓を割り、部品を壊し、座席の布を破っていった[21]」。

これに対し、「パロ・アルトの車の方は一週間無傷だった。そこでジンバードはハンマーで車体の一部を壊した。すると通行人も同じことをやりはじめ、数時間後には車はひっくり返され、完全に壊されてしまった」。しかも両者に共通して、大人の「破壊者」たちの多くは、身なりもよくまともそうな白人であったという。

この実験からウィルソンとケリングは次の教訓を引き出す。ブロンクスというコミュニティでは車を壊しても盗んでも「誰も気にしない」ことを皆が経験上知っていて、そのためすぐに破壊が起こった。治安のよいパロ・アルトですら、ひとたび「誰も気にしない」という信号（ハンマーで壊されたオープンカーが放置されている）を見てとるや否や、ふだんはそんなことを到底やりそうにない人ですら、興味本位やうさばらしに物を壊しはじめる。だから「誰も気にしない」ことを示す信号、つまり壊れかけた車や割れた窓を放置してはならないのだ。

だが、この実験が示しているのは、果たして安全のためには住民がつねに目を光らせ、みんなが街を気にしているという信号を送らなければならないということなのだろうか。車の放置実験を

（21）*ibid.*

行ったフィリップ・ジンバードは、「スタンフォード刑務所実験」で著名な心理学者である。この実験は、一九七一年にスタンフォード大学に刑務所そっくりのセットを作って行われた。心理実験のアルバイト募集の広告に応募してきた七〇人前後から、書類や面接で二四人の男子学生を選出し、彼らをコイン投げで受刑者と看守に振り分け、何が起こるかを記録したものである。

ここで起きたのは驚くべきとも当然ともいえる結果で、看守役の学生は暴動の恐怖におびえて受刑者を虐待しはじめ、受刑者役の中には受刑者になりきって自分を番号で呼び、罪を悔いて泣き、精神に変調を来たすものまで出はじめた。皆が役にのめりこんで次々と問題が生じ、ジンバード自身も自分が刑務所付きの心理学者であると錯覚しかかる始末で、実験は途中で打ち切られたという。[22]

この実験と同様に車の放置実験においても、街の安全を守ることより、むしろどんな人間でも機会があれば犯罪行為に加担することがありうるという犯罪心理の基本が押さえられている。それとともに、そこには人種も階層も関係がないこと、むしろ犯罪の機会や社会関係の中で与えられる役割によって人の心理が影響を受けることが強調されている。舞台装置が整えば誰もが犯罪者になりうるし、権威主義的で意地の悪い看守になりきって暴行を加えることもありうる。こうした結論は、犯罪者を「社会的な」存在として捉え、犯人の「目線に立つ」契機となりうるものだ。

ここで注目したいのは、割れ窓理論および環境犯罪学全般において、犯罪の「機会性」が犯罪者という存在を「社会関係」という観点から再考する方向には決して向かわないという事実である。環境犯罪学では、いってみれば犯罪という現象の「表面」だけに注目が集まる。たとえば犯罪の機会を減らすにはどうしたらいいか、潜在的犯人の犯罪意欲をそぐにはどんな対策が有効かといった、

「被害の最小化」と「街の安全」というベクトルだけがひたすら強調されるのである。そのため、犯人の心理の洞察や「犯人目線に立て」というスローガンも、加害者も社会構造も全部素通りして、「いかに被害に遭わないか」「いかに安全を体感できるか」「いつもたむろする常連たちは、彼ら自身アル中かヤク中かもしれないが、徒歩で巡回する警察官の助けを借り、通りを見張り安全を確保する役目を担わなければならない」といった、地域の安全と潜在的被害者の目線しか持たないことになる。割れ窓理論とコミュニティパトロールの思考回路は、地域住民と潜在的被害者の間を循環するばかりで、その外に出ることはない。結果として、それらに外部があること自体感知されなくなり、加害者や犯人は壁の向こうの見えない存在として、はじめから興味の外に放擲《ほうてき》されることになる(23)。

これに付随して、自動監視システムや監視カメラもまた、安全を守る「人の目」の補助的手段として位置づけられることになる。コミュニティ主体の犯罪予防や環境犯罪学の支持者には、いたずらにハイテク技術に頼ることには批判的な人が多い。なぜなら、コミュニティの絆が弱く誰かがいつも気にかけている余裕がないところ、あるいは人の出入りが激しくコミュニティの防衛力が弱いところほど、電子的監視に頼りがちだからである。ただし、あくまで補助としてならば、自動監視

(22) スタンフォード刑務所実験については、http://www.prisonexp.org/ を参照。DVDも販売されている(筆者未見)。二〇〇一年に『エス』、二〇一〇年にはそのリメイク版『エクスペリメント』、二〇一五年に『プリズン・エクスペリメント』として三度映画化されている。

装置を拒否する積極的理由はなく、むしろコミュニティの防衛力を高め、補完するものとして歓迎される。コミュニティと潜在的被害者の外部に身を置いて考えるということが発想そのものとして拒絶され除外されている以上、たとえばなぜ監視カメラを嫌い、それが人権侵害であるといった主張をする人間がいるのか理解不能となる。そのため、コミュニティ重視の犯罪予防と監視カメラや自動的・非人的監視とは、原理的に相容れない関係にはならない。

つまり、コミュニティの防衛力を高めるという観点からは、犯罪者は直接的には考察対象にも興味の対象にもならず、この意味で環境犯罪学は加害者が主要な関心事とならない特異な犯罪学であるといえる。犯罪者に照準しない犯罪学というのは一見不思議である。しかし観点を変えてみると、犯罪者の逮捕や処罰より犯罪の未然防止を主眼とする以上、これは当然のことでもある。そして犯罪者が出てくる場合には、「機会」に左右される存在としてのみである。これによって、誰もが「犯人目線」に立つことでどこでいつ犯罪を起こしたくなるかが明らかになり、犯罪を効果的に予防できる。つまりここで犯人は、合理的かつ常識的な、その意味でどこにでもいる人間として表象されている。

たとえば、日常のちょっとした工夫でいかに犯罪を減らすかを徹底して考察している「ルーティン・アクティヴィティ理論」の主導者マーカス・フェルソンは、自宅のあらゆる私物に油性マジックで記名している。この事実は、その著書『日常生活の犯罪学』の日本語訳者を驚愕させた。これは象徴的な話で、誰だって人の名前が極太マジックで殴り書きしてあるパソコンを盗みたくはない。普通に考えればそうだろう。この「普通に考えれば」という想定で犯罪を未然に防ぐ工夫を、街路、公園、学校などの公共施設、集合住宅、個人住宅などあらゆる場所に展開するのが、環境犯罪学の知見に基づくコミュニティ犯罪予防なのである。ここでは、犯人は環境という変数に応じて自らの行動を変える機会犯でしかなく、その意味では合理的（あるいは限定合理的）な人間である。

環境犯罪学のこうした人間観は、合理的な個人を前提に犯罪政策のレベルを費用と便益のレベルが最適になるように調整する、新自由主義的な発想とも結びつくことができる。「ここに塀があると死角になって犯罪が起きやすい」とされる場所があるとする。ではその塀を見通しがきくよう取り外すにはどのくらいコストがかかるのか。塀がなくなることで新たに出てくる損失はどの程度か。こうした費用便益計算がなされるのである。(24)

いずれにしてもここには、犯罪者は生物学的に特異な遺伝子を持っている、黒人は生まれつき白人より暴力的だ、人種によって知能程度が異なることは統計的に明らかだといった、生物学主義の人種差別が入り込む余地はない。また、黒人貧困層の文化が犯罪者を生む工場になっている、ある

（23）「〔これまで犯罪学が重視してきた――引用者〕犯罪原因論は、犯罪者に注目するアプローチなので、〔地域安全――引用者〕マップを作っても、そこに、犯罪者や不審者を書かなくてはならないと思ってしまうのです。しかし、地域安全マップは、犯罪機会論に基づいて考案されたものです。従って、そこには人間は登場しません。登場するのは場所だけです」（小宮信夫『犯罪に強いまちづくりの理論と実践――地域安全マップの正しいつくり方』イマジン出版、二〇〇六年、六〇頁）。「犯罪者自身にではなく、犯罪行為そのものに焦点を当てるときに最もよく犯罪を理解できる」（Marcus Felson, *Crime and Everyday Life*, 3rd ed, London : Sage, 2002, p.ix.〔守山正監訳『日常生活の犯罪学』日本評論社、二〇〇五年、v頁〕）。

いは犯罪者の育った家庭には一様に問題があり、育児を放棄して福祉に依存する母親はとくに罪が重いといった、アメリカでは露骨にくり返され、日本では「人種」という見えやすい要素を取り去った形で主張される、犯罪者の生物学的／文化的決定論、あるいは生物学と文化の折衷による犯罪原因論は見当たらない。

6　厳罰化と被害者重視の犯罪政策

ではなぜ、ゼッケンをつけた地域商店主や住民による街のクリーン作戦といった一見無害な秩序志向と、三振アウト法や死刑存置論の隆盛、事故の非損害賠償化・刑事罰化といった、見るからに不寛容で応報的な処罰への支持が同時に起こったのか。

前に挙げた（注1）オマリーの論文では、この答えを新自由主義が単独ではなく、新保守主義の助けを借りて、あるいはそれとともに覇権を握った点に求めている。さらには、リスク社会が必ずしも一枚岩の社会ではないということ、さまざまな諸要素の複合体として現在の社会を捉えるべきことが指摘されている。だがこうした答えは、ではなぜ新自由主義と新保守主義が、一見すると相容れない要素を持ちながら同時に出現し、さらにしばしば手を結ぶことができ、決定的な不和に至らないのかという、きわめて原理的な次元に問題を送り返しているともいえる。さらに話を複雑にするのは、割れ窓の議論はそれ自体決して新自由主義的ではなく、むしろコミュニティ再生や近隣の防衛力回復、警察を古きよき秩序維持の役割に呼び戻すなど、どちらかといえば新保守主義やコミュニタリアニズムと共鳴する部分が大きい点である。

こうした複雑さを反映しようとして、一方にコミュニティ主体の犯罪予防と環境犯罪学、他方に厳罰化さらにはコスト計算と効率重視の犯罪政策といった、厳密に考えれば互いに異なった諸要素が刑事政策や犯罪統制において並存している現状で、すべての要素について共通点と相違点を数え上げてもあまり意味がない。そこで当初の問題関心に立ち戻って、厳罰化への志向とコミュニティ主体の犯罪予防という二つの要素の両立についてのみ、以下で考察したい。

一つは、環境犯罪学的な見方には加害者あるいは犯人が間接的にしか出てこない点である。これまでの犯罪学は「専門家」が知識を駆使して犯罪者を分類し、処遇のあり方の違いが再犯率にどう影響するかを統計的に確証し、犯罪原因に見合った対処を考えるという意味で、主人公は加害者であり、また彼らに注目する犯罪学者・心理学者・ソーシャルワーカーであった。環境犯罪学における犯罪機会論は、犯罪原因に照準するこうした犯罪学と対立し、コミュニティにおける安心、住民の感情や気分にもっぱら関心を寄せる。そのことによって「犯人」は単に潜在的被害者がその「目線」に立って犯罪予防に努める架空の存在となり、つねに被害に遭う可能性を想定して被害者の立

(24) こうした新自由主義的発想のコスト計算については、注1で挙げたオマリーの論文中の「保険数理的制裁と「ポスト社会」国家」の節、David Garland, *The Culture of Control : Crime and Social Order in Contemporary Society*, Oxford University Press, 2001, chap.7 を参照。オマリーもアメリカに限定しているように、こうした発想に基づく裁判所の判決は日本では到底考えられない。だが、犯罪予防や警察業務においては、効率化とコスト計算という観点は、すでになじみあるものとなっている。

場で犯罪をリスクとして捉えるという思考回路ができあがる。

そうなると未知のヴェールの向こうにいる犯罪者を、合理的判断力をもって抜け目なく行動するものの、その意図と目的については「わけのわからない他者」として表象することは容易である。自分たちはつねに潜在的被害者なのだから。もちろん、世の中にはとくに被害者意識ももたないがコミュニティの安全にも秩序にも関心を払わず、かといって犯罪者でもない多くの人たちがいる。だが彼らもまた、非協力的な態度を取るなら犯罪には至らないものの「市民道徳」のレベルを下げ、体感治安を下げる一要因としてすぐさま数え上げられる。

もう一つは、心理学者など専門家主導の教育・指導・矯正に対する不信感、その効果のなさとコストの高さが批判されるにあたって、「個人の責任」がコミュニティ再生と必ずしも対立するものではないとして受け入れられてきた点がある。新自由主義と新保守主義自体、この「個人の責任と自立」という点にしばしば共通の土台を見出すのだが、コミュニティ犯罪予防においては、個人の責任は独特の位置にある。

このことは、環境犯罪学における「社会」の位置に関わっている。すでに指摘したとおり、「割れ窓」に見られる地域再生の議論は、一方でコミュニティの力や絆の再興を重視する点で、犯罪を「社会的な」観点から捉えている。地域に密着した形で社会防衛力が強くなるなら、犯罪は未然に防がれ住民の安心感が増すことになる。逆に地域が社会的な力を喪失し人々がばらばらで互いに無関心になるなら、治安が悪化し住民は不安を抱き、やがては犯罪が野放しにされることになる。この意味で、環境犯罪学は「場所」に注目して社会の再生を目指す都市政策やコミュニティ自治論とも結びつく。ここでは、人間も犯罪もある種の社会性や「関係性」の位相のもとに捉えられる。

ところが、犯罪者・加害者については「社会」の視点は不在で、むしろ合理的な計算を行う一般人の想定しかない。つまり、ここにあるのは個人から出発して社会を捉えるという、古典的な経済学からゲーム理論に至る「方法的個人主義」の前提なのである。環境犯罪学が、たとえば費用便益計算によって犯罪行動を予測し対策を立てる新自由主義的な犯罪政策や、あるいはゲーム理論的発想とも両立するのは、これらがすべて自分の損得をある程度合理的に計算して行動する個人を前提としているからである。

そのため環境犯罪学においては、その名称に反して、犯罪原因を犯罪者を取り巻く環境、つまり社会的な観点から捉える可能性が断たれている。そのため犯罪を「個人の責任」と考える立場を受け入れやすいのである。というのも、一方で潜在的被害者の立場からは、社会とコミュニティに注目が集まり、住民の不安や恐れ、安心といった「感情」「感じ feeling」が重視される。他方で加害者についてはいったん視野の外に置かれ、何ら積極的な言及がなされていないように見える。だがもう少し注意してみると、犯罪を個人の合理的選択の問題として捉える環境犯罪学の前提そのものに、犯罪を「個人の責任」とする議論を受け入れる素地が内在しているのだ。

さらに、潜在的被害者の立場での感情の重視とは、「市民感情」を被害者感情へと同一化することに他ならない。個人の責任としての犯罪と被害者感情の重視という条件が揃えば、これが厳罰化論と結びつくのは容易である。

7　おわりに

以上見てきたとおり、日本における犯罪政策は、一般市民の感情あるいは潜在的被害者の感情を重視し、犯罪者には「自己責任」を問う方向に大きく転換しつつある。だがこのことをナショナリズムや新保守主義に見られる「感情の政治」の一事例としてすませるのは安易にすぎるだろう。犯罪予防や処罰の方針に対して、誰のどのような感情がいかに位置づけられ、それらをエネルギー源としてどんな種類の監視と処罰のテクニックが配置されるのか、また何が強調され何が問われないままにされ、あるいはどの要素が当然の前提であるかのように語られるのか、こうした事柄を一つ一つ取り上げ検討してみなければ、犯罪司法に固有の状況を把握することはできない。この章はそのための第一歩である。

第二章　リスクを細分化する社会

1　はじめに

イアン・ハッキングは、『偶然を飼いならす』（一九九〇）の中で次のように書いている。

デュルケムはケトレを論駁し、ケトレを乗り越えたとしばしば言われる。だがこれはまちがいである。いくら厳しい批判を浴びせても、彼は結局ケトレの枠内にとどまった（ゴルトンはケトレを本当に乗り越えていたので、ケトレに対して辛辣になる必要が全くなかった）。[1]

（1）Ian Hacking, *The Taming of Chance*, Cambridge University Press, 1990, p.178.〔石原英樹・重田園江訳『偶然を飼いならす――統計学と第二次科学革命』木鐸社、一九九九年、二六二頁〕

ケトレ（一七九六―一八七四）、デュルケム（一八五八―一九一七）、ゴルトン（一八二二―一九一一）。彼らは社会統計学の黎明期にそれを作り出し、発展させ、普及を促した代表的な人物である。だがハッキングは、年代順の「統計学発展史」とは異なった観点から、ケトレ－デュルケムとゴルトンとの間に截然《せつぜん》と線を引く。ケトレ－デュルケムとゴルトンは、正規分布という同じ曲線を違ったしかたで捉え、統計分布に関する全く異なる解釈、意味づけを行ったというのである。そして、後の歴史から見るとゴルトンは「成功者」となったのに対し、デュルケムはそうではないと指摘する。ハッキングにとってゴルトンが成功者であるのは、彼が編み出した統計的技法が、たとえば現在のＩＱテストにおけるような「偏差の法則」の利用法の源泉となったからである。

本章では、ケトレ－デュルケムとゴルトンとのこうした線引きを導きの糸としつつも、ハッキングとは別の角度から両者の対比を試みる。そして、ケトレ－デュルケムにおけるような、「社会の天文学的概念化」（クナップ）によって理念的に支えられてきた「福祉国家」が現在変貌しつつあることを、保険の領域に登場した新しい商品を例に説明する。

2　社会的リスク

ケトレによる平均人の発見、デュルケムによる社会の正常状態の発見が、福祉国家形成の重要な思想的・技術的基盤となったことについては、すでに多くの研究がある。なかでも、社会保障制度における「リスク」という概念の重要性に着目し、「リスクの社会化」が福祉国家成立の鍵となったことを明らかにした著作として、フランソワ・エワルド『福祉国家』[2]（一九八六）がある。エワルドは、フランスで社会保険が整備されるきっかけとなった労働災害 accident du travail という事例を取り上げ、そこで「事故」の把握のしかたが変化したことが、法思想にはかり知れない影響を与えたと論じている。エワルドは、「労災保険 assurence accidents du travail」という仕組みは、事故が起こった際の責任の所在について一八〇〇度の思考の転換があってはじめて作られたと主張する。かつては、事故が起こればその責任は当事者、すなわち事故を直接引き起こした人間に帰せられていた。どんなに危険な作業に携わる場合でも、事故が起これば当人に帰責される。それを避けるためには、誰に責任があるかを雇用主との間の裁判で争うしかない。つまり、責任主体としての個人－個別の事故に関わる因果（事故の原因と結果の連鎖）－過失[3]に対する帰責という図式で、労働事故が理解され、処理されていたのである。

しかし、一九世紀の裁判闘争や労使紛争を通じて、事故を当事者の過失ではなく、特定の仕事や作業に内在するリスク（職業的リスク）として捉えようとする機運が生まれる。事故という現実に対処する際、「誰が責任の主体なのか」を問うのではなく、職業や仕事の場ごとに存在する固有のリスクに対して、関係する人々がその負担を分け合うべきだという考え方が出てきたのである。ここでは、事故の際に補償を行うべきなのは当事者ではなく、その業務を必要とする雇用主であり、

（2）François Ewald, *L'État providence*, Paris: Grasett, 1986.
（3）正確には faute で、これは過失だけでなく故意・怠慢などを含むフランス特有の法律用語である。

また分業化された社会においてその仕事を何らかの意味で必要とするすべての社会構成員である。ここから、「個人の責任」とは別種の「社会のリスク」という思想が生まれてくる。社会のリスクは、誰であっても特定の個人の過失として責任を転嫁されることはない。それは社会、つまり人が多数集まってさまざまな相互行為によって生を営む場そのものに内在する、固有の「社会的リアリティ」なのである。[4] この社会的リアリティは、個人や個別の因果性（たとえば個々の事故における直接の原因－結果の連鎖）とは別種の、集合体にのみ属する事柄を、人々が意味あるものとして知覚してはじめて成立する。事故が起こる「リスク」という発想は、現在では当たり前になってしまっている。しかし、実際にあるときある場所で起こった個別の事故以外に、社会が内包する可能性として事故の「リスク」が存在するというのは、少なくとも一九世紀初頭にはなじみの薄い考え方であった。たとえば、自動車工場の中で特定の組立工程を受け持つ作業場において、日本全国の作業場を調査した場合に特定の事故率の数値が得られるとする。その数値に意味を見出すためには、所在地も作業員も個々の機械の配置もそれぞれ異なる作業場について、それらの差異を捨象して事故を集計することに意味があるとされなければならない。それはちょうど、全く違った人生を歩み全く違った理由で自殺する多くの人たちから、社会の「自殺率」をはじき出すことに意味を見出すのに等しい。

3　社会に固有のリアリティ

こうした、「個別事例の差異を超える何らかの実体」として、統計データおよびそこから得られる確率が有意味とされるようになるには、さまざまな思想的支柱が必要であった。なかでも重要な役割を果たしたのは、誤差法則の社会事象への適用である。そして、この試みを本格的に行った最初の人物が、ベルギーの天文学者かつ社会統計学者、アドルフ・ケトレであった。誤差法則とは、天文学における天体の観測誤差に関わる法則である。これは一八世紀末にガウス、ラプラスらによって発展させられたもので、観測値の誤差が、壺からの復元抽出やコイン投げの大量回試行によって見出された分布（二項分布の極限としての正規分布）にしたがうというものである。つまり、コイン投げのようなチャンスゲームをくり返し行った場合に出現する、釣り鐘型の曲線（ベル・カーブあるいは正規曲線）が、天体の観測結果という全く別の領域に適用されたということである。そして、天体観測を通じてこの法則に親しんでいたケトレは、これをさらに別の驚くべき領域へと移入した。[5]

ケトレが取り上げたのは、五七三八人のスコットランド兵士の胸囲の分布であった。彼は、兵士の胸囲といった人間集団に関わる測定値もまた、天体観測やコイン投げと同じく誤差曲線（正規曲線）を形づくると主張したのである。[6]ここでのケトレによる誤差法則の「拡張」は、次の二つの点で独自の解釈を含んでいた。第一に、実際には一つの「真の値」が存在するはずの天体観測とは異

（4）フランスを例に、職業上のリスクから社会のリスクへと保険思想が展開していく経緯は、*ibid*, Livre III で述べられている。

（5）誤差法則と大数の法則、およびケトレによるその社会事象への適用については、重田園江『フーコーの穴——統計学と統治の現在』木鐸社、二〇〇三年、第二章一－（2）、とくに注8、重田『統治の抗争史——フーコー講義 1978-79』勁草書房、二〇一八年、第一〇章五を参照。

なり、多数の相異なる人間の胸囲の測定に誤差法則を適用することができたのは、こうした分布をもたらす原因を、観測者や観測条件の側が生み出す「誤差」から、測定される対象自体に内在する「変異」へと、彼が読み替えたからであった。つまりケトレは、観測者の側ではなく、観測対象となる人間の多様性自体が生み出す法則を見出そうとしたのである。第二に、ここからケトレは「誤差」との類比を用いて、分布の原因となる人間集団がもつ多様性を、一つの真の値へと収束するものとして解釈した。

先に挙げた兵士の胸囲のデータをもとにした著名な論文を書いた際、彼は五七三八人の異なる兵士の胸囲を問題にしていること、つまり多様な個人からなる集合体について論じていることを十分自覚していた。だからこそ、その分布が一人の兵士の胸囲をくり返し測定した場合のデータの分布と酷似していることに、驚きを覚えたのである。

しかし、ケトレはこの驚きを、多様なはずの個人の集合体は、まるで一人の人間をくり返し測定した際の「誤差」であるかのような分布を形づくる、と表現する。つまり、いったんはデータの散らばりの原因として認識された多様性を、ふたたび「誤差」へと引きつけて理解するのである。そのため、個人の多様性は、天体観測や一人の人間の身体計測に見られる誤差と類似のものとされる。では、誤差を取り去ったあとの「真の値」とは何なのか。天体観測においては、それはたとえばある惑星の真の位置であるだろう。一人の人間の身体計測においては、その人の真の胸囲や真の身長の値であるだろう。では、五七三八人の兵士の場合にはどうか。この場合、正規曲線の中央に現れる「平均値」は、一体何を表しているのだろうか。

ケトレに対してしばしばなされてきた批判は、この平均値を「平均人 l'homme moyen」という一つの実体と見なし、統計データを平均人発見のための道具としてしまったというものである。デュルケムはこうしたケトレ批判を代表している。[7] たしかにケトレは、『人間について』（一八三五）ですでに、平均人という生身の人間ではないがすべての人にとって模範となるべき「平均の化身」を、滑稽なまでに称揚している。だがこうした批判は、平均人という語がイメージさせる「一人の人間」、あるいは「一つの人間像」というモデルに引きずられすぎているとも言えるのだ。

ケトレは「平均人」という創造物を通じて、統計分布の平均値に意味を与えようとした。しかしここで彼が行ったのは、実は平均人という架空の存在を作ったこと以上に、個々の人間に決して還元することのできない「社会」に、固有のリアリティを与えることであった。個人の多様性の中に法則を見出したケトレは、それを平均人という単一性へと還元することで、個→集合体→個へと逆戻りしたわけではない。平均人が物理的世界におけるどんな人間にも還元不可能な一種の「イデア」であることは、すでに『人間について』の中でくり返し主張されている。そのイデアが、集団を構成する個々人から集められた統計を通じてはじめて姿を現すこと、つまり集合体としての社会に固有の属性であることを、誤差法則や正規分布を用いて「証明」したところにこそ、ケトレの重要性

（6）Adolphe Quetelet, 'Sur l'appréciation des documents statistiques, et en particulier sur l'appréciation des moyennes,' in *Bulletin de la commission centrale de statistique*, II, 1845, pp.205-286.（一八四四年一二月のベルギー統計委員会向けの論文）

（7）重田『フーコーの穴』第二章参照。

がある。(8)

先ほど挙げた例に戻れば、ケースごとに事情も関係する人間も異なるさまざまな事故について、それらの集計によって得られる数値に意味が見出され、事故が起こる可能性が「社会のリスク」として捉えられるためには、個別事象の多様性からは独立しているが、なおかつ個別事象の集計によってのみ得られるような、「社会的リアリティ」の知覚が必要であった。ケトレはこの社会的リアリティという、見たりさわったりできないため理解されにくい実在が、たしかに存在することを表現しようとして、「平均人」という語を用いたのである。ここでケトレが発見した社会という実在は、「分割不可能性」という特性をもっている。ケトレが好んだ平均値は、もとになるいずれかの個人データに還元することはできない。だが同時に、どの一つのデータが欠けても、平均値は変化してしまう。つまり、要素へと還元することはできないが、一つ一つすべての要素を必要とするような性質のものなのである。

4　多様化した社会における連帯

いま述べたような社会の分割不可能性は、一九世紀末のフランスでは全く別の文脈で、政治的な議論の的になっていた。自由主義経済の浸透と個人主義道徳の広がりが生んだ数々の弊害に反対する、「社会連帯」の主張においてである。デュルケム、デュギー、ブルジョアらに代表されるこの思想は、社会を把握するにあたって一八世紀以来用いられてきた「主権」「契約」といった用語を回避する。重要なのは、国家主権の単一性でも、主権者としての国民でもない。また原初の契約でも、契約当事者となる自由な主体でもない。社会における人と人との有機的なつながり、すなわち「連帯」こそが重要なのである。[9] ばらばらの個々人が契約によって社会を作るのではなく、個人はあらかじめ存在する社会の中に生まれる。「契約はそれ自体では自足的ではない。社会が生み出す、契約を規制する力があってはじめて可能となる」[10]。「自由は、自然状態に固有の属性などではない。自由とは、逆に社会が自然を征服することなのである」[11]。社会の中に生まれる個人は、社会に対して連帯の義務を負う。なぜなら人は、分割不可能な社会という実在の一構成員だからである。そして、この連帯の理念が制度として具体化される方式において、前節で見たケトレ流の社会的リアリティの把握が一つの雛形となった。そのことを見てゆく前提として、ここでデュルケムの思想を取り上げる。

（8）ハッキングは、ケトレが一八四四年の論文（注6参照）において「社会的リアリティ」を発見するプロセスについて、四つの段階に分けて説明している。*The Taming of Chance*, chap.13 を参照。

（9）社会連帯思想が福祉国家形成に果たした役割については、Jacques Donzelot, *L'invention du social: Essai sur le déclin des passion politiques*, Paris: Fayard, 1984 を参照。なお、ブルジョアは「準契約」という独特の用語で意図せざる連帯を説明している。これについては重田園江『連帯の哲学I――フランス社会連帯主義』勁草書房、二〇一〇年、第二章を参照。

（10）Émile Durkheim, *De la division du travail social*, Paris: Alcan, 1893.（引用は Paris: Presses Universitaires de France, 1991, p.193 より）〔田原音和訳『社会分業論』ちくま学芸文庫、二〇一七年、三五九頁〕

（11）*ibid.*, p. 380〔同書六二一頁〕

デュルケムの近代社会像には、少なくとも二つの異質な見方が含まれている。第一は、ハッキングが「ケトレの枠内にとどまった」とする、平均的なものへと「回帰」することによって安定化に向かう社会像である。自殺率の急激な上昇を社会の病理状態と診断する『自殺論』（一八九七）のみならず、『社会分業論』（一八九三）、『社会学的方法の規準』（一八九五）においても、デュルケムは平均的なものと正常なもの、健康なものを結びつけ、社会の健康をその平均的な状態に求めている(12)。

平均値の安定性の説明において、ケトレは「誤差の相殺」というアイデアを多用した。これは、身長や胸囲といった集団の全成員が持っている属性データにおいては、平均からはずれた者同士の値は互いに相殺し合うので、全体として見ると平均値は集団を最もよく代表し、また個々の成員が入れ替わっても平均値が安定することを指している。しかしデュルケムは、たとえば自殺のような誰もが起こすわけではない稀少現象には、誤差の相殺というアイデアは適用できないとする。にもかかわらず、自殺や犯罪といった人口全体からするとまれな事柄についても、その発生率が比較的安定しているのはなぜか。つまりデュルケムは、正常な自殺率や犯罪率が平均と一致する理由を説明しようとした。ところが、ここから人間の多様性そのものに照準を合わせた統計学を構築する代わりに、彼の思考は統計学の外に飛躍してしまう。そして、多様な個人からなるはずの社会が、なぜ全体として見た場合には一定の自殺率をもつのかという問いに、「個別意識を支配する一種独特の *sui generis* 力」(13)としての社会の力が存在する、という答えを与える。つまり、個人個人としては多様で異質な諸存在であり、それらを包括する全体など存在しえないように見えるとしても、社会の力はそうした諸存在のすみずみにまで浸透し、「宇宙的な諸力」[14]に匹敵する影響力を与えているのである。目に見えないし、さわることもできないが故に知覚されにくい「社会的リアリティ」が、ケトレ同様デュルケムにおいても平均の中に見出されている。

デュルケムとケトレを分かつのは、第二の点である。デュルケムはなぜケトレの「平均人」モデルをあれほど激しく批判したのか。「自殺論」における直接の批判から読み取ることができるのは、ケトレが社会的なものの個人からの独立性、あるいは社会の分割不可能性を曖昧にしたからである。しかし、『社会分業論』を併せて読んでみると、問題の核心は社会と個人の峻別にあるのではなく、社会の内実をどう見るかにあることが分かる。デュルケムにとって、近代社会の最大の特徴は、その複雑性であり多様性である。社会分業の発達によって個人の生活はきわめて多様化している。そのため、それらの人々の算術平均から「平均人」を割り出すことには、多くの場合意味がなくなってしまっているのである。ケトレのモデルは個体性がほとんど顕現しない原始社会には適当かもしれないが、構成員の多様性・個性という近代社会に固有の特徴を内包することができない。複雑化した社会には、その社会にふさわしい「連帯」のモデルが必要であり、それはすべての構成員を「平

(12) 正常と健康とを結びつけるデュルケムの発想には、当時の医学・生理学の考えが強い影響を与えている。重田『フーコーの穴』第二章二を参照。

(13) Émile Durkheim, *Le suicide: Étude de sociologie*, Paris: Alcan, 1897.〔引用は Paris: Presse Universitaires de France, 1960, p.345 より〕(強調原文)〔宮嶋喬訳『自殺論』中央公論社、一九八〇年、二七四頁〕

(14) *ibid*, p.348.〔同書二七八頁〕

均人」によって代表させるようなものではない。

では、実際の「社会連帯」はどのような理念にしたがって具体化・制度化されたのか。それは多様で複雑な分業社会に対応したものであったのか。この問いに答えるために、「社会的リスクの配分」を通じて形成された、福祉国家の社会編成理念を見てゆかなければならない。

5 社会保険制度の理念

これまで見てきたように、ケトレにとってもデュルケムにとっても、社会は「分割不可能な固有の実在」であった。それはたしかに個人から構成されるのだが、個人に分割、還元することはできない。しかし他方で、社会連帯とは、たとえば労働事故として現実化するリスクを誰がどのように負担するのかという問題にほかならない。そのため、「分割不可能な社会」という認識があってはじめて出現しえた、ある社会に固有のリスクという考えは、それにどう備えるかという場面では、分割不可能なものを分割せざるをえないのである。

二〇世紀福祉国家の中核を形づくってきた社会保障制度は、保険料の拠出と保険給付の両面において、まさに社会連帯の理念を金銭の配分に置き換えたものだと言える。そこでの配分の方法はどのようなものか。高度に複雑化し、多様化した社会にふさわしいものなのだろうか。

福祉国家の社会保障制度といっても、制度のあり方は国ごとにさまざまで、歴史的にも変遷を遂げてきた。そこでここでは、制度の多くに共通して見られる一般的な特徴と、それを支える理念を検討する。また、社会保障制度の中でも社会扶助は除外し、「社会的リスクの分担」という考え方が根底にあり、そのために負担と給付の間に何らかの関係づけがなされる社会保険のみを対象とする。

社会保険の拠出を行う主体は、国や都道府県・市町村などの公的団体と、使用者（雇用主や企業）、被雇用者（あるいは住民）の三者に大きく分けられる。ほぼすべての社会保険を税収でまかなうデンマークのような国もあるが、同じ国でも制度ごとに三者の拠出割合は異なる。三者の中で、国や地方公共団体の拠出分は、税収からの拠出にほかならず、社会的リスクを納税者が負担することを意味する。税制のあり方や税の累進性の度合いによって程度は異なるが、平等化（貧富の差を縮小し、保障を均質化する）機能を果たしている。次に、使用者の拠出分はしばしばかなりの比率に上るが、これは労働力を必要とする主体が、相応の社会的リスク負担を分けもつべきであるとする理念を反映している、最後に被雇用者や住民の拠出分についても、これらの人々が社会的リスクを負担すべき社会の一員であることを意味しているが、これについては拠出（＝負担）がどのような原則で行われるかをさらに詳しく見ておく。

拠出については、定額負担か応能負担（所得金額に一定の率を乗じる報酬比例制など）が主である。また、給付については、最低生活保障か従前所得保障の原則がとられる場合が多い（医療保険は通常現物給付）。ここに見られる拠出と給付の関係は、たとえばあらかじめ一律に定められた額を支払いつづけると、一定期間後に定められた額を受け取れる、あるいは毎月の給与から定率を支払うことで、失業・退職時に以前の所得水準に見合った保障を受けられるというものである。後者の場合の給付格差についても、個人が自由に掛金や掛け率を選択できるわけではないし、給付反対給付均等（出した分だけ返ってくる）ではなく従前所得保障の意味を持つ。つまり、以前の所得・生活水準に近づけるという基準にしたがって、生活の保障が行われるのである。[15]

また、加入の有無および負担・給付条件は一律に定められ、選択の余地がない場合が多い。そのため、社会保険に入るかどうかを個人が自由に選んだり、個人の側の都合で負担金額を選択してそれに応じた保障を受ける可能性は限られている。日本における代表的な社会保険である、年金と健康保険を例にとってみよう。まず、年金については、国民年金および企業年金を含むすべての加入者にとって土台となる基礎年金の保険料は定額制で、支給も定額である。この基礎年金に、報酬比例年金（厚生年金・共済年金の報酬比例部分や国民年金基金）が上乗せされる仕組みである。

健康保険については、保険料は報酬比例方式、給付は現物給付で、被保険者および被扶養者について通常三割の自己負担が別途必要となる。健康保険のうち、被用者保険の保険料は報酬比例制で、国民健康保険については、所得、被保険者数、資産などに基づいて保険料が決定される。保障については、支払い保険料による格差は存在せず、加入者全員が同水準の保障を受けられる。

このように見てくると、制度の画一性、強制性、所得再分配機能、最低生活保障機能などが目立った特徴であることが分かる。ここでは、リスクが高い人ほど多くを支払うということはない。むしろ払える人が多く払うのである。このため、賦課方式に見られる「世代間扶養」とならんで、「社会連帯」や社会に対する義務と権利の理念、相互扶助の原則を具体化した制度であるといえる。ここでは社会連帯は、多様な社会構成員を画一化・平準化することによって果たされる。低リスク層および高所得層が、高リスク層および低所得層を支え、リスクと保障をともに平準化・平均化するのである。[16]

この制度の下では、それぞれの個人は、分割不可能な社会の一員として強制的に迎え入れられる。社会保険制度における「連帯」は、個人の多様性を生かしたまま社会連帯を築くというより、生活水準を「平均人」へと近づけ、個人の選択の幅を狭めることで、社会全体の予見可能性を高めることによって達成される。これは、社会の複雑性を減少させることでリスクが特定の人に集中することを避けるというしかたで、リスクに対処する方法であるともいえる。

6 ゴルトンと多様性の統計学

ケトレによる誤差法則の拡張を支持し、それをさらに推進した人物に、イギリスのフランシス・ゴルトンがいる。ゴルトン統計学の最大の特徴は、ハッキングを含め多くの研究者が指摘するとおり、平均ではなく例外に、平均値よりは誤差や偏差に強い関心を示した点にある。[17] ケトレについて

(15) 社会保険の拠出と負担の特徴については、たとえば『平成一一年版厚生白書』三三頁以下で簡潔な説明がされている。
(16) 高所得層が低所得層を支えるといっても、慈善や施しとは決定的に異なる。諸個人は社会の一員としての義務を果たすために保険料を支払い、「不測の事態」に際しては社会から生活を保障される権利をもつ。すべては社会という運命共同体＝リスク共同体のフィルターをとおして行われるのである。

論じた際、彼が分布を形づくる個々の兵士の胸囲の数値を「真の値」からの誤差として理解したことを指摘した。ケトレーデュルケムとゴルドンを分かつのはまさにこの点である。ゴルトンは、数値のばらつきを誤差とは見なさず、また平均へと関心を集中させることもなかった。彼こそが、変異や偏差への強い関心に導かれて、多様な要素からなる統計分布を多様なままに捉え、利用する道を開いたのである。

ゴルトンが平均ではなく偏差に、言い換えると統計分布の中心ではなく両端に興味を持った理由は、おそらく統計学の外に求められるべきであろう。ゴルトンは、天才であれ無能な人間であれ、「普通とは違う」人、例外的な存在に心惹かれていた。これはちょうど、デュルケムが平均に関心を寄せたのが、社会という存在の個人からの独立性・超越性に執着し、ルヌーヴィエ経由の「創発主義」哲学を終生代わらぬ立場としたからであったのと対照的である。例外への関心は、ゴルトンを優生思想へと近づけた。そのため彼は、現在では優生思想を「実証」するために統計学を利用した人物として、すっかり悪名高い存在になってしまっている。

しかし、本章の主題にとって重要なのは、彼の優生思想や人間の能力を遺伝のみに帰す生物学主義ではない。ゴルトンは、分布の中の極端なもの（両端）に関心を寄せた結果、ケトレやデュルケムにとって分割不可能であったものを分割した。彼は社会を、すべての成員がその中心へと引き寄せられ、個人を超越した力をもつ一つの実在として捉える、ケトレやデュルケムに見られる「社会の形而上学」とでも呼ぶべき思想とは無縁の人物であった。最初の著書『遺伝的天才』（一八六九）[18]のタイトルからも明らかなとおり、ゴルトンの関心は分布の中の特定の「部分」に向かっていたのである。

ここから直接出てくる彼の統計学上の貢献は、一つは「回帰」[19]であり、もう一つはクラス分けによる序列化である。後者は、身長や胸囲のように直接数値としては計測できないが、優劣や順位をつけることができる対象に統計学を応用するために考案された。そしてこの手法は、ケトレやデュルケムにとっては分割不可能であった社会を、分割する手続きによって成り立っている。

ゴルトンは人間の才能というものが、身長や胸囲などの身体的特性同様、正規分布を形づくると信じていた。[20]そこで彼は『遺伝的天才』において、正規分布をなす（誤差曲線を形づくる）と仮定された人間の精神的能力について、どのくらいの割合の個人を「傑出している eminent」といえるかを明らかにし、またそれ以外の「凡庸な mediocre」[21]個人の知的能力の程度を示すため、平均値からの距離にしたがって分布を一四のクラスに分けた。そして、真に傑出した人間がこれらのうち

(17) たとえば、Theodore M. Porter, *The Rise of Statistical Thinking, 1820-1900*, Princeton : Princeton University Press, 1986, p.128ff.〔長屋政勝他訳『統計学と社会認識――統計思想の発展 1820-1900 年』梓出版社、一九九五年、一四七頁以下〕を参照。
(18) Francis Galton, *Hereditary Genius: An Inquiry into its Laws and Consequences*, London: Macmillan, 1869.〔甘粕石介訳『天才と遺伝』岩波書店、一九三五年〕
(19) ゴルトンは例外が凡庸さへと戻ってしまうという意味で、はじめのうち回帰を「退行 regression」と呼んだ。これについての説明は、Hacking, *The Taming of Chance*, chap.21〔『偶然を飼いならす』第二一章〕にある。
(20) ゴルトンにとっては、知性や才能は遺伝によって決定され、身長などと同様生物学的な特性であった。したがって、身長が正規分布をなすなら、才能も同じ分布を形づくるはずなのである。

上位二つのクラス（および一四のクラスの外部に置かれた、一〇〇万人に一人のクラスX）に含まれるようにした。[22] もちろん、統計分布のある部分だけに注目するのは、ゴルトンが最初ではない。たとえば、一七世紀にはじまる死亡表の伝統の中ですでに、死亡率が極端に高くなる年齢や年代についての研究がなされていた。しかしゴルトンは、ある部分集団や個体が、全体の平均からどの程度ずれているか、すなわち偏差を表現するために、分布を分割する手法を編み出したのである。

ゴルトンははじめから、個人を超えた社会の力や、個人の生活や道徳性を外部から規制する「社会的なるもの」には関心がなかった。彼が興味を抱いたのは、統計分布の中である特定の位置を占め、その意味で社会的に評価された個体の特徴であり、また、分布の左右に現れる特定の集団であった。彼は一見ばらばらの個人がいかに社会によって規制された存在であるかを示す、平均そのものには注意を向けなかった。ゴルトンにとっては、平均は偏差を測定するための道具にすぎない。統計は社会への統合ではなく、社会集団の中で、ある個人やある部分集団を特徴づけ、際立たせるための手段なのである。

こうして、「誤差法則 law of error」は「偏差の法則 law of deviation」となり、平均および偏差は多様性計測のための尺度として利用されるようになった。

7　リスクを細分化する社会

社会の成員を強制的に保険加入の対象とすることで平均化・均質化を図る社会保険制度とは別に、

民間の保険会社が扱う私保険がある。[23] 私保険は社会保険とは異なり個人による自由な選択の範囲が広く、掛金と保障との対応関係もはっきりしている。しかし、大数の法則が成立することを前提に、一人一人では対処しきれないリスクに対して、大きな集団を作り拠出金を集めることで対応するという原則は共通している。このため、私保険であっても「相互扶助」の要素を有する業務を営む保険会社の多くが、相互会社として発展してきた。

さらに、従来日本の私保険制度は、保険商品と保険料率について事前認可制を取ってきた。このため、大蔵大臣（当時）による事前の認可を受けなければ、保険商品を発売することができなかった。これが結果として、保障内容の同質化と、どこの保険を選んでも似たような商品しかないという保険会社の横並びにつながった。また、損害保険分野における料率算定制度の下で、火災保険・傷害保険・自動車保険などの主な損害保険については、保険会社は料率算定会があらかじめ算出した料率を使用する義務を負うという原則を取ってきた。[24] この二つの制度が、とくに個人の日常生活に関

（21）平均的なものは、ケトレやデュルケムにとっては理想的なもの、健康、正常性、中庸といった価値を持ったが、ゴルトンにとっては単に「凡庸なもの mediocrity」（*Hereditary Genius*, 2nd ed., Macmillan, 1892, p.36）にすぎなかった。Hacking, *The Taming of Chance*, p.167〔『偶然を飼いならす』二四八頁〕を参照。

（22）この表によると、彼が傑出者としたクラスF、G、Xに含まれるのは一〇〇万人中二四八人、凡庸としたA、B、a、b（大文字は平均以上、小文字は平均以下）に含まれるのは一〇〇万人中八三万八一四〇人であった。

（23）私保険の対象となるのは個人だけではなく、企業や事業者などの団体を対象とする多くの保険が存在するが、以下では個人向けの保険（生命保険、損害保険）について論じる。

わりの深い生命保険や傷害保険、自動車保険などの私保険を、契約者にとっては社会保険に近い性格のものにしてきたといえる。しかし、一九九一年にはじまる日米保険協議をきっかけに、保険業の自由化がまず損害保険分野、とくに自動車保険を中心に進められた。そのなかで、事前認可制の廃止と算定会制度の抜本的な見直しが行われた。これによって、自動車保険の「社会保険」的な要素は大幅に失われ、自由化路線の色濃い保険商品が登場することになる。以下では、保険制度改革の急先鋒ともいえる自動車保険を例に、「社会的リスク」をいかに負担するかについての、福祉国家とは別の考え方、制度のあり方を示したい。

福祉国家の社会保険制度の最大の特徴は、低リスク層が高リスク層のリスクの一部を負担することで、社会的リスクを平準化するというものであった。ここでは、保障水準という結果の平等に第一の価値が置かれている。自由化以前の自動車保険は、年齢や過去の保険事故の有無によって保険料率に格差があるものの、この格差は統計から得られたリスク格差を下回るものであった。つまり、高リスク層の保険料を低リスク層が一部負担することで、リスクの平準化がなされていたのである[25]。ところが、自由化によって新しく登場した「リスク細分型自動車保険」は、この原則を根本的に変えてしまった。テレビや新聞で宣伝を見ない日はないこの商品は、はじめ「差別型自動車保険」と呼ばれていたように、保険契約者を「差別」することによって成り立つ保険である。

リスク細分型自動車保険は、当初は、保険協議の日米合意で認められた、年齢・性別・地域・使用目的・使用類型・車種・運転歴・安全装置（エアバッグの有無）・複数所有の有無という九つのリスク要素を組み合わせ、保険契約者をチェックすることによって成立していた。現在日本でさかんに宣伝されている商品は、こうして細分化された自動車所有者のうち、低リスク層のみをターゲットに絞りこむことで、保険料を大幅に引き下げるものである。つまり、保険契約者をリスクに応じて「差別」し、高リスク層ははじめから対象外として引き受けを拒否するのである。結果として、低リスク層がリスク細分型保険に集中すると、リスク細分化を行っていない保険商品の契約者には高リスク層の割合が高くなり、保険会社はこうした保険の料率を上げなければならなくなる。

ここに見られるのが、「社会的リスク」の平準化ではなく「細分化」という考え方であり、統計分布のある部分だけを切り取って利用するという手法である。リスクを階層ごとに分け、その一部のみを保障の対象にするのである。もちろん、この手法は保険数理の比較的単純な応用であって、ゴルトンの序列化の手法に直接の起源をもつわけではない。しかしここで考えたいのは、二つの手法に共通して見られる、ケトレ－デュルケムにおける平均・平準化への志向との隔たりである。そしてまた、「社会の分割不可能性」という理念、あるいは個人は分割不可能な社会の一員であるという考えとの距離である。

労働事故に関する一九世紀の裁判闘争の歴史を見れば、たとえば事故の多い職種とそうでない職

（24）自賠責保険以外は、上下一〇パーセントの範囲内での使用義務。一九九七年九月以前は、外資系を含むすべての損害保険会社が算定会に加盟していた。

（25）たとえば年齢による格差について、山口光恒『現代のリスクと保険』岩波書店、一九九八年、一九四頁の図3を参照。

種とにリスクの差があるという認識が早い時期から存在したことは明らかである。しかし、福祉国家形成期には、事故を起こした当事者の責任に帰すことができない高いリスクを、どのように社会全体で負担してゆくべきかという方向で議論がなされた。これは、リスクの高い層、低い層を統計分布の中から切り分け、各個人が自分自身のリスクに相応の負担をするという発想とは根本的に異なっている。

私保険、それも自動車保険の一部に認められるにすぎない新しい保険商品から、「福祉国家以降」の保険制度全般のあり方を占うのは行きすぎかもしれない。しかし、少子高齢化が加速する日本では、今後公的年金の給付水準低下は避けられず、民間保険を併用して「自己責任」の下でリスクに備えるべきであるとの主張が、保険会社のキャンペーン以外のところからも聞かれるようになっている。また、自由化の進展によって、生命保険分野でもリスク細分型保険が登場している。たとえば、喫煙の有無を保険料算定の際に考慮し、「非喫煙者や健康体の契約者を優遇し、割引する」保険は、最初期に登場した商品である。また、最近増えている通信販売による定期保険においては、一定額以上の死亡保障の申し込み要件として健康診断書の提出を要請している。そして実際に、日常生活を支障なく送っている人であっても、診断書の検査結果の数値次第で保険料が「標準」(メディアで宣伝されている保険料)よりも引き上げられている。これは優遇されない者、相対的に高額の保険料を支払う者との対比において「標準」を設定する、差別型保険に他ならない。しかもその具体的な審査プロセスや基準値が、加入希望者にあらかじめ提示されることはない[26]。また「健康である」とはどういうことかについての定義次第では、個人の遺伝情報すら保険契約の際の

審査（差別）対象となる時代が来るかもしれない。(27)

8　リベラルな保険制度における「個人」

リスク細分型保険のような商品も、実際には個人ごとに個別のリスクを評定しているわけではない。保険統計によってはじめてリスク計算が成立する以上、そんなことはそもそも不可能なのである。つまり、保険制度は特定のリスク層に含まれる大量の保険契約者が存在しなければ成り立たず、差別型の保険といえども、従来の保険同様「大数の法則」を前提としたリスクの分担を行っている。それが相対的に「同質の」集団であるという以外に、用いられる統計技術に違いはない。

しかし、契約を取り結ぶ個人の側の意識はどうだろうか。今まで見ず知らずの高リスク者の分を

(26) この問題は、健康診断における「正常」と「異常」の線引きが、因果論によってではなく統計的根拠に基づいてのみなされていることとも関わっている。健康と病気の間に質的断絶を見るのではなく、統計に基づく健康の度合いあるいはリスクの度合いという別の尺度が用いられているのである（重田『フーコーの穴』第四章参照）。しかし、なぜ特定の数値を閾値として「異常値」が定められるのか、そしてその数値がなぜ特定額の保険料引き上げに結びつくのかを、統計集団ではなく一人の人間として生きる個人に説明することには、困難が伴うはずである。

(27) 医療保険が大部分民間に委ねられ、なおかつゲノム研究や遺伝子診断がさかんなアメリカでは、すでに保険契約時の遺伝情報による差別問題が生じており、それに関係する訴訟や、差別を規制するための法制化が進められている。

いわれなく負担させられてきたが、今後は自分のリスクに見合った額だけを負担すればいいのであり、保険会社と個々の契約者の間で一対一対応の「公正な」関係が築かれると感じるのではないか。つまり、個人の中に、「相互扶助」や「連帯」ではなく、自分の人生を自分で管理する、リスクマネジメントの主体としての個人という新たな価値観が生まれてくるということである。

自己責任と自助努力によるリスク管理者としての個人という像が前面に出てくるのは、リスク細分型保険だけではなく、年金を含む保険制度改革全般に共通している。自己責任に基づくライフプラン構築の一環としての保険という像は、病気・老齢・失業・事故などに備えるために、強制加入の社会保険以外の私保険の役割が重視され、「自由化」によって多様な保険商品が生みだされることで浸透してゆく。そしてこのことが、生活のさまざまな側面に、「企業家」モデル(28)の行動様式を行きわたらせることになるのである(29)。

かつてマイケル・イグナティエフは、「福祉国家は、連帯を求めるこのニードneedを制度化しながらも、それと同時に、資力のある者とそれを必要としている者とをお互いに見知らぬ他人のままにさせておく(30)」と書いた。国家規模の社会保障制度を通じて、持てる者は持たざる者と「連帯」しているはずだと分かっていても、直接のつながりを欠いた強制的な制度化が連帯の感覚を失わせるというのである。彼は、本来ニーズを満たし合うためのシステムが、実際には他者のニーズへの想像力を欠如させてしまうことを嘆いた。だが、少なくとも福祉国家においては、個人を強制的に社会へと迎え入れることで、「相互扶助」と「連帯」の理念を通じた社会統合が試みられてきた。これに対して、これから到来するであろう「自由な」社会においては、他者のニーズへの想像力はもはや必要とはされない。個人は自分のニーズを知り、それに順位をつけ、どの程度それらを満たせるかを資力や能力との間で勘案しながら、自己責任の名において人生を設計すればよいのである。

こうした社会が希望に満ちたものなのか、寒々としたものなのか、あるいは公正なのかそうではないのか、それはまだ分からない。だが、従来の福祉国家とも、自分の人生を管理することを強いられる「自由な」社会とも異なる、別の関係を見出す道も残されている。巨大な福祉国家システムか、自助努力や自己責任の社会かの二者択一である必然性はない。多様化・複雑化した社会にふさわしい別の連帯、別の支え合いを構想することも、可能性としてありうるのだ。(31)

(28) Michel Foucault, *Naissance de la biopolitique, Cours au Collège de France, 1978-1979*, Paris: Gallimard / Seuil, 2004〔慎改康之訳『生政治の誕生――コレージュ・ド・フランス講義 1978-1979 年度』筑摩書房、二〇〇八年〕二月一四日の講義を参照。

(29) ちなみに、ＥＵ諸国は生保・損保ともに事前認可制を廃止し、年金改革においても積み立て方式や投資先を個人が選択する、アメリカの企業年金４０１Ｋのような方式の採用が進んでいる。福祉国家の典型といわれてきたスウェーデンにおいても大胆な年金改革がはじまっており、制度全体の変化は日本より先行している。

(30) Michael Ignatieff, *The Needs of Strangers*, Macmillan (Picador), 1986.〔添谷育志・金田耕一訳『ニーズ・オブ・ストレンジャーズ』風行社、一九九九年〕

(31)「新しい福祉国家」を構想する試みとして、Pierre Rosanvallon, *La crise de l'État providence*, Paris: Seuil, 1995〔北垣徹訳『連帯の新たなる哲学――福祉国家再考』勁草書房、二〇〇六年〕が示唆に富んでいる。

第三章　市場化する統治と市場に抗する統治

1　はじめに

この章はもともと、二〇一六年一〇月に開催された社会思想史学会大会シンポジウム、「市場経済の思想――市場と資本主義を考える」における報告をもとに、学会誌に寄稿した論文である。学会での私の報告は、「市場のロジックとレトリック――フーコーとポランニーをてがかりに」と題し、市場社会とグローバル化する資本主義が政治的・制度的に編成されたものであるという理解に基づき、そのあり方に批判的眼ざしを向けるというコンセプトで行った。

「統治‐制度としての自由主義」と題した報告の第一部では、自由主義経済学の系譜をたどったミシェル・フーコーの「統治性」をめぐる研究、およびカール・ポランニーにおける市場対社会の構図を参照し、（新）自由主義経済学に対する二人の思想家の見方の共通性を指摘した。これを承けて第二部では、「現代における自由主義のレトリック」と題し、市場の言語を市場外の領域へと拡張していく際、「競争」と「人的資本」というキーワードがどのように用いられているか、また市場環境の設計がいかなる政治的決定に基づくかを論じ、「民営化」が政策として作り出されてきたことに言及した。これらを通じて、新自由主義的な社会編成が政治的に生み出されていること、言い換えれば市場社会が統治によって作られ維持される、現代に特有のあり方（現代における自由主義的統治の種別性）を浮き彫りにしようとした。

だが、原稿完成までのおよそ半年の間にいくつかの出来事が起こった。それによって議論の組み立て方や強調点の変更が必要だと考えるに至った。なかでもとくに重大なのは、英国のＥＵ離脱の決定（二〇一六年六月二三日国民投票）と、アメリカにおけるトランプ大統領の誕生（二〇一六年一一月八日一般投票）であった。これらの出来事は、ここ一〇年ほどさまざまな国や地域で起きている、反グローバリズム、反自由貿易、反移民といった動きが政治的な閾値を超えた結果であろう。したがって何か特別に新しい出来事ではないのかもしれない。

たしかにそうともいえる。しかし、「先進国」あるいはＧのつく会議などで基本的には第二次世界大戦後ずっと推進されてきた、自由貿易、人とモノとカネの自由な移動に向けて、先頭を走ってきた英国とアメリカがともに、保護主義や移民の排除を訴えて露骨に障壁構築的な方針に転換することは何を意味するのだろう。いずれの場合も、国民投票、一般投票という国民的規模での投票行為を通じて、こうした方向が僅差で選び取られた。このことのうちに、直接民主制と民主主義との齟齬や、起こるべき帰結を理解しないまま変化を好む無責任な投票者の心理を読み取ることもできるだろう。あるいはもっとシンプルに、これをポピュリズムの浸透と表現してもよい。

したがってこれらは、政治的には、民主主義と排外主義、あるいは民主政と独裁 dictatorship（僭主政 tyranny）の問題として、古くから定式化されてきたことかもしれない。しかし、経済的な立ち位置としては、いま一度確認しておかなければならないことがある。それは、市場に中心的な価値を見出し、それをさらに開放し大きくしていくことで富と豊かさを追求する政策、新自由主義的と言われる経済政策に対して不信感を抱く人がマジョリティになりつつあるということだ。市場に任せる、市場に委ねるといったフレーズが、一九八〇年代ごろから持っていた一種の魔力が失われたといってもよい。むしろ、市場というのは扱いが難しくやっかいで、放っておけば自己調整機能を発揮して最適な資源配分をしてくれる魔法の装置とはほど遠いという認識が、強い説得力を持つようになっている。

そこで考えなければならないのは、グローバルな経済の推進、さまざまな障壁を取り除いた商品や人や情報や金の移動をもたらす市場に未来を託す方向と、それへの反対という二者択一で問題を切り取ることの危険性である。これはたとえば、アメリカ大統領選挙において、クリントン＝金融界に近いグローバリズム推進のエスタブリッシュメント、トランプ＝保護主義と移民排斥を訴える反市場主義のポピュリストと捉え、どちらにつくかの選択を迫るような思考に見られる。自由化に反対するなら保護主義と国益重視しかない、あるいは人種差別的な政策に反対するならグローバリズム推進の立場しかない、といった二者択一はそもそも虚偽である。グローバリズムや市場化のあり方をめぐっては、多種多様な立場が混在しているのが現状であり、これをグローバリズムに賛成か反対かで二分することは、むしろその立場の多様性を見失わせることになる。

そこでここでは、現在表面化しているさまざまな対立を全体として理解するための枠組を考えたい。そのために選ぶ立ち位置は次のようなものである。まず、新自由主義的なグローバリズムの推進、とりわけ金融の自由化は、土地に根ざして生活せざるをえない人間という存在に致命的な影響を与える。ライフヒストリーをもった生身の人々はその変化に耐えることができず、「社会」の側からの激しい反撥が生じる。人間の生（労働）や土地（自然）と金融の市場化との対立は、カール・ポランニーが『大転換』[1]（一九四四）ほかで展開した、労働・土地・貨幣の商品化についての議論と、市場対社会という同書での対抗図式を念頭に置いている。市場対社会という構図は、市場化を推進する統治と市場化に抗する統治という本章の基本構想とは若干異なる。しかし、『大転換』は結局のところ「一九世紀以降の市場をめぐる政治的社会的攻防」を描いており、現在それがどのようなステージで何を焦点に争われているかを論じることは、ポランニーの議論の延長上にあると考える。

また、市場のモデルが市場化に全くなじまない領域に無理やり導入される際、そこでは市場に関係する発想や用語が部分的に切り取られて移植される。これによってその領域がこれまで有していた資源、制度、権力配分が失われ崩れるため、さまざまな弊害が生じる。そしてそれが、政治的・社会的なコンフリクトを引き起こすことになる[2]。

こうした事態について、一方の市場化という圧力と他方のそれに対する抵抗を一体的に捉えることが重要である。そのため、市場とそれをめぐって生じるコンフリクトや対立、あるいは既存秩序の毀損《きそん》や破壊を、全体として市場をめぐる「政治」あるいは「統治」の問題として捉えなければならない。こうした捉え方をすることで、市場をめぐる統治には多くのヴァリエーションが存在し、そこには市場を尊重し推奨するものもあれば、市場に反対し市場から社会を防衛しようとするものもあることが明らかになる。さらに、市場擁護にも社会防衛にもさまざまなタイプや目標があり、状況や領域によって異なった統治のあり方とそれに反対する論拠、あるいは別の統治のあり方が主張されることが分かる。

それらを具体例に即して示すことが課題となるが、本章では、現在の「市場不信」の深刻さを、思想史をたどりつつ明らかにすることが中心となる。そのうえで、市場をめぐる統治性について、フーコーとポランニーを手がかりに素描する。

2 現在の位置

事態を俯瞰するために、アルバート・ハーシュマンが『方法としての自己破壊』(一九九五)の中で示した一九・二〇世紀史に接続する形で、現在の状況を押さえておくことにしよう。ハーシュマンは同書の第一四章で、一九世紀の自由貿易主義の隆盛と衰退に二〇世紀のケインズ主義を重ね、両者に顕著な類似性を見出している。それによると、一八四六年の英国における穀物

(1) Karl Polanyi, *The Great Transformation: The Political and Economic Origins of Our Time*, Boston: Beacon Press, 2001 (1st ed., 1944).〔野口建彦・栖原学訳『[新訳]大転換――市場社会の形成と崩壊』東洋経済新報社、二〇〇九年〕

(2) これについては本書第四章で論じている。

法の廃止、一八六〇年のコブデン＝シュヴァリエ条約によって、自由貿易の原則が確立した。しかしその原則は、一八七〇年代の不況によって揺らぎ、新重商主義・帝国主義へと覇権が移る。一九世紀末には帝国主義が強い力を持ち、それが第一次世界大戦を引き起こした。そして大恐慌後の一九三六年、ケインズの『雇用・利子および貨幣に関する一般理論』が出版されると、アメリカですぐに支持を得て実践に移される。ケインズ主義は第二次世界大戦後のマーシャル・プランをはじめとする戦後復興にもひきつづき採用された。だが、一九七〇年代の石油危機とスタグフレーションを契機に支持を失い、代わって人気を博したのが、新マネタリズムやサプライサイドエコノミクスであった。

ハーシュマンはこうした歴史をふり返って次のように言う。自由貿易の思想は一九世紀に三〇年ほどメインストリームとなった。しかし今度はこれとほぼ同じ期間、二〇世紀のケインズ主義は覇権を握った。ところがこれも結局は新自由主義によってその座を奪い取られたのである。

ここでハーシュマンは、流行の経済思想の栄枯盛衰を単に回顧しているのではない。自由貿易主義とケインズ主義の共通点について、彼は三つの特徴を挙げている。

第一に、新たに生まれた経済的教義は、「特別な国の内部で」（つまり一九世紀の英国、二〇世紀のアメリカ）支配的影響力を持った。その国は「軍事力および経済進歩の先頭に立つ威信を備えた、際立った」存在であった。

第二に、「その国は、その教義を他の国々に輸出したがるようになった」。そのため、その教義は「当初はそれなりの国際的支配を達成した」。

第三に、「世界を指導する地位にある、最も「進んだ」国に支持された、しかも説得力ある思想体系という、一見無敵の組合せにもかかわらず、その教義はすぐに抵抗に遭い、支配は予想外の短命に終わった。それだけでなく、その教義はそれを最初に広めた当の国で挑戦を受けることになった」(3)。

現在新自由主義が置かれている状況にも、これがある程度あてはまるだろう。もちろん、排外主義と移民への攻撃はヨーロッパでは二〇年以上前から深刻で、グローバリズムを批判するさまざまな運動やプロテストは世界中で起こってきた。しかし、自由化への辛辣で激しい批判が国民投票や大統領選挙を決するまでになった現在、潮目が変わったとはっきりいえるところまで来たのではないか。そして奇しくも、新自由主義が世界を席巻したのが一九八〇年代、相次ぐ金融危機やリーマンショックによってそれが根底から動揺しはじめたのが二〇一〇年前後、この間約三〇年である。

このことは、たとえばトランプの政策が反自由主義として一貫しているという意味ではない。金融規制のいっそうの緩和を主張しながら移民と自由貿易には反対し、多国間貿易協定を避けて単独交渉を行うことでアメリカに有利な待遇を引き出そうとする。また、社会保障や貧民対策の費用を削減し、国防費を増額するが、環境問題に予算を割く価値はないとする。これらは、一部は白人至上主義やキリスト教保守主義と重なり、一部はアメリカがずっと追求してきた金融緩和と国境を越

(3) Albert O. Hirschman, *A Propensity to Self-Subversion*, Harvard University Press, 1995, p.140.〔田中秀夫訳『方法としての自己破壊――〈現実的可能性〉を求めて』法政大学出版局、二〇〇四年、一七二―一七三頁〕（強調原文）

えた資本の移動と投資家の利益のさらなる追求でもある。他方で、国益のために保護主義的な政策をとり自国の産業を守ると主張する点で反自由主義的でもある。

つまりここでは、反グローバル市場のスタンスは社会正義の追求ではなく、政治的文化的な他者排除と結びつき、市場批判のかたわら弱者の権利保障は弱められる。格差と不平等の告発は、平等の追求よりかつてあったはずの特権的立場の回復のため、政治的文化的保守主義と強いリーダーへの委任という態度（独裁への傾斜）を生んでいる。これがポピュリズムと呼ばれるのだが、支持者の思惑もまた多様で、統治者の側も誰の方を向いた政策なのか整合性が見られない部分も多い。

そうしたなかで、英国のEU離脱とアメリカのトランプ大統領選出に共通しているのは、サッチャリズムとレーガノミクスを通じて自由主義の急先鋒となり、世界を強引にその流れに引きずり込んだ当の二カ国が、きわめて内向きの政策へと思い切り舵を切ったことである。こうした状況を通じて明らかになるのは、市場に反対する思想や政策、そしてそれを支持する人々の思惑や未来構想にはさまざまなものがあり、市場対反市場という図式で前者を悪者、後者を社会正義を追求しグローバル化に歯止めをかける勢力と二分することでは、現状を捉えるにはあまりに不十分だということである。

反市場にもさまざまなものがあるのは、分かりきったことかもしれない。しかし、幾分錯綜した目下の状況を理解し整理するためには、市場主義と反市場主義、いずれにも存在するヴァリエーションや多様な統治のあり方を分節化して捉えることが必要である。このことは、一方で市場と反市場の政策を、「市場をめぐる統治」として一体的に捉えること、他方でそれぞれの政策や統治のあり方の種別性を描き出すこと、この両方の重要性を示唆している。

3　自由主義への不信

現在見られる自由主義への不信の深刻さは、思想史を振り返ることで再確認することができる。ここでふたたび、ハーシュマンの豊かな思想史的知見を手がかりとしたい。

（1）トリクルダウン

ハーシュマンは、スミスの『道徳感情論』の有名な箇所を引用している。[4] それは、金ぴか品を追い求める富者の奢侈《しゃし》が、意図せざる結果として生活必需品を貧者と分け合うことにつながるというスミスの認識を示した箇所である。スミスはこうした富者の強欲を醒めた目で眺めるが、それが結果として貧者のニーズを満たすのであれば、それは一種の「神の摂理 providence」であるという考えを表明している。[5]

この欺瞞〔人間の幸福は本来限られたものによって満たされるのだが、惑わされやすい人々は富や地位に強い欲求を持つこと――引用者〕が、人類の勤勉にとって絶えざる原動力となっている。

（4）*ibid.*, p.216.〔同書二五七頁〕

……高慢で無感覚な地主が自分の広大な畑を眺めて、同胞の欠乏を少しも考えずに収穫物をすべて自分で消費する想像をしたとして、それには何の意味もないだろう。「目は腹より大きい」という俗なことわざはこの例に最もよく当てはまる。この地主の胃はその巨大な欲望とは全くつりあわないし、最下層の農夫より多くを食べられるわけでもない。そのため残りの収穫物は……〔財やサービスと引き換えに――引用者〕他の人々に分配せざるをえない。地主の奢侈と気まぐれによって、生活必需品の分配がなされる。同じことを人間愛や正義に期待しても全く無駄であったのに。(6)

この一節は、一八世紀に仏英で展開された「奢侈論争」に関係している。この論争においては、二人の正反対の論者の主張が最もよく知られているだろう。一方は、過度にならない奢侈を、社交を通じた洗練や礼儀作法といった文明の恩恵と結びつけて評価するヒュームであり、他方は、奢侈を腐敗や堕落、不平等の固定化と権力濫用に結びつけて批判するルソーである。

ヒュームは「技芸における洗練について」で次のように述べる。「奢侈は過度になれば多くの病の源泉となる。しかし一般には、奢侈に代わって生じがちな無為や怠惰よりましである……。無為が蔓延すると、人々の生は野卑で洗練を欠き、社交も楽しみもなくなってしまう」(7)。

ルソーの『人間不平等起源論』の次の一節はこれと対照的である。「奢侈はそれが癒すと称する病よりも悪い治療薬である。奢侈はあらゆる悪の中でも最も悪いもので、大きな国家でも小さな国家でも、それが巣食う所ではどこであれ、自ら生み出した大量の従者や貧民を養うために、農民や都市民を苦しめ破滅させてしまう。奢侈は南方から吹く灼熱の風のようなものだ。その風は昆虫が食む緑の草木を襲い、家畜の食べ物を奪って、ありとあらゆる場所に飢餓と死をもたらす」[8]。

興味深いのは、この二人の議論は注意深く繊細で、ともに道徳上の問題を経済社会的条件と切り離すことなく論じている点である。さらにそこに政治制度との関連がつけ加わるので非常に複雑な

---

(5) アダム・スミスにおける「摂理」の考え、にもかかわらず彼がストア主義的立場から富の追求に醒めた視線を投げかけていたという複雑な立ち位置については、堂目卓生『アダム・スミス——『道徳感情論』と『国富論』の世界』中公新書、二〇〇八年、第二章、Hirschman, *The Passion and the Interests: Political Arguments for Capitalism before Its Triumph*, Princeton: Princeton University Press, 1997 (1st ed., 1977), Part 2〔佐々木毅・旦祐介訳『情念の政治経済学』法政大学出版局、一九八五年、第二章〕を参照。また「摂理」と「見えざる手」については、Jacob Viner, *The Role of Providence in Social Order, An Essay in Intellectual History*, Philadelphia: American Philosophical Society, 1972〔根岸隆・根岸愛子訳『キリスト教と経済思想』有斐閣、一九八〇年〕、スミスにおける摂理については、Peter Harrison, 'Adam Smith and the History of the Invisible Hand,' in *Journal of the History of Ideas*, 72-1, 2011, pp.29-50 を参照。

(6) Adam Smith, *The Theory of Moral Sentiments*, Oxford University Press, 1976, pp.183-184 (1st ed., London: Millar, 1759).〔水田洋訳『道徳感情論(下)』岩波書店、二〇〇三年、二二一—二二三頁〕

(7) David Hume, *Political Essays*, Cambridge University Press, 1994, p.114. この論集は、ヒュームの *Essays, Moral and Political*, 1st ed., Edinburgh, 1741-42 からの抜粋である(編者はハーコンセン)。訳は、Essays の全訳である田中敏弘訳『道徳・政治・文学論集』名古屋大学出版会、二〇一一年、二二九頁を参照した。

(8) Jean-Jacques Rousseau, *Sur l'origine, et les fondaments de l'inégalité parmi les hommes*, in *Œuvres complètes* III, Bibliothèque de la Pléiade, Paris: Gallimard, 1964, p.206 (1st ed., Amsterdam: Rey, 1755).〔『人間不平等起源論——付「戦争法原理」』坂倉裕治訳、講談社学術文庫、二〇一六年、一六三頁〕

論理展開になっている。

その意味で彼らの議論はスミスと土台を共有している。しかし、彼らが富対徳（あるいはモラル）という軸を中心に論争を展開したのに対して、スミスが行ったのは、論争の焦点そのものをずらし、これに物質的な繁栄を基礎とした解答を与えることであった。それは「奢侈＝ぜいたく」がよいか悪いかを道徳的な水準の議論へと一直線にもっていくのではなく、地主の強欲がもたらす意図せざる結果としての物質的富の増大メカニズムを一枚かませて捉えるというものであった。それによって、豊かさから帰結する社会そのものの変容を展望した。

ここで注目したいのは、富の配分における「トリクルダウン」を示唆するスミスの議論である。現在の状況を見ると、ここでスミスが描く神の摂理（富める者の利益追求は意図せずして貧者の生計に寄与する）が作用していないことが分かる。

二〇一六年版オクスファム年次報告書によると、世界の上位八人と下位半数にあたる三六億人の資産総額は同じである。また上位一パーセントの富裕層の資産は残り九九％を上回っている。[9] 日本では、この問題は格差と貧困をキーワードとして論じられており、資産だけでなく雇用形態による所得格差、男女の賃金格差、地域間での格差、また世代間格差など、さまざまな面での「格差感」が強まっていることが指摘されている。[10]

トリクルダウンの主張を現実が裏切りつづけるのは、スミスの摂理が通用しない世界が成立しているからである。富者の強欲が貧者の雇用を生まないのは、金融経済の規模が拡大しつづけることによって、富裕層の資金が国内投資に向かわないという単純な理由によるところが大きいのだろう。

産業のグローバル化によって、資本家‐労働者関係が一工場内あるいは一国家内に収まっていたマルクスの時代、あるいは「国民経済」の時代は過ぎ去ってしまった。産業編成が国や地域で区切られないため、労働者が名指しで批判できる資本家による搾取とは異なった仕組みでの富の偏在がどんどん拡大していく。国境を越える資本の移動によって税と再配分の仕組みが毀損されるが、そこで脱法的に利益を得る人々を名指すことは難しくなっている。たとえば、二〇一六年に話題となったパナマ文書の流出は、「巨大なウラ経済の仕組みがあり、がっつりもうけている人たちがいるらしい」という憶測だけを残し、詳細は不明なままに終わった。

金持ちは税を逃れ、社会的公平を無視して自らの富を守り増やすことだけを考えている。そして一握りの人々だけが、新たな貧困を生み出しつつますます富裕化する。しかしその仕組みは表に出

（9）Oxfam Briefing Paper, 'An Economy for the 99%,' https://www.oxfam.org/sites/www.oxfam.org/files/file_attachments/bp-economy-for-99-percent-160117-en.pdf（二〇一七年三月二十九日閲覧）。なお、二〇一五年版の同報告書では、人類の半分に匹敵する富を保有するのは上位六二人であった。データの包括性に違いがあるとはいえ、この一年で富の集中がさらに進んだことが分かる（二〇一八年付記――二〇一七年版同報告書では、上位四二人となっている。この報告書では二〇一七年中に新たに生み出され富のうち八二パーセントが上位一パーセントのものとなったことが強調されている。'Reward Works, Not Wealth.' https://d1tn3vj7xz9fdh.cloudfront.net/s3fs-public/file_attachments/bp-reward-work-not-wealth-220118-en.pdf（二〇一八年八月八日閲覧））

（10）日本における格差の時系列分析は、たとえば高田創（みずほ総合研究所）「日本の格差に関する現状」http://www.cao.go.jp/zei-cho/gijiroku/zeicho/2015/__icsFiles/afieldfile/2015/08/27/27zen17kai7.pdf（二〇一七年三月二十九日閲覧）を参照。そこでは格差だけでなく「格差感」や「格差認識」を含めた分析がなされている。

てこない。こうした不信によって向かう先を失った不公平感は、目の前にいる存在、国境を越えてやってきて、厳しい労働を低賃金で引き受けることで自分たちの職を奪っているように見える、移民に矛先を向ける。また、自国産業や自国製品の市場を奪う外国企業や外国からの輸入品に向かう。地域の産業ごと職を失った貧困者、あるいは以前より貧困になり損をしていると感じる人々は、「自由」に反感を抱き移民や外国人の入国を阻み、外国企業を閉め出して高い関税や自国に有利な貿易条件を実現しようとして、破壊的な行動を起こしうる状態になっている。

(2) 政府の働き

スミスはまた、経済的自由主義に特徴的な「小さな政府」の主張で知られる。

> 一国家を最低の野蛮状態から最高度の豊かさに導くには、ほとんど何も必要ない。平和、楽な税、正義のまずまずの執行だけで充分だ。他のことは全て自然の成り行きが実現してくれる。[11]

また、『国富論』には次の一節がある。

> 自然的自由の体系によるなら、主権者が注意をはらわなければならない義務は次の三つに限られる。……一つめは、社会を他の独立社会による暴力や侵略から守る義務。二つめは、社会成員全てを他の成員の不正や抑圧からできるかぎり守る義務、つまり正義の厳格な執行。三つ

めに、公共事業や公的制度を立ち上げ維持する義務。ただしこの制度は特定の個人や一部の人々の便宜のためのものであってはならない[12]。

このような国家観は、一九世紀にラッサールによって「夜警国家」として批判されたが、自由主義国家の典型的なイメージとして現在でも流通している[13]。政治の役割を極端に切り詰めるこうした国家への反対は社会主義からも保守主義からもつねに提起されてきたが、現状として二種の反対のベクトルで疑念が強まっていることを指摘しておきたい。

一つめは、経済活動の自由はその暴走を生むので、国家による監視と規制が必要だという、ある種古典的な批判である。富の極端な集中への批判や、オキュパイ・ウォールストリートをはじめとする金融グローバル化への反対運動において、自由な経済活動の放置が多くの人を不幸にしているという主張が改めてなされた。また、経済活動が地球環境に与える破壊的な影響を食い止めるためにも、政治の役割、国家や国際組織による規制をもっと増やさなければならないという議論が、真

(11) Dugald Stuwart, *Biographical Memoir of Adam Smith*, New York: Kelly, 1966 (reprint) (1st ed., 1793), p.68.〔福鎌忠恕訳『アダム・スミスの生涯と著作』御茶の水書房、一九八四年、七八頁〕。現存しないこのスミスの原稿(「一七五五年講義」と呼ばれる)については、同訳書一四九頁注三〇を参照。

(12) Adam Smith, *An Inquiry into the Nature and Causes of the Wealth of Nations*, Oxford University Press, 1976, (1st ed., 1776), pp.687-688.〔山岡洋一訳『国富論——国の豊かさの本質と原因についての研究(下)』日本経済新聞社出版局、二〇〇七年、二七七頁〕

剣になされている。これは、財政出動を重視する大きな政府の擁護に回収される主張ではない。むしろ、とりわけ国境をまたいだ富の動きや社会正義を無視した利潤追求に対して、権利と平等、利潤以外の価値の保障者としての政府や国家に期待するというベクトルを持っている。

二番めに、これと逆向きの疑念もまた大きくなっている。市場を安定的に成長させようとする「自由主義的」政策が行きつくところは、巨大な介入になるのではないかという考えである。現在の金融政策を見ていると、たとえそれが市場を活性化させるためになされているとしても、その規模や介入方法は自由主義の原則を逸脱したものになっていないかという疑念が出てくる。日本を例にとると、準備預金が法定額を超過した部分について民間銀行が日銀に利子を支払うマイナス金利政策、日銀による国債買い入れ規模の拡大と保有残高の増大（二〇一七年二月時点で発行済国債の日銀保有割合が四〇パーセントを超過）など、「異次元緩和」といわれる金融政策の規模と手法は、「最高度の豊かさ」が「自然の成り行き」によって達成されるという楽観的な見通しとはかけ離れたものになっている。

また、こうした政策を実現するために安倍晋三政権が日銀総裁人事に介入を行ったことは決して忘れられるべきではない。日銀の国債買い入れは国の借金の累増とセットになっており、日本の公債残高は二〇一六年時点で八〇〇兆円を超えている（一般会計税収の約一五年分、国民一人当たり約六六四万円）。[14]

こうした現状を見ると、「市場の力を回復させる」という理由づけによるかぎり、どんな介入でも許されるのかという疑問が浮かぶ。どこまでのどのような介入であれば自由主義と両立するといえるのだろう。何が自由主義的で何がそうでないのか、そもそもそうした問いが無意味となるほど、目下の経済政策には原理原則の動揺が見られるのではないか。それを何らかの一貫性ある経済理論の原則や立場に基づいて理解することが難しくなっているようにも見える。

こうした状況下で、統治の過少と過剰双方に対して、あるいは国家の無力と過剰な権力行使の両方に対して、不信感が募っている。これは、経済的自由主義の存立根拠そのものに関わる不信である。

（13）こうした国家観については、いくつかの観点から留意の必要がある。スミスに即しては、次の問題がある。まず、スミスが『国富論』を構想した時代、英仏をはじめとして重商主義の経済思想と対外政策がヘゲモニーを握っており、スミスの議論はこれに対抗するものであった。そのためスミスは市場にとって有害だと考えられる干渉や規制への反対をことさらに強調した。また『国富論』は彼の法学体系の一部であり、ここでの議論も、法と統治を全体として扱う、より大きな社会科学体系の中で捉えられなければならないことである。水田洋他訳『アダム・スミス法学講義 1762 ～ 1763』名古屋大学出版会、二〇一二年を参照。

なお、スミスにおいて政治と経済が単純な対応関係にない点については、Hirschman, *The Passion*, p.100ff（『情念の政治経済学』一〇〇頁以下）を参照。

次に歴史に即しては、次のことが重要である。自由主義を支持する人々が小さな政府を原則に掲げるとしても、現実には市場を形成し維持するための政治的な操作や介入を否定することにはならず、むしろ市場のためのさまざまな政策が導入された。これは、フーコーによる自由主義の統治のテクノロジーの系譜学において、一八世紀以来の歴史として描写された（とくにわかりやすいのが第二次世界大戦後西ドイツのオルド自由主義の分析）。また、ポランニーが描く一九世紀イギリスの自由主義的な土地・労働・金融改革についても、同様の観点から捉えることができる。

（14）財務省ＨＰ http://www.mof.go.jp/tax_policy/summary/condition/004.htm（二〇一七年三月二九日閲覧）。

(3)「穏和な商業」

ハーシュマンは『情念の政治経済学』末尾で、一八世紀に流行した「穏和な商業」の議論の反響を、ケインズ『一般理論』にまで聞き取ることができると指摘している。

金もうけや蓄財の機会は、人の危険な性癖を比較的無害な水路に導くことができる。というのも、もしこの危険な性癖が他に向かうなら、残酷で容赦ない個人的権力や権威の追求、あるいは他のさまざまな自己顕示欲の充足につながるかもしれない。同胞市民に暴君としてふるまうくらいなら、自分の銀行口座を専制支配する方がましだ。金にこだわる人はしばしば暴君より卑しいと非難されるが、少なくとも暴君にならずにすんでいる。[15]

商業や金儲け、利得を求める欲求が、権力欲や名誉欲あるいは性欲など、他の危険な情念よりましなものであるという議論は、一八世紀の富と徳をめぐる論争の中で展開された。モンテスキューなどに見られるこの議論[16]では、国家や君主の政治や政策の穏和化(「商業は専制政治を抑制する」)と、商人的な行動様式に則る個人の情念の穏和化(貴族や軍人の荒々しい武勇を過去のものにする洗練や作法の浸透)とが同時に主張された。

こうした議論は、現在でもある程度の説得力をもって受け入れられている。たとえば、国際的な投機家はかつての貿易商人に似て、交易や金融取引の自由と拡大を支持し、財界人は戦争による市場の喪失や軍事上の損失を嫌う。戦争はバランスシートに赤字を計上する無駄であるという割り切った考えや、ナショナリズムより販路と取引、イデオロギーよりも金を重視する商売人の合理主義というイメージである。国際関係においても、自由貿易を世界の平和的発展と協調路線へと結びつける言説は、ナショナリズムと保護主義に対抗する国際主義と自由主義として、一定の説得力を持っている。

ここで思想史をふり返っておくことは無駄ではない。ハーシュマンによると、「穏和な商業」の主張は、まずスミスによって論点をずらされ、さらにファーガスンとトクヴィルによって反転させられる。人々の富への執着は公的関心を喪失させ、専制への道を拓く危険なものと見なされるようになったのである。その後については次のように語られる。

自己利益を追求する人間はどこまでも無害であるという考えに終止符が打たれたのは、資本

(15) John Maynard Keynes, *The General Theory of Employment, Interest and Money*, Macmillan, 2007 (1st ed., 1936), p.374.〔塩野谷祐一訳『雇用・利子および貨幣の一般理論』東洋経済新報社、一九九五年、三七七頁〕ただしこの箇所は、目下みられる所得と富の不平等は大きすぎ、格差の容認をより限定的にすべきであるという主張の中に置かれている。ハーシュマンはこれを、ケインズ独特の「控えめな資本主義擁護」(Hirschman, *The Passion*, p.133〔『情念の政治経済学』一三四―一三五頁〕)と評している。

(16)『法の精神』第二〇篇。穏和な商業をめぐる一八世紀の議論は錯綜している。モンテスキューとその議論の政治思想上の背景については、川出良枝『貴族の徳、商業の精神――モンテスキューと専制批判の系譜』東京大学出版会、一九九六年を参照。

主義の発展が全面的に明らかになってからのことである。一九世紀と二〇世紀の経済成長は、何百万もの人々を根無し草にし、膨大な集団を貧困に陥れる一方、ごく一部を豊かにしただけだった。また、周期的不況による大規模な失業が発生し、近代大衆社会が生み出された。こうしたなか、多くの観察者が見出したのは、暴力的な転換に巻き込まれた人々が、時として情念的になるということだ。彼らは激しくpassionately怒り、恐れ、恨みを抱く[17]。

ハーシュマンは、のちにこうした見方を市場社会についての「自己破壊テーゼ」と呼ぶが[18]、新自由主義が覇権を握った最近三〇年間は、ふたたび市場を道徳的に擁護する穏和な商業論のあいまいな現代版が幅を利かせてきたように見える[19]。しかし、富の偏在と明らかな不平等の進展を前にして、現在では、市場におけるアクターたち、市場で成功者となる人たちの人間性は穏和どころではなく、その強欲が世界の多くの人たちに致命的な影響を与えているという認識が強まっている。自己利益の追求は無害とはほど遠く、他者への無関心と公共心の不在によって、他人の不幸の上に自らの幸福を築く、おそろしく有害な行為であると考えられている。さらに、他者のものを奪い取る貪欲なふるまいが、剥奪され貧困と排除にさらされた者たちの憎悪をあおり、紛争を頻発させている。

こうした衝突と憎悪のぶつかり合いが歴史的にくり返されてきたことを確認するため、経済的豊かさの追求が人間を穏和にし、社会を平和に導くという主張を真正面から激しく批判した、ルソーの一節を引いておきたい。

社会体において公的理性が説くのとは正反対の格率を個人の理性が命じ、他人の不幸で人が得をする場合に、交易（人との交流）というものを、どんなふうに考えたらいいだろう。貪欲な相続人やときには自分の子どもにとっても、こっそりその死を待ち望まれていない裕福な人はいないはずだ。また、どこかの仲買業者にとって朗報でない船の難破などなく、悪意ある債務者がその家にある書類もろとも燃えてしまえと願わない家もない。隣国の災難を喜ばない国

（17）Hirschman, *The Passion*, p.126.〔『情念の政治経済学』一二六頁〕

（18）Hirschman, *Rival Views of Market Society*, Viking Penguin, 1986, chap.V. ここでハーシュマンは、市場社会に評価を下す四つのテーゼを挙げ、それらの関係を整理している。その四つとは、「穏和な商業」「自己破壊」「封建制の枷」「封建制の恩恵」テーゼである。競合するこれら四つのテーゼのうち、どれか一つが完全に支配することなく変転をくり返すというハーシュマンの見方は、市場に賛成か反対かの二項対立を回避するための視野を広げてくれる。反面、四つのテーゼそれぞれに分類される言説が含む多様性にも留意すべきだろう。ハーシュマンはそんなことは承知であろうが、たとえばポランニーとマルクスは、いずれも明らかに自己破壊テーゼに分類されるが、その思想内容はかなり異なっている。そしてその差異の中にこそ、彼らの思想において賭けられるべきものが含まれる。

（19）現代版の商業の道徳的擁護には、穏和な商業論とは異なるヴァージョンが存在する。穏和な商業論は、戦争と支配に向かう荒々しい徳より、信用と愛想のよさによって成り立つ商業社会における穏和な品性の方が、たとえ自己利益という動機にかられてのことであってもまだましだと主張する。だが現代においては、たとえば競争社会において「戦う人」としてビジネスマンを描く傾向や、自己投資をつづけることでキャリアアップを図る人間を賞賛する「人的資本」の考えなど、一周回った戦闘的な比喩が多用される。これに関連して、アメリカ新自由主義における人的資本と企業家＝起業家のモデルの役割については Foucault, *Naissance*,〔『生政治の誕生』一九七九年三月一四日と三月二一日の講義を参照。

民はいない。このように、私たちは同胞の損に自らの益を見出し、誰かの損失はほぼいつも別の誰かの繁栄につながる。最も危険なのは、多くの人が公的な災厄を期待し待ち望むようになることだ。疫病を望む者もいれば、大量死、戦争、あるいは飢餓を待望する者もいる。[20]

経済的自由主義と物質的豊かさの追求が、モンテスキューのテーゼにおけるように利益を情念に代えることで人間と社会を穏和にするのではなく、むしろ情念の無際限の拡大と人々の激しい対立、ルサンチマン、終わりなき闘争と奪い合いを生むというルソーの直感は、現在の世界をよく表現しているように見える。ルソーは奢侈と富の追求が全面化する社会では、成功する者も失敗する者も、富める者も貧しい者も、情念をコントロールできず、やがては社会そのものを破壊するに至ると考えた。富と道徳をめぐるこうしたテーマは、一八世紀以来反復し、同じ軸の周りを回っているのだ。

人間が利得動機に基づいて行動すると見なされることで、社会はそれにしたがって編成され、それ以外の動機は無視される。しかし人間の動機は本来多様であり、また利得動機以外の動機が完全に失われることはない。ただ制度と理論によって不可視にされているだけである。人間の社会性とその動機の多元性を前提とし、利得動機＝現実的、それ以外の動機＝理想的（つまり非現実的）という「市場経済のレトリック」を疑問視するこの姿勢が、ルソーの思想の根本にある。だからこそ、利得動機に動かされて親の死すら願う人間の行為様式を、誤った社会化と誤った制度編成によって強制されたものと考えたのである。

この発想は、ポランニーの市場社会批判と驚くほどの共通性を持っている。ポランニーは次のようにいう。

社会がその成員に対して特定のふるまいを期待し、支配的制度によってそのふるまいをおおよそ強制できるようになりさえすれば、人間本性についての考えは、現実に対応していようがいまいが、その理念型を反映することになる。そのため、飢えと利得が経済的動機と定義され、人間がこの二つの動機に基づいて日常的に行動すると見なされるようになると、その他の動機は高尚で、生存の俗な事柄とはかけはなれた動機であるかのように見えはじめたのである。そうなると、名誉と誇り、市民の義務と道徳的責務、自尊心や礼儀の感覚さえも、生産には無関係とされ、「理想」という言葉で意味ありげにまとめられることになった。[21]

また、別の箇所でポランニーは、市場社会における「変動価格 fluctuating price」での交換を、社会に埋め込まれた経済における「設定価格 set price」での交換と対比し、そこでの当事者関係の特徴を次のように示す。

（20）Rousseau, *Sur l'origine*, pp.202-203.〔『人間不平等起源論』一五七頁〕

（21）Polanyi., 'Our Obsolete Market Mentality,' in George Dalton ed., *Primitive, Archaic and Modern Economics, Essays of Karl Polanyi*, New York, Beacon Press, 1968（1st ed., 1947）, p.69-70.〔平野健一郎訳「時代遅れの市場志向」玉野井芳郎他訳『経済の文明史』ちくま学芸文庫、二〇〇三年、六四頁〕Michele Cangiani *et al.* ed., *Essais de Karl Polanyi*, Paris: Seuil, 2008, p.513 も参照した。

変動価格での交換は、当事者間の明白な対立関係を含む態度によってはじめて得られる利得を目標とする。この種の交換につきまとう対立の要素は、たとえどんなに薄められたとしても、消し去ることはできない[22]。

市場参加者の利益は分業と交換を通じてプラスサムとなる。だから市場は敵対的でなく友好的で平和的な関係を築くもとになる。こうした楽観的な市場観を、ここでポランニーは非市場的な経済との対比を通じて批判している。市場社会の交換当事者は相互に対立する。それはミクロ経済学の最もシンプルな需給曲線の想定からも明らかである。市場を擁護する経済学者はこれをマクロ的な資源配分の合理性（交換によって皆がよいものを効率的に得られる）によって打ち消す。しかしここで想定される利得動機や自己利益の社会的な働き、それが社会制度そのものの前提となることによって生じる帰結は、マクロ的予定調和によって打ち消されるものではない。ポランニーは、非市場社会と経済のより広い定義[23]を持ってくることで、市場社会において自明とされる経済的前提を相対化した。

ルソーに同じような相対化をもたらしたのは、彼の有名な「自然人」の仮説である。二人の思想家の市場社会批判の方法と徹底性には、時代を超えた多くの共通項が見られる。

不幸にしてルソーの予言は、その後の歴史において幾度も的中してきた。ふたたびそれがくり返されないようにするために、市場と統治の関係を再考し、市場の作用が生み出す情念の昂進を制御するような統治のあり方を模索しなければならない。

4　フーコーの統治性論

ここから先は、市場とその統治についてのフーコーとポランニーの議論をたどることにする。まず、フーコーの統治性研究について論じる。ここでは現在の状況への示唆を得るために、その壮大な構想のうち注目すべきいくつかの点を指摘する。

フーコーが近代の統治性を主題化したのは、一九七八年と七九年のコレージュ・ド・フランス講義においてである[24]。そのうちいくつかの部分は講演や論文で公刊されたが、全体像を示したのは講義だけである。ただし、講義の構成は錯綜しており、時代も古代ギリシア、初期キリスト教期から二〇世紀までを自在に往還するものとなっている。

(22) Polanyi, 'The Economy as Instituted Process,' in Conrad Arensberg, Karl Polanyi, Harry Pearson, ed., *Trade and Market in the Early Empires*, Glencoe : The Free Press, 1957. 引用は、Dalton ed., *Primitive*, p.155.〔石井溥訳「制度化された過程としての経済」『経済の文明史』三八二頁〕Polanyi *et al.*, ed., trad. par Rivière *et al.*, *Les systèmes économiques dans l'histoire et dans la théorie*, Paris: Larousse, 1975, p.248 も参照した。

(23) Polanyi, 'The Two Meanings of 'economic',' in George Dalton ed., *Studies in Economic Anthropology*, Washington: American Anthropological Association, 1971〔玉野井芳郎訳「メンガーにおける「経済的」の二つの意味」『現代思想』一九七七年一〇月号〕、'Aristotle Discovers Economy,' in *Trade and Market*〔平野健一郎訳「アリストテレスによる経済の発見」『経済の文明史』第八章〕、'Two meanings of 'economic',' in Harry Pearson ed., *The Livelihood of Man*, New York: Adcademic Press, 1977, chap.2〔玉野井芳郎・栗本慎一郎訳「「経済的」という言葉の二つの意味」『人間の経済I』第二章を参照。

そのなかで、自由主義の統治性に関して注目すべきは、その言説あるいは思考枠組と、それ以前の統治として示された国家理性－ポリスの統治との関係である。講義での叙述をそのままたどると、自由主義の統治は国家理性－ポリスの統治の「過剰」あるいは「機能不全」を批判し、市場と人口の自然性に基づく効率的で無駄のない統治を推奨したという筋書きになっている。そのため、国家理性と自由主義との違いが強い印象を残すことになる。結果として、これまで「ネオリベラリズムとフーコー」といったテーマで語られる際、近世の難解な政治的語彙に分け入る必要がある国家理性についての議論は、「自由主義以前」と見なされ、顧みられなかった。

しかし、フーコーの議論は、市場をモデルに社会秩序全体を構成しようとする自由主義の統治が、国家理性論を通じて姿を現した「国力」「国富」そして「人口」といった概念の形成と変容を通じて、はじめて思考可能になったことを示している。自由主義の統治性とは、国家そのものが神の国の下にある地の国という所与ではなく、一つの政治的な構成体（人工物）となった近代において、政治と人々の相互行為との関係を構築する新しい仕組みであり手法なのだ。つまり、近代の政治を統治性という観点から捉えるというフーコーの構想において、自由主義をその対象から外すことができない、むしろ自由主義の統治こそがその分析の中心とならざるをえないということ自体が、経済的自由主義が国家理性論の変奏として政治的に構成されたもので、決して歴史の中に「自然に」出現したわけではないことを示している。

フーコーが明らかにしたのは、一方で自由主義の統治が国家理性－ポリスの統治を批判することで自己を主張するその独自のロジックとレトリック、社会編成の方法である。だが他方で、「君主鑑」

論の変形として一六世紀ごろから姿を現した国家理性をめぐる新しい政治論の延長として、自由主義の統治を捉えてもいるのである。それは国家理性論の目的を引き継ぎながら、それをよりよく、より確実に実現するための新しい統治の技法なのだ。たとえば一九七九年一月一〇日の講義で、彼は次のように言う。

政治経済学は、一六・一七世紀の法的思考とは全く異なり、国家理性の外部で発達したのではありません。少なくともはじめは、国家理性に反対しそれを制限するために出てきたのではなく、むしろ国家理性が統治の技法に課した目標という枠内で、政治経済学が形成されました。そもそも政治経済学の目標とはなんでしょう。国家の富裕化です。つまり、一方に人口、他方に食糧 substance を置き、両者を適切に調整し関連づけることでともに増やすことが、政治経済学の目標なのです[25]。

このため、自由主義の統治は不干渉とはほど遠い。それどころか、それは出自からして政治的介

(24) Michel Foucault, *Sécurité, territoire, population, Cours au Collège de France, 1977-1978*, Paris: Gallimard / Seuil, 2004.〔高桑和巳訳『安全・領土・人口――コレージュ・ド・フランス講義 1977-1978 年度』筑摩書房、二〇〇七年〕、*Naissance de la biopolitique, Cours au Collège de France, 1978-1979*, Paris: Gallimard / Seuil, 2004.〔慎改康之訳『生政治の誕生――コレージュ・ド・フランス講義 1978-1979 年度』筑摩書房、二〇〇八年〕

入の作法なのだ。自由主義の統治は、介入の正しさを判断する絶対的な基準として、つまり「真理の場」としての市場を統治の言語に導入する。ここで、市場は政治と切り離されたものではなく、政治的介入の正しさを判定する基準そのものである。

「国家理性論以来の近代国家の統治性の展開として自由主義と政治経済学を捉える」という基本構図のなかで、フーコーはさらにいくつかの重要な指摘を行っている。一つめに、フーコーは自由主義の統治性を、一八世紀の都市政策や公衆衛生など、必ずしも市場に還元されないより広い統治の変化の中で捉えようとしている。[26] これは、「市場」という存在がしばしば触れることのできない自律性をもっているかのように見られ、あるいはその「自己調整」の機能が神聖視されることに対して、人口のレベルでそこに含まれる同種の多様な要素の動きを秩序立てる統治の試みの一つとして、市場概念の形成時点に立ち戻ってその成り立ちを捉えなおすことにつながる。

もう一つは、統治性の講義の最終回にあたる一九七九年四月四日の講義で取り上げられた、市民社会という概念である。フーコーはここで、主にファーガスン『市民社会史』[27] を取り上げながら、市民社会について次のような理解を示している。それは、市民社会とはたとえば国家に抗する、あるいは市場に抗する何らかの自律的空間として発見されたものではないということだ。むしろ、市場という直接管理できない「自然な」対象の周囲に適切な統治の網の目をはりめぐらせるために、市民社会が必要とされた。市民社会とは、国家の統一性を維持するという古くからの問い、そして一七世紀に出現した主権という枠の中でいかに統治するかの問い、最後に経済という領域を前にして統治がいかにありうるかの問い、この三つの問いに同時に答えるために有効な枠組を提供する概念だったのである。フーコーは、「市民社会とは、思うに、統治のテクノロジーの一概念、あるいは統治のテクノロジーの相関物なのです(28)」と言っている。

統治性の歴史の中に自由主義を位置づけることで、フーコーは近代の市場が「自然に」出現したわけではなく、むしろ市場の自然性という言説を利用した統治が、さまざまに展開されてきたことを明らかにした。

(25) Foucault, *Naissance*, p.16〔『生政治の誕生』一八頁〕。ここでフーコーは、政治経済学がそれまでの統治実践に「内的制限」を加えるもので、法権利という外的な制限とは根本的に異なることを指摘している。ここでは統治は、法に反するという理由で、あるいは国家理性の場合のように法を凌駕することによって批判され制限されるのではない。それは、もっとうまく統治できるはずだ、統治の対象にもっと内在的に働きかけ、もっと効率的によい結果(たとえば富裕と秩序)につなげられるはずだ、といった観点から批判されるのである。

(26) 一九七八年一月一一日の講義。フーコーはここで刑罰の例も挙げている。この例は二〇世紀のアメリカにおける新自由主義の刑罰論にはあてはまるものだが(一九七九年三月二一日の講義を参照)、都市政策や公衆衛生の例とは時代も話の位相も異なっている。

(27) Adam Ferguson, *An Essay on the History of Civil Society*, Edinburgh, London, Dublin, 1767.〔天羽康夫・青木裕子訳『市民社会史論』京都大学学術出版会、二〇一八年〕

(28) Foucault, *Naissance*, p.299.〔『生政治の誕生』三六四頁〕

5　ポランニーの市場社会論

ポランニーの市場社会論についても、統治の観点から興味深い洞察をいくつか見ておくことにする。[29] ここでは主に『大転換』から読み取ることができる、一九世紀以降の英国とヨーロッパにおける市場をめぐる政治社会的攻防の中から、市場と統治の関係、あるいは市場化する力と市場に抗する力に関する考察を取り上げる。

『大転換』でのポランニーの叙述は、一見すると市場の自己調整対社会による抵抗という構図になっているようにも読める。しかし、市場化を推進する勢力があってはじめて市場社会が作られ、なおかつその勢力は必ず抵抗に遭うため、ときに強力な政治的介入が不可避となる。このことを考慮に入れるなら、市場対社会の対立は、自己調整する自然な市場とそれに抗する社会というより、市場化を推進する統治と市場化に抗う統治との攻防として捉えることができる。

そもそもポランニーによるなら、市場社会に不可欠な土地・労働・貨幣の商品化は、それまで社会に埋め込まれていた経済を、無理やりそこからひきはがすことではじめて可能になる。したがってそのひきはがし disembedding には強力な人為的介入が要請されることになる。

市場システムが確立されなければ、経済的自由主義者は必ず、ためらうことなく国家の干渉を要求する。さらに、ひとたび市場システムが確立されると、それを維持するために国家の干渉を要求する。つまり経済的自由主義者は、何らの矛盾も感じずに、国家が法的強制力を行使することを求めるのだ。それどころか、自己調整的市場の前提条件を整えるためなら、内戦の暴力に訴えることさえありうる。[30]

また、市場化のための政治と市場化に抗する運動のどちらが自然かをめぐっては、次のような叙述がなされている。

自由放任経済は、意図的な国家行動の産物であったが、それにつづく自由放任の制限は、自然発生的な形ではじまった。自由放任は計画され、計画化はそうではなかったのだ。……一八六〇年以降の半世紀に実際になされた、自己調整的市場への対抗運動の立法上の最先端は、自然発生的なもので、世論に導かれたものではなく、純粋に実践的な精神に駆り立てられたものだった……。[31]

つまり、「自由放任に自然なところは何ひとつなかった」[32]のに対して、社会防衛の方は、意図も

(29) ポランニーの市場社会批判には、原理的な側面と歴史的な側面の二層が存在すると考えられる。そのうち原理的・理論的な批判については、私は現在その核心部分を解説する力量を欠いているので、ここでは歴史的な側面についてだけ取り上げる。

(30) Polanyi, *The Great Transformation*, pp.155-6.〔『大転換』二六六頁〕

担い手も異なるさまざまな人々によって、自然発生的に起こった多様な運動だったというのである。スピーナムランド法についてのポランニーの評価の両義性も、このことに関連づけて理解できる。スピーナムランド法の実施は、労働力の市場化に対する社会の抵抗運動、農民と労働者をむき出しの「悪魔のひき臼」に投げ込まないようにするための運動であった。しかしこの運動は、必ずしもこうした意図から自覚的になされたものではなく、急速な工業化に対する農村労働力維持のための方策としてはじまった。

この法は結果として貧民からさまざまなものを奪うことになった。なかでもポランニーが重視するのは、小農を含め、自律可能性をもっていた人々の誇りと自尊心を根こそぎ奪った点である。しかしだからといって、彼はこの法を悪法として一方的に非難しているのではない。当時の自由主義的政策は、一方で強制的に全国単一労働市場を作り出そうとし、他方で労働者が市場化とアトム化に対抗するため「自然に」団結しようとする試みを厳格に禁止した。このような政治的干渉を通じた労働力の市場化を阻むための対抗運動の一つとして、スピーナムランド法が位置づけられている。

つまりスピーナムランド法は、急速で容赦ない市場化の圧力を緩和しその影響を遅らせるという役割を担ったと、ポランニーによって評価されている。印象深いのは、伝統的共同体や農村に発する市場化へのこうした歯止めを欠いた場合の悲惨な例として、ヨーロッパに支配された植民地の住民たちを挙げていることだ。ポランニーは、「現代アフリカのいくつかの先住部族が置かれている状況は、一九世紀初頭の英国の労働者階級の状況と、まがうことなき類似性を示している」(33)と述べている。そしていずれの場合も、かつての社会的紐帯や「高貴なる野蛮人」の誇りを失い、市場のゲームの中に投げ込まれた人々が、もはや人間ではないもの、「半家畜化された人間の亜種」(34)へと変えられてしまったと指摘している。(35)

市場化する統治と市場に抗する統治との攻防として現代史を捉える彼の視点は、社会の抵抗と市場化に対抗する統治の試みがなければ、人々はもはや人間としての意味や尊厳を欠いたところにまで追い込まれるという認識と一体になっている。市場化はつねに一つの政治的な選択であり、決し

(31) *ibid.*, p.147.〔同書二五五頁〕ポランニーがここで参照しているのは、集産主義を批判した法学者ダイシーである。ポランニーのダイシーの使い方はダイシー自身の叙述の意図からすると斜めからのもので、その分ポランニーの主張の説得力を高めている。さらに、個人主義を擁護するダイシーの『法律と世論』(Albert Venn Dicey, *Lectures on the Relation between Law and Public Opinion in England during the Nineteenth Century*, London, New York: Macmillan, 1905〔清水金二郎訳『法律と世論』法律文化社、一九七二年〕)における行政国家批判を、ポランニーによる自由主義者の干渉主義の議論と対比すると興味深い。両者はともに、自由主義者が功利主義的な観点から行政による干渉を導き入れたことを喝破している。またポランニーは、ベンサム主義を、自由放任の非自然性と国家の行政権力による介入とに結びづけている。

(32) Polanyi, *The Great Transformation*, p.145.〔『大転換』二五二頁〕

(33) *ibid.* p.165.〔同書二八四—五頁〕

(34) *ibid.*〔同書二八五頁〕

(35) ここでポランニーが挙げている例は、南アフリカのカフィル族(「カフィル」はアラビア語経由でスペイン人によって用いられたアフリカ南部黒人の蔑称)、一九世紀後半のインドの村落共同体、一八八七年の土地割当以降の北米インディアンの状況である。本文中で参照されているのは、ミードとトゥルンバルトの研究である。巻末の「文献に関する注解」には、さらに詳しい説明と文献参照指示がある。

てそれが自然に実現されたことなどない。市場社会の形成と崩壊を描くポランニーの現代史は、このことをさまざまな場面で確認するものであった。

たとえば、二度の世界大戦の最大の元凶は金本位制を維持しようとする失敗した試みにある。金本位制は自己調整的市場を維持するための制度であり、国際的な市場システムを支える大きな柱の一つであった。そしてこの金本位制こそ、自己調整的市場を維持するためには政治的な介入が最も必要とされ、干渉と規制なしには市場社会が成立しないことを端的に示す例でもある。金本位制を維持するために各国がとった貨幣・通商・産業・社会政策は、犠牲と矛盾を蓄積し、最終的に金本位制自体が放棄され、戦争に突入した[36]。

さらに『大転換』は、市場化を推進する統治とそれに歯止めをかけようとする統治との攻防の中から、ファシズムが出現してくる経緯を描いた著書としても読める。ファシズムは、一方で国際的な市場システムの猛威に対立するように見せながら、実は資本家および産業家の利益の擁護として機能したと捉えられている。こうした理解は、グローバル市場の展開が破壊的な影響をもたらし、とくにそれが国際金融を通じて制御不可能になっている現在の状況を考える際、きわめて示唆に富むものであろう[37]。

6　おわりに

本章では、現在、反市場・反グローバリズムへの支持が強まっていること、しかしその強度は人々の不満や怒りの蓄積の指標でもあり、暴発する危険があることを示した。そして、こうした現状においては、自由を支持する側と介入を求める側という対立図式は不十分で、むしろ市場化を推進するための統治と市場化に歯止めをかけるための統治とのさまざまな場面での対立を把握し、なおかつそれら全体を「市場をめぐる統治」として包括的に捉えるべきであると主張した。

また、市場への不信感の根深さをいくつかのテーマに絞って示すことで、市場擁護と市場不信が一八世紀以来同じ軸の周りでくり返されてきており、現在はその振り子が市場不信へと大きく振れ

(36) ポランニーの金本位制と貨幣の商品化についての議論は、『大転換』第一、二、六、一七、一八章を参照。また、ポランニーの分析には含まれない、銀本位制から金本位制への移行史については、野口建彦『K・ポラニー――市場自由主義の根源的批判者』文眞堂、二〇一一年を参照。ポランニーは、通貨制度が市場社会の存続と崩壊に果たす役割の大きさを『大転換』冒頭からくり返し強調している。彼の知見は現在の世界経済を捉えるためのヒントを与えてくれるが、ウィーン時代の国際政治経済状況の中での時事的な論評を含む彼の金本位制論の全貌は、いまだ明らかになっていない。
(37) ポランニーのファシズム論、また市場をめぐる統治の攻防の中からファシズムが台頭してくる経緯について彼が述べていることについて、ここではこれ以上立ち入ることができない。ポランニーの考察は、ファシズムが何を破壊し何を保護し、またなぜ急速に支持を得ることができたのかについて、多くのことを語っている。『大転換』以外のファシズム論を併せ読むことで、彼がファシズムに決定的に欠けていると考えていた要素を、同時代の機能的社会主義に見出していたことも理解できる。ポランニーの考察には、ファシズム台頭の経済的条件と同時に、その政治的イデオロギー的内実が示されており、経済的自由主義対社会防衛という次元と、民主主義と個人の自由対民族主義という次元とを区別しながら、なおかつ両者の総体としてファシズムを捉える視点が含まれている。

ていることを概観した。

それをふまえてフーコーとポランニーの市場批判を取り上げ、現在の状況を理解するために彼らの議論のどこに注目すべきかを考えた。フーコーの統治性論は、自由主義を統治のテクノロジーの一つとして捉えることで、自由主義の政治経済学が形成された当初から一つの政治的な干渉の様式であったことを示している。ポランニーの近代史は、自由主義が必要とあらば強力な政治的介入を行ってきたこと、そしてそれに対抗するものとして社会の運動が展開されてきたことを示している。こうした見方は、市場化を推進する統治と市場化に抗する統治として、近代社会における市場と社会の攻防を捉える方向を指し示していると解釈できる。

本章の考察を通じて、ポスト新自由主義と呼べる時代が到来したこと、その時代が深刻なコンフリクトを抱えており、楽観的な未来像を描くことができないこと、そうした現状を捉えるための枠組を「統治」という観点から作ることの重要性について、素描することはできたと考える。

第四章　大学改革における統治性
――官僚制と市場のレトリックをめぐって

1　はじめに

二〇年以上にわたって、日本の文部科学行政はさまざまな大学改革を打ち出し実行してきた。それは、高度成長とバブルの後に日本の大学が変貌を遂げなければならないというある種の危機意識の表れとも言える。改革の方針にとくに大きな影響を与えたのは、一九八〇年代から世界を席巻した「新自由主義」の潮流であり、当初その流れは、グローバル化と自由な市場への信仰で冷戦後の世界を覆い尽くす勢いを持っていた。

こうしたなか、「文系学部廃止論」や「軍事研究推進」などによって、日本の大学はいまも激震に見舞われつづけ、渦中にいる大学関係者は事態の目まぐるしい展開をどう捉えたらいいのか、右往左往している。多くの関係者が、次々に打ち出される聞き慣れない用語を使った変革に対処するための判断を日々迫られ、目の前の事態への対応に追われて大局的に事態を理解する暇もないのが正直なところだろう。

ここでは、九〇年代以降つづいてきた一連の大学改革において、それが何を達成し、また何に失敗したのかを、規制緩和と構造改革以降の日本の政策や統治の問題の一部として捉えることを試みる。それによって、この改革が新自由主義の流行にあやかって「市場の論理」「大学間競争」といったことばをレトリックとして用いながら、実際には変革を強いられた日本の官僚制が自らを再規定し、構成しなおすプロセスであったことを示したい。

規制緩和あるいは自由化、民営化とは、本来なら行政や国の関与を減らし、民間セクターの範囲を増やすという意味をもっている。そうなると論理的には、行政府や官僚の権力や権限は名実ともに縮小されることになる。ところが、マックス・ウェーバーが特徴づけた官僚制の例にもれず、明治以来自らの権限の維持と拡大とを至上命題としてきた日本の行政組織は、規制緩和と自由化の圧力を機にその役割を再規定し、生き残りを図ることになる。

そのなかで、文部科学省のふるまいは特筆に値するものだった。この省庁は、「競争」の言語を用いてあたかも大学内で自由化や市場化を進めているかのようなレトリックに訴え、自らの権限と指導力の拡大に成功したのである。その過程で導入されたのは、競争でも自由化でもなく、ましてや市場とは無関係な統制と管理であった。

このことは少し考えれば分かりきったことかもしれない。大学で働いていれば文部科学省の干渉の増大は誰しも体感しており、それに対して自由化とは定義上行政の関与縮小のはずで、実態にそぐわないのは明らかだからだ。しかし、大学改革に批判的な多くの論者が、「新自由主義」「ネオリベラリズム」「市場の論理の導入」「財界の圧力」などのイメージに引っぱられて、そこで起きていることが経済的自由主義とは無関係であることを捉え損ねているように思われる。つまり批判者が、批判される側のレトリックと議論の枠組にのせられてしまっている例が多々見られるのだ。

そこでこの章では、九〇年代以降の大学改革のあり方と、その帰結としていま起こっていることを理解するため、「市場」や「競争」に代わる言語を模索する。こうした経済の言語に代えて私が提案したいのは、「規律」そして「専制」という用語である。この二つの古いことばが事態を理解するのに役立つ。ここで注目するのが経済と市場ではなく、行政と官僚制だからだ。官僚制が発達したのは、近代国家の制度的な形成期に当たる一七—一八世紀であった[(1)]。そのため、行政による規律と統制、またある種の行政的専制として目下の事態を捉えるには、近代国家形成期の政治を表現するために用いられたことばを引っぱりだしてくるのが有効である。

さらに、こうした着目を通じて次のことを指摘したい。まず、官僚制に固有の弱点のために、現在の大学改革は官僚たち自身が掲げた目的を達成できていない。しかし官僚制はその組織の特質として、誰も失敗の責任を取ることができない。そのため、誤っていることが分かっているのに改革

(1) 官僚制の発達史については、マックス・ウェーバー、世良晃志郎訳『支配の社会学I』創文社、一九六〇年、第九章第一—三節を参照。

の方向転換ができないという深刻な状況に陥っている。

いまの大学改革は、端的に言って失敗である。それは多くの断片的な失敗の集積でもあるが、全体としての枠組と方向性そのものの失敗でもある。この点を明らかにし、いまとは異なる未来を描く出発点としたい。

2　大学改革における「経済の論理」

本論に入る前に、現在の大学改革を新自由主義の一環として捉えるとどのような議論になるのか、またそうした議論とここでの見方との相違点を明らかにしておく。

まず、大学は市場や経営、採算といった経済世界の発想によって取り巻かれ、浸食されている。これは明白な事実である。たとえば、研究費の配分に偏向が見られ、とくに研究費獲得が短期的成果が出そうな研究に偏る。地味で昔ながらの研究にはお金がつかないのに、「領域横断」「新領域開拓」といった中身を伴わないフレーズをちりばめた研究計画がもてはやされ、資金を得られる。長期にわたる忍耐強い持続が必要な基礎研究がないがしろにされる。こういった不満や批判は多い[2]。

また、二〇〇四年の独立行政法人化によって国立大学にも採算の発想が導入され、学長権限の強化はトップダウンの企業型の統治を可能にした。二〇一四年には国立大学法人法と学校教育法が同時に改正され、それに基づいて学長権限の明確化を徹底させることが文部科学省から要請された。これは日本では圧倒的多数を占める私立大学[3]をも含むもので、大学組織の抜本的な変革を意味している。これによって組織の分権制の象徴といえる教授会の発言力は決定的に弱められることとなった。

こうした動きに警戒と批判を強めていた大学関係者は多かった。そんななか、二〇一五年六月八日の文部科学大臣通知「国立大学法人等の組織及び業務全般の見直し」に、「特に教員養成系学部・大学院、人文社会科学系学部・大学院については、一八歳人口の減少や人材需要、教育研究水準の確保、国立大学としての役割等を踏まえた組織見直し計画を策定し、組織の廃止や社会的要請の高い分野への転換に積極的に取り組むよう努めることとする」という文言があったことが、新聞等で報道された。これが「文系学部廃止論」として衝撃を与え、多くの批判や反対意見が大学の内外から出された(4)。

またこれと相前後して、文部科学省有識者会議で冨山和彦が提案した、G型大学とL型大学の区別や、大学の責務の学問から実践力養成への転換が話題となった。そこでは、L(ローカル)型大

(2) ただし、二〇一六年四月二八日に行われた文部科学省による「科研費審査システム改革二〇一八」の説明会では、研究者からの度重なる批判に配慮してか、基礎研究分野への研究費配分の重要性が強調されていた。当日の動画は、https://www.youtube.com/watch?v=Hf3_sE1zpLY(二〇一七年四月一四日視聴)にある。

また、総務庁統計局の数字をもとにした河野太郎衆議院議員の調査によると、基礎研究費の総額は増えている。http://www.taro.org/2016/11/研究者の皆様へ.php(二〇一七年四月一九日閲覧)

(3) 二〇一六年度学校基本調査(文部科学省)によると、国立八六校、公立九一校に対して、私立六〇〇校。学生数は、国立四四万四二〇四名、公立一三万一四〇六名に対し、私立一九九万一四二〇名である。

学の教育内容の変更と民間企業の実務経験者からの大学教員登用などが主張され、企業人育成のための予備教育機関として大学が位置づけられていたからだ。(5)

このように、研究費の選別的配分、トップダウンの経営モデル、役に立つ学問とそうでない学問との「実用性」を指標とする区別、リベラルアーツ不要論、大学間の選別と役割分担に基づく職業教育機関化といった方向が次々と打ち出された。根底にあるのは、企業で役に立つ人間と実用化および商品化可能な技術という「経済の論理」である。

こうした傾向への批判は、雑誌『現代思想』の大学特集をはじめ、(6)さまざまな場所で議論されてきた。そのなかから、改革への反撥にとどまらずリベラルアーツの歴史をひもとき、そこで何が伝授され創造されてきたのかに言及したすぐれた学問論もあらわれ、大学教育についての議論が深められつつある。

3　これは大学の「ネオリベ」改革なのか

では、こうした一連の改革の動向を、「新自由主義」「ネオリベラリズム」といった用語で捉えるべきだろうか。たとえば次のような発言は、大学改革批判の中でよく見られるものだ。

……このような改革は、財界の論理、純然たるネオリベラリズムの論理で大学を再編していこうということに他なりません。……文科省から見ると法人化によって目指そうとした改革が十分実現していないということで、より強権的に、トップダウン方式で大学のネオリベ化を貫徹しようとしている、そういう局面だろうと思います。[7]

しかしそもそも、「純然たるネオリベラリズムの論理」が何かは定かでなく、また文部科学省が「大学のネオリベ化を貫徹しようとしている」とは思えない。一連の改革の手法はたしかに「強権的」なのだが、ネオリベラリズムとは別のものではないだろうか。

前節で見たように、大学の中に「経済の論理」を持ち込もうとする流れがあり、企業組織に似せ

(4) もっとも、この通知とほぼ同じ文言は二〇一四年の通知にも含まれており、ここに見られる国立大学の「ミッションの再定義」方針は、二〇〇三年にはじまる六年ごとの中期計画プランの一環である。これらの詳細とこの通知がもたらした反響、また文部科学省が「文系学部廃止論」ではないと火消しにやっきになった顚末については、『現代思想』二〇一五年一一月号「大学の終焉――人文学の消滅」の特集諸論文、海外での反応は、苅谷剛彦「国立大学の憂鬱――批判のレトリックをめぐる攻防」(『書斎の窓』有斐閣、二〇一六年五月号)を参照。

(5) 二〇一四年一〇月七日「実践的な職業教育を行う新たな高等教育機関の制度化に関する有識者会議」(第一回)配布資料 http://www.mext.go.jp/b_menu/shingi/chousa/koutou/061/gijiroku/__icsFiles/afieldfile/2014/10/23/1352719_4.pdf(二〇一七年四月一三日閲覧)

(6)『現代思想』二〇一一年一二月号「危機の大学」、二〇一四年一〇月号「大学崩壊」、二〇一五年一一月号「大学の終焉――人文学の消滅」、二〇一六年一一月号「大学のリアル――人文学と軍産学共同のゆくえ」、二〇一八年一〇月号「大学の不条理」など。

(7) 鵜飼哲「大学への支配と抵抗」(島薗進との対談)『現代思想』二〇一五年一一月号、六三頁。

た機構を導入する圧力が存在することは明らかである。また、たとえばブラウンが指摘するように、「人的資本」という発想が大学の人材育成と教育成果、大学経営の成否を測る指標として流入してきたことは注目される。[8] これは、ミシェル・フーコーがコレージュ・ド・フランス講義においてアメリカ新自由主義の特徴として取り上げた二つの概念、「人的資本」「企業家モデル」の議論をそのままあてはめることで理解可能である。[9]

たとえば、奨学金を投資と捉えるような言説が、露骨な形で奨学金改革の際に見られた。日本育英会の組織改変と合併により、二〇〇四年から奨学金事業を日本学生支援機構が引き継ぐに先立って、奨学金のあり方について国会で次のような発言がなされた。

第一五六回国会　文教科学委員会第一一号（平成一五（二〇〇三）年五月一三日）
参考人　清成忠男（法政大学総長・当時）の発言

「専門職大学院等、授業料がどんどん高くなっているわけですね。……したがって、そういう場合にどう対応するかということになってきますと……、投資機関が実は登場するというわけですね。投資家からファンドを集めまして、そしてその学生に対して投資をする審査というようなことですね。……これはローンではないわけで、一種の育英投資というような形ですね。したがって、返還もその大学院を卒業してから、社会人となって十年間の年収の何パーセントということで回収するということになってくるわけですね」。

参考人　奥島孝康（元早稲田大学総長、新たな学生支援機関の設立構想に関する検討会講座長・当時）の発言

「この社会は、したがって、私たちはやはり自立型といいますか、あるいは自己責任型の社会でありますので、それに応じた奨学金システムということになりますと、基本的には給付ではなく貸付けという形を取る必要があるし、またその方が公平である。なぜならば、高い教育を受けた者はそれに応じた、要するに社会的な収入というものが約束されるということが一つの今の社会のシステムでありますので、そうであれば、要するに教育というものは、簡単に言いますと、先ほど清成先生がご指摘になりましたように自己投資であります。つまり、自己投資でありますから、したがって投資というのは、やはり自分の責任で自分が担っていかなければいけないというのが基本であろうというふうに考えておりますし、それが現在の社会に生きる者に対する教育的な効果を持つことになるだろうというふうに思うわけであります」（強調は引用者による）

（8）Wendy Brown, *Undoing the Demos: Neoliberalism's Stealth Revolution*, The MIT Press, 2015, Chap.6.〔中井亜佐子訳『いかにして民主主義は失われていくのか――新自由主義の見えざる攻撃』みすず書房、二〇一七年第六章〕ただし同書におけるフーコー講義録の参照指示には、看過しがたい誤りが多数見られる。

（9）Michel Foucault, *Naissance de la biopolitique, Cours au Collège de France, 1978-1979*, Paris: Gallimard / Seuil, 2004〔慎改康之訳『生政治の誕生――コレージュ・ド・フランス講義 1978-1979年度』筑摩書房、二〇〇八年〕一九七九年三月一四日の講義。フーコーはここでとくに教育の例を挙げ、ベッカーらの人的資本論を紹介している。

「ネオリベ」的用語がちりばめられたこうした発言を読むと、この人たちの罪の重さを改めて感じる。支援機構から奨学金貸与を受けた学生の三分の二は有利子で、卒業時に平均約三一三万円の借金を負っている（二〇一五年七―八月、労働者福祉中央協議会調べ）。彼らの多くが、不安定な雇用状況の中で重い負担を強いられている。また文部科学省の試算によるなら、学部から博士課程三年まで奨学金を借りた場合、無利子で九〇九万円（最多人数層、最低五五二万円、最高九五七万円）、有利子で九六〇万円（最多人数層、最低四七四万円、最高一五七五万円）となっている(10)。

奨学金を未来への人的投資として語った人たちは、有利子で九六〇万円の借金を負って博士課程を修了し、文部科学省がテコ入れする期間雇用の助手・助教・研究員などの特任職、そして時給制の非常勤をつづけざるをえない人生を想像したことがあるだろうか。

入江公康（大学・専門学校非常勤講師）は次のように書いている。

一年契約の雇用を毎年更新するかたちで、なんとか生きながらえてきた。来年もそれが存続するという保証はない。金銭面だけではない。……とうぜん精神的にもつらい。いつも崖っぷちを歩かされているか、まるで顔までの深さのある水の中を口先だけ水面に突き出して歩かされているようなものだ。

……「奨学金」の督促がひっきりなしにある。……

返済が滞れば延滞金がつき、督促という地獄の日々がはじまる。年収もいままでは二〇〇万に達するか達しないかという者がザラである。とうぜん返済できない者も多いので、組合〔非常

勤講師組合・早稲田ユニオン――引用者〕にもこれまで多数の相談が寄せられてきた。(11)

なお、育英会時代にあった返還免除制度（教員などの常勤職についた場合）は、一九九八年に学部で、二〇〇四年に大学院でも廃止された。また、企業に入ってから役立つ資格取得や英語の外部試験のスコアにこだわる教育、キャリア養成講座の単位化や大学によるインターンシップの支援は、どの大学でも教職員を動員して大々的に行われている。

これらはすべて事実だが、これを新自由主義、ネオリベ、経済の論理などの用語で捉えて批判することには、いくつかの問題がある。一つには、新自由主義の流入を防いで大学の本来の役割を守るという議論のしかたでは、時代の変化に対応できない、グローバル競争に追いつけないなどの反論がすぐさま起こる。反論が起きても別にかまわないのだが、議論が大学のネオリベ化を阻止するか認めるかの対立になってしまうと、どの程度経済の論理の流入を許すのか、どの程度そうではない価値を守るのかという綱引きになる。これでは批判すべき核心を逸することになってしまう。

二つめに、経済の用語での批判は、実際に何が起きているかを見えなくすることにつながる。い

（10）http://www.mext.go.jp/b_menu/shingi/chousa/koutou/069/gijiroku/__icsFiles/afieldfile/2016/02/23/1367261_7.pdf（二〇一七年四月一三日閲覧）

（11）入江公康「屍を乗り越えて進む非常勤――非正規の一部隊としての」『現代思想』二〇一五年一一月号、一四二―一四三頁。

ま大学をめぐって起きていることを、行政官僚と省庁の権限拡大と生き残りの問題と併せて考えてみると、そこで取られている手法が、経済ではなく行政官僚の理屈に基づくことが明らかになる。すでに見たように、大学改革の中で市場の言語や企業を模倣するような大学運営が語られてきたことはたしかだ。しかしこの改革は、たとえば通信や電力や保険業界にかつて見られた、規制緩和と市場システムの導入、あるいは自由化を目指すものではない。そうではなく、改革は官僚制と官僚的な統治を通じて実行され、官僚と行政の権限の強化が至るところで進行している。

たとえば吉見俊哉は、「国立大学は法人化されてから、かつての社会主義国と同じように毎六年ごとに（ママ）立てる中期計画に縛られています」[12]と述べている。ここで「社会主義」という表現が選ばれたのは、国立大学教員としての実感からであろう。二〇〇四年にはじまり現在第三期まで来ている中期計画において、国立大学はかつての社会主義国におけるように、詳細な計画を書面にして文部科学省に提出し、計画化を推進しその進捗状況を報告しなければならない。これは国立大学に課された義務である。これを新自由主義というなら、新自由主義が社会主義的統治を行っているという奇妙な話になる。実際には、そこでは「市場の論理」とはおよそ無関係なやり方で、官僚が作った基準に合わせた大学の改編が進められている。以下、これについて考えていくことにしよう。

4 「市場の論理」とは何か

新自由主義的な政策を語る際、「市場の論理」という言い方がよくされる。では市場の論理とは何だろうか。このことばは厳密に捉える場合と比喩的に用いられる場合とで、かなり意味内容が異なってくる。そしてしばしば見られるのは、すでに挙げた「ネオリベ化」という表現同様、比喩としての用例である。「論理」の部分を強調して厳密に捉えた場合には、市場メカニズムを通じた資源の生産・流通・消費の仕組みに具わる「論理」を意味する。もっと広い意味では「経済の論理」「財界の発想」などといわれる場合に近く、比喩的な用例である。後者が漠然と用いられることが多いため、混乱が起きているように思われる。

比喩的な使用においては、市場の論理ということばが、経済・産業界を連想させるあらゆる事柄に使われることになるからだ。そこでは、①採算や効率の重視、②競争の導入、③トップダウンの企業組織モデルといった「市場っぽさ」が、市場の論理としてイメージされている。あとで見るように、大学改革において起こっていることは、この意味での市場の論理ともかなり違っている。だがまずは原理原則としての市場の「論理」と、大学改革との相違について述べることにする。

市場メカニズムとは、制度的に枠づけられた市場において、市場参加者が価格を指標に生産と消費の活動を市場での販売・購入を通じて行うことを指す。そのなかで参加者間の競争が生じ、社会

---

(12) 吉見俊哉「「人文社会系は役に立たない」は本当か?」『現代思想』二〇一五年一一月号、八三頁。

的に最適な資源配分が達成される。これは交換におけるミクロ経済学の需給モデルを念頭に置いた最もシンプルで古典的な市場の理解にも、それを批判しつつ市場を擁護する、たとえばハイエクのような論者の市場理解にもあてはまる。これが果たして論理学で言うような「論理」であるかは不明だが、少なくとも価格を指標とする資源配分と人間活動のモデル化として一貫性をもった体系をなしている。

経済学の核となる市場というモデルについては、新古典派あるいは限界効用理論に基づく一般均衡論の前提が誤っている、あるいはその条件（完全情報の仮説や一般的なレベルでの一つの静的な解の存在など）が現実に満たされることはありえないといった批判がしばしばなされてきた。また、市場モデルでは考慮されない多くの事柄があり、実際の市場と経済はより複雑であるといった批判も経済学の内外から根強いものである。

ここではそういった議論にこれ以上踏み込むことはしない。むしろ、市場メカニズムにそぐわない、あるいはそれが働くことが不可能な領域に市場モデルが導入される場合、何が起こるかを示すことが重要である。そしてその一例が大学という領域である。ただしこれは、市場化によってその領域の自立性や秩序が破壊されるという、市場化がもたらす結果の批判ではない。そこで行われていることは、そもそも市場化とは無関係なのだ。たしかに、「競争」「効率」「ガバナンス」「採算」などのことばが導入され、大学がそのような発想で評価されることを、新たな価値観の導入、そして既存の価値観との闘争として捉えることはできる。

だが、売り手と買い手、需要と供給、価格メカニズムといった要素を配置する市場のモデルでは、大学改革は理解不能である。売り手は大学組織で、買い手は受験生とその親なのか。需要とは大学の人気や倍率で、供給とは大学の授業や提供される教育なのか、価格メカニズムは学費に作用するのか、などなど。これだけでも市場モデルが成り立たないことが分かる。そして何よりも、大学改革は文部科学省という省庁が主導し、予算と権限と法と命令をもとに監督管理を行うという官僚システムの下で推進されてきた。これが市場でないことは誰が見ても明らかだ。

規制緩和と民営化・自由化の国際比較を専門とするスティーヴン・ヴォーゲルは、市場の自由化が必ずしも規則や規制の縮小につながらないことを指摘してきた。[13] たとえば日本で通信事業が自由化される際、電電公社をめぐって起こったことがそれにあたる。自由化を行う以前に巨大な寡占体が存在する場合、市場の前提を作り出すために政府がさまざまな規制を行うため、規制緩和ではなく「再規制」の状態が生じる。つまり自由化の過程で規制が縮小されるとはかぎらず、むしろ官庁(先の例では郵政省)による規制が強められる場合があるということだ。

競争条件づくりとしての規制という捉え方からすると、ある程度条件が整った時点でそうした規制は形骸化するようにも思える。しかし現実には、新たな競争秩序において権限を手放さないですむよう、各省庁はさまざまな戦略でそれに対応してきた。大学改革における文部科学省のやり方も、激変する経済環境と行政再編の中で自らの存在意義を再構築するという意味では、自由化と再規制

(13) Steven K. Vogel, *Freer Markets, More Rules: Regulatory Reform in Advanced Industrial Countries*, New York: Cornell University Press. 1996.〔岡部曜子訳『規制大国日本のジレンマ——改革はいかになされるか』東洋経済新報社、一九九六年〕

という文脈に一部重なるものである。

だが、大学改革においては、価格メカニズムを通じて資源配分がなされるという市場の基本的なあり方がそもそも成立しない。その点は通信や電力の自由化とは状況が異なっている。ここには教育という領域の特異性が関わっており、そこでは改革も再編も市場における価格競争とはおよそ異なるモデルでしか行われえない。

5　大学間競争

では実際には何が起こっていて、その結果どうなっているのか。現状を理解するために、ここでは「大学間競争」という名の下に行われている、研究費獲得と大学のランクづけについて見ていくことにする。

大学間競争というのは、主に「競争的資金」の導入を通じて文部科学省が主導している大学間の疑似競争のことである。これまでの試みの中で、大学のランクづけと直結してとくに注目されたのが、二一世紀COEプログラムにはじまる一連のプロジェクトである。

二一世紀COEは、二〇〇一年六月の「大学の構造改革の方針」に基づき、二〇〇二年度から文部科学省の「研究拠点形成費等補助金」事業としてはじまった。同省の外郭団体である日本学術振興会のホームページには次のようにある。

我が国の大学が、世界トップレベルの大学と伍して教育及び研究活動を行っていくためには、第三者評価に基づく競争原理により競争的環境を一層醸成し、国公私を通じた大学間の競い合いがより活発に行われることが重要です。このプログラムは、我が国の大学に世界最高水準の研究教育拠点を形成し、研究水準の向上と世界をリードする創造的な人材育成を図るため、重点的な支援を行うことを通じて、国際競争力のある個性輝く大学づくりを推進することを目的としています。

本会では、この補助金の審査及び評価に関する業務を行うため、21世紀COEプログラム委員会（独立行政法人大学評価・学位授与機構、日本私立学校振興・共済事業団、財団法人大学基準協会の協力により運営）を設け、この補助金に関する審査・評価を実施しています。

※COE（center of excellence）：卓越した研究拠点[14]

「競争原理」「競争的環境」「競い合い」「国際競争力」ということばが一つめの段落の中に出てきている。しかし次の段落にいくと、不思議なことが書いてある。競争原理を導入するために、補助金を出すこと、その審査は大学を評価したりその基準を作ったりする機構が行うことが書かれている。文部科学省の外郭団体で大学監督機関でありかつ予算と資金を握っている法人が行う審査や評価によって研究費の配分を決定すること、これは競争なのだろうか。売り手と買い手がいて価格メ

（14）https://www.jsps.go.jp/j-21coe/（二〇一七年四月一三日閲覧）

カニズムを通じて商品が消費者にいきわたる仕組みと、何か共通項を見出せるだろうか。その意味で、文部科学省が導入した大学間競争は疑似競争なのである。

なお、二一世紀COE（二〇〇二―二〇〇六年度）はグローバルCOE（二〇〇七―二〇一三）、スーパーグローバル大学（二〇一四―二〇二三年度）へと引き継がれた。これらのプロジェクトは、必ずしも予算規模は大きくないのだが（二〇一六年度九九億円）、効果はそれ以上であると推察される。理由は、まず、採択される大学とプロジェクトが公表されマスコミ報道などを通じて話題になるため、知名度と威信のためランキング上位に入りたい大学はこれに取組まざるを得ない。そして、書類およびヒアリングを通じて推薦入試の受験生並みの審査を受けるのだが、審査においては、たとえばグローバルCOEの「審査の視点」冒頭には、「学長を中心としたマネジメント体制による指導力の下、大学の特色を踏まえた将来計画と強い実行力により……」[15]とあり、大学組織のあり方にも関与する仕組みになっている。こうした大枠だけでなく、競争的資金プロジェクトが採択された大学は、授業の実施やシラバス作成などの細かな事柄にまで、文部科学省が提示する基準を満たすよう指導が入り、数値を挙げて進捗達成状況を毎年報告することが義務づけられている。つまり「競争的」資金の導入は、文部科学省が「トップスクール」と認定した大学の組織運営や経営のスタンダードを方向づけ、管理監督するために利用されている。

さらに、ここでの「競争」の基準のあり方を理解するために、大学内の個々の研究者や研究グループを単位とする科学研究費補助金（「科研費」）について見ておく。科研費の歴史は古く、戦時期の一九三九年に創設された。廣重徹によるなら、創設の目的は総力戦体制に資するための基礎科学の振興であった[16]。現在では、総力戦体制という目的は学術研究の発展へと変えられたが、「研究者の自由な発想に基づく研究」を発展させるためとされるこの事業は、さまざまな意味で国家目的から自由ではありえない。廣重は次のように言う。

以上のこと〔陸軍大将で文部大臣となった荒木貞夫が科研費を導入した経緯――引用者〕をやや詳しく述べたのは、こんにち政府や産業界の資金による研究がヒモつきになることを警告する研究者が、文部省科研費についてはなんの咎めも感じないらしいことが気になるからである。いま公の資金源から出る研究費で絶対無垢のものなどない。研究資金をはじめこんにちの科学研究体制は、すべて戦争を本質的契機として形成されてきたのである[17]。

話を戻すと、科研費の審査は「ピアレビュー」方式で行われる。これは専門家による相互審査の意味で、研究の独創性、新規性、発展性が採択の基準となる。同じ専門分野の研究者が審査員となってプロジェクトの採択可否を決定するもので、その点では上記のCOEプログラムと比べると審査

(15) 日本学術振興会HP https://www.jsps.go.jp/j-globalcoe/（二〇一七年四月一七日閲覧）
(16) 廣重徹『科学の社会史――近代日本の科学体制』中央公論社、一九七三年、第六章。なお、同書第四章によると、日本学術振興会は一九三三年度より活動を開始しており、これも満州事変後の軍事インフレと動員体制整備の一環として理解できる。
(17) 同書一五五頁。

のあり方としては理解しやすい。しかし、ここでの評価基準はそれ自体「数値化」「客観化」することは難しく、予算配分のあり方、分野の割振り、そして審査基準や審査の方法に関して、当然ながらその枠組策定を担うのは文部科学省である。

このように、大学における「競争的」資金配分や大学間のランクづけに市場競争が導入されているわけではない。そこには市場システムは存在せず、公募と審査のプロセスを経てプロジェクトが選定採択されることを、競争という比喩で呼んでいるだけである。

もともと大学の研究というのは国家目的や「強い国家」を作るための手段という意味合いが強く、とくに国立大学は明治以来そのための拠点として設立されてきた。それに抗い自由な研究と教育を求めてさまざまな取組みがなされてきたが、現在起きているのは、「競争」や「市場」の比喩を使うことで、実際には文部科学省が大学のあり方に介入を強めているという事態である。

他にも、二〇〇四年にはじまった大学基準協会による認証評価制度、大学教員を終身のテニュア職中心のものから、助手、助教、特任研究員、プロジェクト予算による特任准教授や特任教授へとシフトする政策、またテニュアトラック導入による若手教員への管理と監督の強化など、身分保障による自由な研究教育活動を阻む改革が次々となされてきた。大学の運営や経営に関して、競争環境が強調され自己責任と自助努力が推奨されるが、その枠組を作り新たな制度を導入しているのは文部科学省と政府である。「競争」の基準づくりも審査・採択も行政の多大な関与の下で行われている。

私立大学の一教員としていうなら、たとえばシラバス作成の形式や時期についての拘束が増え、締切りがかなり早く設定されるようになっている。それだけでも、「自由で独創的な」教育研究の足かせになっている。頭の中に湧いてきた新しいアイデアを次年度の講義テーマとすることが阻まれるからだ。一連の改革によって教員が強いられている状況を、上野俊哉（和光大学教授）は次のように書いている。

今日の大学はＬＣＣ化〔格安航空会社のこと――引用者〕している。……まず、いたるところで数字が運営のカギになる。航空会社が一つの座席についてコスト計算を行うように、今日の大学では教員一人当たりに対する学生数をはじめ、単位取得、卒業、中退、休学……など学生の状態がつねに数字やパーセンテージで示され、この改善に教員は汲々とすることになる。実際、このあたりのデータをタテに発言するのは、管理職の教員、実務統括の職員、コンサルティング業者などであり、その向こうには文教官僚や大学審議会なるものの視線が過剰に意識されている。ローコストキャリアは効率化、合理化の向上によって低価格化を実現するが、低偏差値大学（ＢＦランク）はこれと似た兆候を示しながら、お客の質をより管理（社会）に適用させ〔ママ〕ようとする。そこで進行しているのは管理の自己目的化に他ならない。

シラバス（講義要目）を一セメスター（半年）ぶん、全一五回書かなければ補助金に響くとか、成績評価の完全数値化、計量化による平等性の担保とか、果ては授業時間に対する自習時間の算定とか、本気でそんなバカなことをするのか？　といったような手続きが大まじめで語られ、実行されているのが今日のキャンパスである（祝日講義もこの論理にもとづいている）。(18)

私たちは日々、「そんなバカなこと」に時間を費やしている。科研費申請の書類を埋め、大学基準協会に提出する「自己点検評価報告書」の膨大な細目に記入するため、目を細めて謎の設定のExcel文書と格闘している。その間に自分の手からこぼれおちていくのは、時間という資本主義的な用語で語ることができない、自由な思考と忍耐力のいる研究の濃度ではないかと考えながら。

6　規律と専制

次に、ここで起こっていることをどう捉えるべきかを考えていこう。まず、誰が見ても分かる話からすると、大学改革を通じて進行しているのは規律化である。数字での改善を示させられるのは一見すると企業の業績管理のようでもある。しかしたとえば、外国人学生を何人入れることがスーパーグローバル大学にふさわしいのか。その基準を決めるのは市場ではなく文部科学省である。[19]行政官庁が次々と打ち出す計画、そこでの審査方法に基づいて、大学関係者は書類書きとヒアリング対策に追われ、中間報告、事後評価と改善状況報告を義務づけられる。

さらに、基準、評価、プロジェクト化は関連づけられ、あるプロジェクトの条件にそれと直接関係のない部分でのさまざまな基準を満たすことを要求される。また、選択的に配分される資金について、それを得るために組織の構成や教員のシラバスから学生の予習復習時間の算定に至る細かい基準と資格が定められている。

そんなことがつづくと、大学関係者はまさに「規律の内面化」に至り、つねに文部科学省、日本学術振興会、大学基準協会などの機関とその役人を想定して組織全体が運営されるようになる。個人も組織も何かいわれる前にいわれることを予想してそれに合わせて自らを方向づけてしまうようになるのだ。官僚組織からの注文やその「視線が過剰に意識され」、やがては管理の意味も目的も思考の外に追いやられて「管理の自己目的化」が起こる。現に私自身、ばかげたシラバスの形式的穴埋めをルーティーンとすることに慣れてしまった。埋めながら毎回怒りを覚えるのはたしかだが。[20]

もう一つは「専制」である。こんな古い用語を持ち出して何を言い出すかと思われそうだが、このことばは政治学が持っている道具の中で、現状を示すのにかなり役に立つのではないかと考えている。

政治学は、経済学や社会学など近代に入って作られた学問に比べると相当古くから存在する。そして、長い歴史をもつヨーロッパの政治学において、「よくない国のあり方」を示す用語の代表と

(18) 上野俊哉「人文系BF私大を再活性化するためのいくつかのアイディア」『現代思想』二〇一五年一一月号、一五四―五頁。

(19) スーパーグローバルという表現は、英語では通常使われないという。これは文部科学省の意気込みを示す造語で、英語ではPHPというプログラミング言語の中でのみ使われる表現のようである(super-global variant)。失笑を禁じえないこの表現を用いて掲げられた大学の国際競争力向上が失敗に終わったのではないかという点については、本章の最後に言及する。

(20)「シラバス」という用語はアメリカから日本に輸入される過程で全く意味を誤解され、それがそのまま現在まで日本のシラバスの「伝統」としてつづいているという、迷惑かつ滑稽な話であるようだ。

して次の三つが挙げられる。「暴政（僭主政）tyranny」「独裁 dictatorship」そして「専制 despotism」である。このなかで暴政は、古代ギリシア以来、正当な手続きを経ない政治権力の簒奪と、支配の中身としてのよくない政治や暴力的政治の両方（支配の手続き面と実質面）に、区別されながら用いられてきた[21]（この区別はルソーにまで至る）。一方、独裁は古代ローマの官職である独裁官 dictator による統治から来たことばだが、二〇世紀の全体主義において「独裁者」あるいは「カリスマ的支配者」が出現するに至り、平民を守る時限つきの官職という原義はかなりの程度失われた。

「専制」は、見かけほどわかりやすい概念ではない。川出良枝によると、一七世紀初頭まで悪しき統治者は暴君 tyran として批判されてきた。これに対して、専制者 despote のもとになったのはギリシア語のデスポーテースで、アリストテレスにおいては家（オイコス）で奴隷を支配する主人を意味していた。また、デスポテイアは奴隷支配を意味し、政治の世界とは区別された家における主人 - 奴隷関係の用語であった[22]。それはのちに、東洋（オリエント）における王の支配を指して用いられるようになったが、ヨーロッパの君主を指す用語ではなかった（これは、東洋の政治を主人奴隷関係に見立てる一種のオリエンタリズムと蔑視に関係している）。ところが一七―一八世紀にかけて、絶対王政の進展という文脈の中で、君主支配のあり方を批判する際に暴政ではなく専制という用語が徐々に用いられるようになる。その用例を決定づけたのがモンテスキューであった。ここでは一人の暴君の悪しき意図や私的利益の追求よりも、むしろ専制的な統治システムによる恣意的な権力行使が社会に及ぼす影響に力点が置かれていたという[23]。

このように、絶対王政下で王権の統治システムが社会にもたらす悪影響を批判するために用いられた専制という用語は、絶対王政の衰退とともに過去のものになったわけではない。髙山裕二によると、トクヴィルは『アメリカのデモクラシー』の中で、中央集権化とそれに伴う行政権力の拡大を、「行政による専制」として批判している。[24] トクヴィルにとって行政の専制が生まれるのは、近代特有の人間の平等化、および政治権力への合意調達のための人民主権原理への依拠によってである。[25] ここで注目したいのは、彼がそうした背景の下で成立した行政の専制における統治のあり方を、どのように描くかである。

（21）「簒奪（資格欠如）による *ex defectu tituli*」暴君と「誤った権力行使による *ex parte exercitii*」暴君との区別を明確にしたのは、一四世紀の法学者バルトルス Bartolus de Saxoferrato（1313/14-1357）であるとされ、この区別はルソーの『社会契約論』にまで反響している。Michel Senellart, *Machiavélisme et raison d'État*, Paris: Presses Universitaires de France, 1989, p.29 を参照。

（22）アリストテレス、山本光雄訳『政治学』岩波文庫、一九六一年、第一巻第五章を参照。デスポティアは「主人的支配」と訳されている。

（23）川出良枝『貴族の徳、商業の精神——モンテスキューと専制批判の系譜』東京大学出版会、一九九六年、二〇頁以下を参照。

（24）髙山裕二「講義5　自由のないデモクラシー——トクヴィル：「行政の専制」」姜尚中・齋藤純一編『逆光の政治哲学——不正義から問い返す』法律文化社、二〇一六年、六六—八二頁を参照。

　また、暴政という用語が廃れ、専制という家的支配を表す用語が行政の領域に用いられるようになる反面、「独裁 dictatorship」というもとは官職を表す用語や、「カリスマ」という宗教指導者を指す用語が政治指導者に用いられるようになったのは興味深い。

明らかに、ヨーロッパのどこにも、公的行政が以前より中央集権化されるだけでなく、より詮索がましく、より仔細になっていない国はない。いたるところで、行政はかつてなく私事に介入するようになっている。より多くの、またより些細な行動までも、行政の基準で規制され、ひとりひとりのすぐそばで、またその周りやその上に、日々より多くの拠点を置いて、人々を支え、助言を与えるとともに、彼らに強制する。(26)

トクヴィルは「行政の専制」ということばを用いて、自由に意志し思考する人間がだんだんとその自由と独立を集権化された行政へと譲り渡してしまうプロセスを描いている。人は自ら考えなくとも、あるいは考えないことによって、行政によって支えられ、その規制に従属した行動をとるようになる。

もちろん、ここでトクヴィルが描いたのは、「競争」をキーワードにしてなされる規律化に特有の状況ではないだろう。しかし彼が、中央集権化が急速に進行する時代に「行政の専制」ということばを用いた際、統治システムに着目し、また行政権力による細部への介入や独立と自由の剥奪への批判が込められていた点は、現在の状況を見る上でも示唆深い。

7　責任の不在──ポスドクの就職難と法科大学院

ここでさらに、「専制」ということばに二つの特徴をつけ加えることを試みる。これはモンテスキューやトクヴィルによる古典的用法に含まれてはいないが、現代における「行政の専制」の重大な特徴をなすと考えるからだ。

一つは、すでに指摘したとおり、大学間競争や「競争的資金配分」において、行政権力が自ら作った基準を適用しそれにしたがって評価し統制することで、外部の参照点をもたない仕組みを作っていることだ。絶対王政時代、それに反対する人々はその権力の恣意性、法によらずあるいは法を凌駕して自らの至高性を主張する王権を批判し、それを法によって限定しようとした。絶対性の批判はたとえばモンテスキューにおいて、権力分立による抑制と均衡という打開策へと結びつく。それによって確保されるのは、権力の外部からの牽制である。

逆に、自ら基準を作りそれに基づいて評価し、資源配分や組織のあり方を誘導することは、権力

（25）トクヴィルは『アメリカのデモクラシー』第四部第六章で、権力を集中させた行政によって個人の生活がすみずみまで支配されることを表現するのに、「暴政」ということばは不十分であると指摘している。そしてそれに代えて、当時の状況を「行政の専制と人民主権とのある種の折衷」Alexis de Tocqueville, *De la démocratie in Amérique*, II, (1st ed. Paris: Pagnerre, 1840), in *Œuvres* II, Bibliothèque de la pléiade, Paris: Gallimard, 1992, p.838（松本礼二訳『アメリカのデモクラシー』第二巻（下）岩波文庫、二五九頁）と表現する。

専制が家における統治の用語であることと、中央集権国家の行政が形づくられる一七世紀以降、家の統治のモデルが国家統治に移入された経緯を合わせて考えると、トクヴィルのここでの用語の選択が思想史的に鋭く的確なものであることが分かる。

（26）*ibid.*, pp.824-825.〔同書二三九頁〕

が恣意的な基準の改変や適用への抑制力を欠いている状態を意味する。その意味で文部科学省が大学改革において見出したポジションは専制的である。競争という流行語を用いることで何らかの自由化が行われているかのように見せかけながら、疑似競争の基準も枠組も自分たちで作り、自分たちで評価し、自分たちで好きなように変えることができるからだ。

現在の政策のあり方を行政による専制と呼ぶもう一つの理由は、責任の不在である。マックス・ウェーバーは官僚制の特徴として、その「没人格性」を挙げた。これは、官僚制においては個人の固有名は重要ではなく、そのポストによって役職と責任が厳格に割振られていることを示している。つまりある人が、個人の名においてではなく役職の名において行為するのであり、役職をはずれてしまえばそれに伴う責任は失われる。

政治指導者の行為は官吏とはまったく別の、それこそ正反対の責任の原則の下に立っている。官吏にとっては、自分の上級官庁が、……自分には間違っていると思われる命令に固執する場合、それを、命令者の責任において誠実かつ正確に――あたかもそれが彼自身の信念に合致しているかのように――執行できることが名誉である。……官吏として倫理的にきわめて優れた人間は、政治家に向かない人間、とくに政治的な意味で無責任な人間であり、この政治的無責任という意味では、道徳的に劣った政治家である。

このことは、「役人の責任逃れ」という行為様式が、彼らの組織構造そのものによって惹起されることを意味している。ウェーバーは『職業としての政治』において、当時新奇な仕事であった「職業政治家」の行為が、組織の合目的性に奉仕することだけを目指す官僚の行為様式とは全く異なるものであり、またそうあるべきだと説いた。つまり彼は、政治家に自らの名において他者に奉仕し、自らの名においてその決断に責任を持つことを求め、これとは正反対の存在として官僚制組織の人間を描いたのである。(28)

一般的にいって、役人は一つの法令違反・命令違反について責任を問われ処分されることはありうるが、たとえば教育行政全般の針路についての判断の誤りを問われることはない。これが、官僚がしたがう倫理的職業的規則としての「合法的支配」の意味である。(29)また彼らの通常の任期に比して長期にわたる計画が徐々に失敗に傾いていった場合、あるいはどこかに判断の誤りがあった場合にも、誰が責任を取るかははっきりせず、失敗の総括もなされない。(30)

こうした例は枚挙にいとまがないが、ここでは大学改革に関連する例として、大学院重点化と法

(27) ウェーバー『支配の社会学I』第二部第九章第三節（六〇―一四二頁）を参照。彼はこの特徴を「官僚制における職務執行の完全な非人格化」（＝没人格化）（一三二頁）と表現する。
(28) マックス・ウェーバー、脇圭平訳『職業としての政治』岩波文庫、四一―四二頁。
(29)「合法的支配」の定義は、『支配の社会学I』第二部第九章第二節-一にある。
(30) こうした官僚制の欠点は、たとえばマートンによって「官僚制の逆機能」と関連づけて分析されている。Robert Merton, *Social Theory and Social Structure*, New York: The Free Press, 1957 (2nd ed.).〔森東吾他訳『社会理論と社会構造』みすず書房、一九六一年〕

科大学院について取り上げる。

大学院重点化は、一九九〇年代以降、学部に対する大学院の重要性を高めようと、入学定員および博士学位授与者の増大を目指して文部科学省が導入した政策である。私が学生として大学院（東京大学大学院総合文化研究科）に所属したのは一九九二年から一九九七年であるが、九四―九五年頃から大学院生の数がやたらに増えた。それに対して教員の数は全く増えず、学部生に比して手間がかかる大学院生の担当が倍増することになった。また教員は、増加した院生に対して、それまで一般的ではなかった課程博士論文執筆までの責任を負うことになった。

私立大学を含めた重点化の要請によって、日本中の大学院で博士論文が量産された。それによって博士号の意味が質的に変化したこと（博士号取得者の質の低下の有無）については、客観的な論じ方が難しいかもしれない。しかし、一目瞭然なのは数である。大学院重点化の結果生じた最大の問題は、大量のポスドクの発生と彼らの無職化である。

このような大学院重点化を進める一方で、文部科学省は国立大学への一般運営費交付金を毎年一パーセントずつ削減している。そのうえ大学はCOEをはじめとする各種プロジェクトの推進のための特任職を増やさざるを得ず、また少子化で大学の「市場」そのものが縮小するのは自明である。そのため文部科学省がいう「本務教員」が将来的に増加するとは到底考えられない。また、しばしば指摘されるように、大学院重点化で博士号取得者が増えれば、学部新卒一括採用に固執してきた日本の企業が突如として彼らを採用しはじめるなど、もともとありえないことだった。すでに述べたように、奨学金の借金を負う「高学歴ワーキングプア」の数を増やしたのは、出口の展望のない定員増であり、そのときは「運よく」というつもりで期待に満ちて大学院に進学した多くの学生たちは、文部科学省の無責任によって将来当然起こるであろう問題を知る由もなかった。罪深いことに、文部科学省は単純に大学院の入学定員を増やしたのではなく、他の一連の改革によって以前に比べて安定的な研究ポストを得ることが格段に困難な状況を作り出した。しかしその責任は誰もとっておらず、総括も反省もなされていない。

文部科学省は二〇〇九年六月の「国立大学法人等の組織及び業務全般の見直しについて（通知）」において、国立大学に博士課程の見直し（実質的な定員減）を指示した。

大学院の博士（後期）課程においては、法人のミッションに照らした役割や国立大学の機能別文化〔ママ〕の促進の観点、又は学生収容定員の未充足状況や会社における博士課程修了者の重要〔ママ〕の観点等を総合的に勘案しつつ、大学院教育の質の維持・確保の観点から、入学定員や組織等を見直すよう努めるようにする。[31]

非常な悪文だが、この通知は国立大学に努力を促し求めるという趣旨で書かれており、自分たちの責任や反省には言及のないまま博士課程定員減の命令を下している。

（31）http://www.mext.go.jp/b_menu/shingi/kokuritu/gijiroku/attach/1350919.htm 別添一 第三－一－（一）（二〇一七年四月一九日閲覧）

もう一つは、法科大学院という決定的な失敗政策である。法科大学院は、二〇〇三年度から作られた専門職大学院の中でも、法曹養成という社会的重要度のきわめて高い役割を担う、中心的な組織として作られた。アメリカのロー・スクールをモデルとした大学院で、従来は司法試験を通じて付与されてきた法曹資格を、法科大学院修了後の新司法試験受験によって付与する制度に変更するものであった。

しかし、そもそも既存の法学部卒にプラスして最短二年間の専門職大学院課程を修了しなければならないこと、法曹人口拡大の要請（現状では弁護士が足りない）という想定が現実と乖離していたことなど、設立の前提や「市場」予想に問題があった。それに加えて、他の文系大学院よりかなり高い学費を支払って法科大学院を修了しても、司法試験合格率が低水準であることが判明した。これに対して、二〇一一年に導入された法科大学院を経ない司法試験予備試験経由での合格者の水準が高いことなどから、法科大学院の存在理由そのものが問われることになった(32)。

こうした事態について、新藤宗幸は次のように言う。

法科大学院は華々しいスタートからわずか一〇年ほどで、存立の危機にさらされている。文部科学省は、二〇一三年度から法科大学院の組織的見直しを促進するとして、「公的支援の見直し強化」をかかげている。ようするに司法試験合格者数が思わしくなく、それゆえに受験者数が減少の一途にある法科大学院の廃止、統合、学生定員の縮小などを、補助金を通じて図ろうとするものだ。

「自助」「自己努力」「自己責任」が日増しに強調される昨今の政治・行政だが、法科大学院が機能停止状態に落ち込んでいることの責任は大学院側の「自己努力」の欠如のみに帰せることとなのだろうか。法科大学院は大学が自由に設立できるわけではない。七四校もの法科大学院が認可された責任は、いったい、どのように考えるべきだろうか。[33]

また、右の引用で言及されている設置認可[34]に関連しては、日本の大学数が増えつづけてきたことも大きな問題である。[35] 一八歳人口が減少するなか、なぜそんなことが起きたのか。文部科学省は地

(32) 二〇一六年司法試験の合格人数は、予備試験で二三五名、合格率は六一・五パーセント。合格者数第二位の慶應義塾大学法科大学院で一五五名、第三位の早稲田大学法科大学院で一五二名、合格率では、第二位の一橋大学大学院で四九・六パーセント、第三位の東京大学法科大学院で四八・〇パーセントで、いずれも予備試験よりかなり低くなっている。ただし、予備試験合格者の三六・六パーセント、八六名が法科大学院在籍者であった。

(33) 新藤宗幸「揺らぐ法科大学院、責任はどこに?」『UP』二〇一六年五月号、二五頁。

(34) 法科大学院の設置については、それまで司法試験合格者の数が極端に少ない大学や法学部のない大学にも認可されたことで、合格率が低迷したとの指摘がある。また法科大学院での教育が法学理論と法曹経験者による実務に分離してしまっており、司法試験合格のために法科大学院と司法試験予備校とのダブルスクールを余儀なくされる学生が増加したといわれる。たとえば、『週刊東洋経済』二〇一三年八月三一日号、第三特集「「士業」崩壊」を参照。

(35) 一九五五年の大学数は二二八校、私立の割合は五三・五パーセント、一九八〇年には四四六校、七一・五パーセント、二〇〇〇年には六四九校、七三・七パーセント、二〇一五年には七七九校、七七・五パーセントとなっている(文部科学省統計要覧(平成二八年版)より)。

方創成と連携して地方の私立大学への設置認可を出してきた側面もある。だが、それによって大学が「倒産」するという事態は、個々の大学の経営努力だけの問題ではない。そして大学が倒産するのは、企業の倒産とは意味が異なるという認識は果たしてもたれているのだろうか。その大学に在学し卒業生として生きる人たちは市場における消費者ではなく、文部科学省の無責任な政策の犠牲者ではないのか。大学院重点化および法科大学院と、一八歳人口という「需要」あるいは「市場規模」を無視した大学数の増加には、共通点がある。そこを選び進学し多額の授業料を支払い、しばしば奨学金という借金とリスクを負った在校生や卒業生たちを犠牲にしているということだ。

先の文章につづけて、新藤は次のように述べる。

文部科学省は小中学校基礎教育から高等教育にいたる教育のあり方に責任をもつべき行政機関である。そしてこの「責任をもつべき」とは、たんに教育組織の外形や履修科目、教員配置基準、教員の資格審査などについて法的・行政的な権限を行使することにとどまらない。特定の教育組織を設置するならば、そこに学び夢破れていった学生たちのケアを考えるべきなのだ。逆にいうならば、そのような学生たちが最少となる教育組織を設計すべきなのだ。それが教育をあずかる行政機関の責任ではないか。司法試験不合格者は「自己責任」、その程度の教育しかできなかった法科大学院は入試市場で淘汰されればよい、では教育行政組織とはいえないだろう。[36]

ここには、教育行政組織である文部科学省が、「自己責任」「市場による淘汰」などの理屈を用いて自らの責任を回避してきたことが描かれている。しかしこの章で述べてきたとおり、市場も競争も文部科学省が作った疑似空間の中での幻想にすぎず、こうした言い訳は全く通用しない。一八年の在職期間全体を大学改革に翻弄されてきた一教員として感じるのは、文部科学省は意外に本気で競争の神話や市場の幻想を信じ、失敗の責任をビジネスの厳しさを知らない教員や「人的資本」としての自覚を欠いた学生に帰してきたのではないかということだ。

8　失敗した改革——天下り不祥事とネイチャーによる国際評価

こうした批判に対し、一方で「売り手」と見なされる大学の自助努力の欠如、他方で「買い手」と見なされる学生の自由選択による責任という「市場風の」ことばを使った理屈を文部科学省が持ち出すならば、それについては次のように言えるだろう。文部科学省が大学に対して保持し強化している莫大な権限と裁量権を手放し、そして現役出向と天下りによって人事組織上大学を統制管理するのをやめてから、市場や競争の言語を使うべきではないかと。

この改革が市場とも競争とも無関係な疑似競争空間の創設とその失敗にとどまったことについては、すでにくり返し述べてきた。それが生んだ副産物、というよりはじめから行政の専制に組み込

(36) 新藤宗幸、前掲『UP』二八頁。

まれていた結果と、それがどこまでも失敗であったことの文部科学省ですら認めざるをえないはずの結果を、最後に示しておきたい。

大学改革を行政の専制として捉えた場合、そこに見られる特徴として、規律の強化、基準と枠組の自己言及的適用、そして責任の不在という三点を挙げた。それに加えてこの専制のきわめて重要な特徴として、人事上の支配がある。

二〇一七年に入って連日報道されたのは、文部科学省が組織ぐるみで天下りに関与し、首都圏の大手私立大学などに退職者を再就職させる仕組みを作っていたという事実である。

この件に関しては、元文部科学省人事課職員の綿貫和男が代表の一般社団法人「文教フォーラム」を経由した約六〇件の違法な天下りが判明しただけでなく、虚偽の仮想問答の準備など相当悪質な隠蔽があったとされる。二〇〇八年末の改正国家公務員法で従来どおりの天下りができなくなった文部科学省は、二〇〇九年ごろにはすでにこうした仕組みを作っていた。こういった対応のすばやさは、官僚の能力が最大限発揮されるところなのだろう。

この事件は、文部科学省の倫理観の欠如と、また違法性の認識がありながら組織ぐるみで長期にわたり天下りあっせんが行われてきたため、表沙汰になり批判が集中した。しかしもっと本質的な問題は、天下り以前の現役出向にある。文部科学省の現役職員が国立大学に出向する事例は数かぎりない。このことは独立行政法人化によって「競争的」と称する自らの裁量で配分できる予算を増やした文部科学省が、有り体に言って行政の専制支配を強めるための非常に見やすい手段である。今回の天下り先に私立大学が多かったのも、「私大は現役出向を受け入れにくい分、再就職者を積極的に迎える構図」[37]があったからだと指摘されている。

天下り問題は、内閣府の再就職等監視委員会による事情聴取をきっかけに二〇一七年一月一八日に一斉に報道されて明るみに出た。しかしそれ以前から、文部科学省の出向・天下りについては何度も問題にされてきた[38]。文部科学省にとっては、資金配分の権限を通じて人事ポストを得て、人事ポストを通じて大学を統制管理するという非常に古典的な行政による支配の手法を適用しているだ

(37) 日本経済新聞電子版（二〇一七年四月七日記事）http://www.nikkei.com/article/DGXLZO15029520X00C17A4CC1000/（二〇一七年四月一九日閲覧）

また『文藝春秋』二〇一七年四月号には、河野太郎議員が二〇一七年一月二七日の衆議院予算委員会で文部科学省から提出を受けて示したデータをもとに、文部科学省から国立大学への現役出向者二四一名の大学名・役職名リストが掲載されている。それによると、最多受け入れ大学は千葉大学と東京大学の各一〇名で、そこには理事や事務局長といった最高ポストが含まれる。

私立大学が天下りを受け入れる理由はやはり金で、すでに述べてきた「競争的」資金以外にも大学補助金という重要な資源の獲得のためである。文部科学省の許認可乱発によって大学の数が増えつづけていることはすでに述べたが、そのなかで私立大学の補助金配分も文部科学省の意向次第という側面が強まっている。実際のところ、私立大学の経費に占める国からの補助金の割合は低下しており、その分学費などの収入への依存が高まり、学費高騰の要因となっている（文部科学省「私立大学の財政基盤について」二〇一六年六月二八日によると、最も高かった一九八〇年度の補助金割合は二九・五パーセント、二〇一四年度は一〇・一パーセント）。しかし補助金の割合や額にとどまらない「威光」について、大学側も十分承知している。言うとおりにしておかなければ、陰に陽に不利益を受けるという圧力を感じない私立大学の担当者はいないだろう。これは「規律の内面化」というフーコーが『監獄の誕生』でパノプティコンの効果として示した心理そのままである。

けのことなのだろう。そこに新自由主義的な用語をちりばめて競争や自由化を装うことで、いくぶんかでも行政の専制を見えにくくしてきたのかもしれないが。

資金獲得をめぐる競争は新自由主義とも市場競争とも直接には関係がない。しかもそこでの競争は文部科学省が資金配分をどのように行うかの裁量をめぐるかけ引きであって、人事上のポストも絡んだ非常に政治的あるいは権力的な話である。こうした意味で、大学改革をめぐって起きていることは、限られた権力資源を多くのアクターが欲することによって生じる権力闘争として捉えた方が、市場の比喩で理解するより適切だろう。

こうした支配のあり方も、「競争的」と名づけられた空間で大学間がともかくも資金をめぐって競い合うことで大学の「質的」向上に資するという結果が得られるなら、やはりそれなりに評価しなければならないのかもしれない。そもそも二〇〇三年度から本格化した一連の大学改革は、二〇〇一年六月に出された「大学（国立大学）の構造改革の方針」に基づき、私立大学も巻き込んで行われたものである。「構造改革の方針」は大学を起点として日本経済を活性化するための構造改革プランとして、国立大学の再編・統合、国立大学への民間的発想の経営手法の導入、第三者評価による競争原理の導入の三点を示した。そしてその目的として第一に掲げられたのは、世界最高水準の大学作りであった[39]。この目的が達せられたことを「客観的に」示せるかどうかについてはここでは議論を控え、文部科学省が好む国際的評価がどのように下されているかの例を挙げよう。

科学雑誌ネイチャーは、毎年「Nature Index」を発表し、主要国の科学技術研究について、各国の実績の統計に基づく年次比較を行っている。二〇一七年三月に発表された「Nature Index 2017 Japan」は、ここ一〇年の日本の科学研究の失速と国際的な地位低下を指摘している。「研究ルネサンスへの奮闘」と題された総括的記事では、中国の研究業績の目覚ましい進展との対比を措くとしても、日本の凋落は絶対的な意味で明らかだとする。

日本の研究者が科学ウェブに掲載した論文は二〇〇五年比で二〇一五年は約六〇〇〇本少ない。これは全体の一%にも満たない減少だが、世界全体での日本の論文比率は八・四%から五・二%に下落した。ネイチャーインデックスのデータによると、二〇一二年から二〇一六年に日本の貢献度は一九・六%下がった。[40]

このあと、二〇〇一年以来頭打ちとなっている日本の科学技術予算が、大学トップ校に傾斜配分されていることが述べられている。また、「科学は緊縮財政にどのような対価を払うことになるのか」

（38）たとえば二〇一四年九月一日の『東京新聞』は、文部科学省から国立大学への出向問題を取り上げている。河野太郎議員が座長をつとめた自民党の「無駄撲滅プロジェクトチーム」が明らかにした数字を挙げ、課長級以上の管理職に二三九名の文部科学省からの出向官僚が在籍していると報じている。河野議員は大学研究費を含め、大学における行政と政治の問題に継続して取り組んでいる数少ない政治家である。

（39）「大学（国立大学）の構造改革の方針」http://www8.cao.go.jp/kisei/gjii/004/4.pdf（二〇一七年四月一九日閲覧）

（40）*Nature Index 2017 Japan*, *Nature*, Vol. 543 No.7646, sup pp.S1-S40.（二〇一七年三月二三日）http://www.nature.com/nature/supplements/nature-index-2017-japan/（二〇一七年四月一九日閲覧）

という記事では、日本の大学研究費の伸び悩みとスタッフ予算削減、そのなかで終身身分職をできるだけ維持しようとする苦労などが、北海道大学への取材を通じて示されている。また、一九九〇年代以降の博士号取得者増員という文部科学省の政策が、日本の若手研究者を研究に専念させず、職探しや文部科学省への書類作りに追われる結果を生んでいると指摘している。[41]

二〇一二年六月一四日に閣議決定された「日本再興戦略――JAPAN is BACK」では、世界の大学ランキングトップ一〇〇に一〇校以上を入れるという目標が掲げられた。また、当時の下村文部科学大臣は、翌年の国会答弁で日本の大学が護送船団方式によって守られてきた時代が終わったとの認識を示した。[42] 戦後の大蔵省や日銀主導の金融安定化・産業保護育成策を指す護送船団方式を大学にあてはめられるのかどうかがそもそも疑問ではある。それは措くとして、護送船団に代わる新たな大学のあり方として、この大臣と文部科学省はいったい何を念頭に置いているのだろう。行政の指導からの大学の自立であろうか、その逆であろうか。その行き着く先がたとえ彼らの幻想の中では新時代にふさわしい競争と活力ある大学であったとしても、そもそも彼らが目指した日本の大学の国際競争力なるものについて、改革がどのような成果をもたらしたのかを問いたい。[43]

9　おわりに

ここまでの議論をふり返っておく。大学改革の波の中でいま起きていることは、官僚制の再編であり、規制緩和と構造改革で存立意義を問われた日本の行政官僚たちが新たに作り出した統治の制度化として理解すべきである。この章では「規律化の進展」と「行政の専制」によってこの統治を特徴づけた。行政の専制はトクヴィルから借り受けた用語だが、その古典的な指摘に加えて、基準の自己言及、責任の不在、人事ポストを通じた支配の三点に着目して理解した。官僚は自分たちが作った基準を用いて自分たちが作った疑似競争の結果を「評価」しており、そこには市場メカニズムにあたるものは存在しない。これを指摘しておくのは非常に重要である。というのは、競争で研究を評価するのはよくない、短期的な成果だけで大学の価値は計れないなどといわれる際、そこでは大学の中に市場的な競争システムが導入されていると想定されているからだ。

実際には、商品市場に比肩されるような競争システムは、大学間でも研究者間でも導入されたことも、導入される可能性もない。それは大学や研究が、商品市場とは異なった場であるという当たり前の事実からくる。無数の参加者による交換を通じた需給バランスの実現という市場の論理は、

---

(41) この特別企画別冊子の日本語でのまとめは、natureasia.com（二〇一七年三月二三日記事）http://www.natureasia.com/ja-jp/info/press-releases/detail/8622 にある（二〇一七年四月一九日閲覧）

(42) 中村高昭（参議院文教科学委員会調査室）「国際的な競争力が求められている大学——大学の国際競争力をめぐる学校教育法等改正案の審議などから」参議院事務局企画調整室『立法と調査』二〇一四年一〇月号、六二頁。

(43) 日本語でなされる教育の水準ややり方を「グローバルな」基準に適合させることにあまり意味がないことについては、苅谷剛彦が論じている。ここで苅谷は、日本の大半の大学に関しては、国際競争は「想像上」のものでしかなく、英語という言語と結びついた「リアル」な競争とははじめから無縁であることを指摘している。苅谷剛彦「「国際競争力」の幻想に惑わされた日本の大学改革」nippon. com, 二〇一四年二月一二日記事。http://www.nippon.com/ja/in-depth/a02803/（二〇一七年四月一九日閲覧）

この場所では働く余地がない。そこには無数の売り手と買い手が価格を指標として取引する市場がそもそも存在しないからだ。

代わりに作られているのは、市場や競争に関係することばをレトリカルに用いながら、実際には官僚が作った枠組に則って大学と研究者が管理される新しい規律のシステムである。これは規制緩和の一連の流れの中で役割の縮小を迫られた官僚機構が、自らを再規定し新たな統治の方法を見出すことで逆に権限と影響力を拡大するために見出した新しい統治術といえるものである。(44)

規制緩和、民営化、自由化を謳ったはずの九〇年代以降の改革の成果が、現在のような厳しい管理と規律、そして五年以上先を考える余裕を与えない研究プロジェクトの強要となったのはおかしなことではないだろうか。こうした結果をもたらしたのは、規制改革によって存在意義を失いかけた官僚制が、市場や競争の言語をまとうことで自らの権限をできるだけ縮小しない方法で生き延びるための戦略である。

しかしある意味で、これも経済のグローバル化と市場の圧力から間接的な影響を受けている。経済のグローバル化はさまざまなものを壊してきた。それは何よりも政治のあり方を変えてしまった。グローバルな経済の展開に翻弄され組織力を弱めた国内政治においては、ポピュリズムと結びついた政治家が生み出されることで政党政治のあり方が変わる。これによって官僚と政治の力との関係の構図にも大きな変化が生じている。(45)

大学改革に代表される昨今の日本における疑似競争秩序の導入とは、結局のところ、官僚によるガバナンスの再編であり、それによって他の集団の自立性を奪い、基準づくりから評価、そしてどこにどれだけの金と権限を配るかをすべて官僚が取り仕切るための新しい仕組みの導入であった。大学への天下りも、こうした観点からは当然の結果である。

これは、日本の官僚制の優れた対応力にも見える。しかしこの仕組みは、少なくとも大学改革に関しては、官僚の目的が国際競争力の強化であるなら期待された成果を挙げていない。

どうしてそうなったのだろうか。たしかに大学改革は、文教予算の伸び悩みによって研究費の増加が期待できないなかで、それを最適配分し大学を活性化する試みであった。しかしそこにある専制の特質は、成果よりむしろ多くの弊害を生み出してしまったのではないか。自分たちで作った基準で自ら評価する、つまり枠組も評価も同じ組織と発想で行ったのでは、批判的な視点は決して得られない。また、官僚制度は政治的大局的責任を取らないシステムである。だからといって、市場や企業のやり方を見かけ倒しでなく真剣に導入すればよいわけではない。大学に足りないのは市場

(44)「統治術」「統治」といった用語の使い方、また新自由主義の統治への着眼、そして規律という観点、私はこれらすべてをミシェル・フーコーの諸研究に拠っている。したがってこの章は、フーコーによる近現代社会の見方を目下の大学改革に適用したものといってよい。フーコーによる「規律」の歴史的定式化については、『監獄の誕生——監視と処罰』(田村俶、新潮社、一九七七年)を、統治性と自由主義については、Michel Foucault, *Sécurité, territoire, population, Cours au Collège de France, 1977-1978*, Paris: Gallimard / Seuil, 2004.〔高桑和巳訳『安全・領土・人口——コレージュ・ド・フランス講義 1977-1978 年度』筑摩書房、二〇〇七年〕、*Naissance de la biopolitique*.〔『生政治の誕生』〕を参照。

(45)この点については第五章で検討する。

化でも真の競争でもない。目指されるべきは、自治と多様性の尊重という、行政の専制を批判したトクヴィル自身が描いた自由な社会の姿であろう[46]。文部科学省が権限の拡大への執着と底の浅い政治的思惑によって教育行政を振り回してきた責任は重い。

ネイチャーの別冊特集号にも書かれているように、若い研究者たちの多くは金が欲しいわけではない。ただ静かな環境で継続的な研究に携わりたいだけだ。研究者の心性も一様ではないが、少なくとも金儲けを目指す人が選ぶ職業ではない。自由な空間で忍耐強く知的な活動をつづけたいという、ささやかでぜいたくな願望を満たす環境を作ることが、限られた資源を活かして豊かな研究成果を得るための一番の近道ではないだろうか[47]。

(46)「教育もまた……、今日いたるところで、国家(国民)的事業となっている。国家は子どもを母の手から受け取りあるいは奪って、自分たちの役人に預ける。各世代の子どもに感情を吹き込み理想を与えるのは、役人たちの仕事となる。他のこともすべてそうなのだが、学問においても画一性が支配する。学問の自由を保障してくれる多様性は日を追うごとに失われていく」(Tocqueville, *Democratie*, p.823.〔『アメリカのデモクラシー』一三七頁〕)。

(47) この文章は、シンポジウムを企画された福井憲彦、三浦信孝両先生、またこのテーマでシンポジウムを開催してくれた日仏会館、そして一年間の研究休暇を与えてくれた明治大学のおかげで書くことができた。相対的に恵まれた東京の大規模私立大学の専任教員という立場にある者として、身近な他者への最低限の想像力と顧慮を忘れたくはない。かつての自分と同じように、将来の研究生活への不安に押しつぶされそうな多くの大学院生、ポスドク研究者を思いながら書いた。

第五章　政治と行政について――「官邸」と「官僚」

1　はじめに

本章では、第四章での議論を承けて、次のような問題に焦点を当てたいと思う。大学との関係では非常に巧妙に自らの権限を維持あるいは拡大しようとしている官僚組織が、「政治」あるいは「官邸」との関係では立場が弱くなっているように見えるのはなぜなのか。政治家をかばうために公文書の改ざんや虚偽答弁にまで駆り出されるエリート官僚たちの姿に、戸惑いを覚えた人は多いだろう。かつて政治家はまずいことが起こると秘書に罪をかぶせるといわれた。いまではかつての秘書の役割の一部を官僚が担う羽目に陥っているのだろうか。そして、ここでの政治や官邸というのはいったいどのような制度上の位置づけをもち、官僚組織とはどういう関係にあるのだろうか。

政治家と秘書との関係は雇用関係であれ情宜の関係であれ、政治家と政治組織の裁量の範囲内の問題であるように見える。では官僚と政治家はどうだろう。両者は明らかに別々の組織に属している。その意味するところは、両者が別々のルートで、全く異なる正統性の回路を通じて職を得、また現在の地位についているということである。したがって両者の関係のあり方については、異なった機能と権限を有する組織に属する質的に異なった人と人とのインタラクションとして理解される必要がある。

国会を連日騒がせる事件から見ても、官僚と政治家、あるいは行政と政治との関係は、決して非公式の裏事情としてすませられる事柄でないことは明らかである。しかし、ここでの官僚組織と「首相サイド」などと言われるアクターとの関係や機能について、それを名指す適切なことばがあるだろうか。実際いまも、「政治」「官邸」と言われるようなアクターについて表現しようとすると、どんな単語を用いたらよいかを考えあぐね、立ち止まってしまう。いま起きていることは分かるのだが、それがどのような「権力の働き」あるいは「統治のあり方」の中で生じているかを指し示す、ちょうどいいことばが見つからないのである。

昨今注目される事件は、とりわけ文部科学省の設置認可や学校にまつわる事柄、つまり教育行政に関連したものが目立っている。そのため、こうした問題について考えることは、大学改革が全体としてどのような統治と権力の構図の中で起こっているかを考える上で、手がかりを与えてくれそうである。

政治思想研究者としては、物事を少し離れたところから、あるいは歴史的に意味をもってきた認識の枠組や学問上の分類を援用して、そこで説明可能なこと、またそれにうまく嵌《は》まらないところはどこなのかを明らかにできればと考える。それを通じて、新たに名指さなければいけないのはどのような機能や関係であるのかを示し、多少なりとも役割を果たせればと思う。

出発点となるのは次の事柄である。第四章のもとになった論考のおわりに、次のようなことを書いた。

2　官僚の不祥事

グローバルな経済の展開に翻弄され組織力を弱めた国内政治においては、ポピュリズムと結びついた素人政治家が生み出されることで政党政治が弱体化している。日本では、二〇一四年設置の内閣人事局によって、官僚の幹部人事に政府による統制がかけられるようになった、しかし、これによって政府と省庁との間に生まれた新たな政治闘争が、官僚制の閉鎖性に対抗する公開性や公平性の回路となっていないことは明らかである。トップ人事をめぐる政府と官僚の権力闘争の陰で、これに対して組織として強固かつ継続性をもつ官僚によるガバナンスが「粛々と」進行する。(1)

（1）重田園江「大学改革における統治性——官僚制と市場のレトリックをめぐって」福井憲彦編『対立する国家と学問——危機に立ち向かう人文社会科学』勉誠出版、二〇一八年、七八頁。

これを書いた際に参照したのは、パリ政治学院のパスカル・ペリノーによる次のような発言であった。

フランスの社会学者ギ・エルメ氏は、民主主義に代わる新たな政治制度の中心として、ポピュリズムとガバナンス（統治）を挙げました。ポピュリズムが人々の声を吸い上げる一方で、実際の政治はエリート官僚中心のガバナンスが担う。そこにかかわるのは一部の意識の高い人だけで、一般市民は無縁です。民衆の代表が政府をつくる時代は終わるのです(2)。

だが、その後の政治の展開を見るなかで、無力な素人政治家対エリート官僚という図式は物事の半面しか捉えていないという認識をもつに至った。というより、冒頭の引用で述べている「これによって政府と省庁との間に生まれた新たな政治闘争」とは、いったい政治、行政、そして立法や司法といった国家機構の働きの中の、どこで起きている事態なのか。またそれが「官僚制の閉鎖性に対抗する公開性や公平性の回路となっていない」理由はどこにあるのか。そしてそれが、当初は期待されていたであろう公開性や公平性の機能を果たしていないとするなら、ここでいう「政府の統制」は日本の官僚機構にどのような作用を及ぼしているのか。こうした事柄は、以下に取り上げるような昨今の「官僚の不祥事」という現象の背後にある政治の地殻変動を見る上で、きわめて重要なのではないかと考えるようになった。

文部科学省では、第四章で指摘した二〇一七年の組織ぐるみの天下りあっせん問題以降も不祥事がつづいている。たとえば、二〇一八年七月に明るみに出た、科学技術・学術政策局長が東京医科大学の事業選定（補助金が支給される私立大学の事業）をめぐって便宜を図る見返りに、自身の息子を不正合格させてもらったという事件。これにつづいて同月、国際統括官が宇宙開発事業団の事業に絡んで、コンサルタント会社からの収賄の疑いで逮捕された。

一連の事件は官僚の許認可権に絡んだものであり、彼らが恣意的にその権力を濫用するだけの力を得ているようにも見える。だが改めて考えてみると、事業や業者の選定をめぐる権限の濫用というのは、本来の官僚の行為様式の中での権力の強化とは異質な事柄のように思われる。

官僚のイメージがマックス・ウェーバーでは古いと言われそうだが、官僚組織が合法性という枠を用いながら自らの組織の力と権限を維持拡大するために対抗権力と闘争するという特質は、現在でも原則的には妥当であろう。その観点からするなら、とくに私立大学の事業選定をめぐる汚職事件は、冒頭で紹介した論文の中で述べたような、官僚と大学との関係の変容の中で生じたものである。事件を起こした官僚たちは、その仕組みを機能させる基本であるはずの合法性という枠組を逸脱したことになる。こうした汚職において、当事者は自らの権限をどこか勘違いしているように見える。その意味でガバナンスの再編というよりその過程での機能不全、官僚組織の正統性に対する構成員である官僚自身の忠誠心やモラリティの崩壊のようでもある。

官僚のモラリティに関していえば、その低下がかなり深刻であると思わせる事態が相次いでいる。

（2）「前例なき仏大統領選挙」『朝日新聞』二〇一七年四月一一日朝刊。

森友学園と加計学園という、二つの教育機関をめぐって起きた一連の出来事は、官僚による公文書の改ざんという事態と、「首相秘書官」という不思議な存在を知らしめた。

森友学園事件においては、「首相サイド」からの不透明な圧力と土地の値引き、それにまつわる公文書改ざんをめぐって、官僚はそこまでやるのかという驚きが広がった。というのは、どんなことでも記録にとどめ文書として残すという官僚制の基本原則に反して、文書が後から書き換えられるということは、官僚制を律する原理の根幹を揺るがすからだ。文書主義は文書改ざんが容認されれば無意味なものとなる。官僚たちはその重みを十分知っていたはずである。だが現実には、官僚組織トップの命令による改ざんが行われた。

もちろんこれは、官僚にとって致命的な行為である。しかし注意すべきなのは、彼らは全能感をもったためにこうした事件を起こしたのではない点である。全く逆に、官僚組織が「政治の圧力」に抗えないために起きてしまった不祥事である。つまり、省庁トップである次官をはじめとする現在の国家官僚たちは、「政治」に弱点を握られているため独立した判断に基づく行為ができなくなっているのである。

加計学園問題では、「首相案件」発言とともに首相秘書官が学園関係者と官邸で複数回面談していたことが問題となった。この秘書官は原発推進派の経産官僚であり、麻生内閣でも首相秘書官を務めていた。しかしこの「首相秘書官」というのはいったいどういう役職なのか。その立場にある官僚出身者は果たして官僚なのかそれとも内閣の一員なのか。その役割は「政治」と「行政」のどこに位置するのか。

3　「政治主導」の弊害

こうしたきわめて時事的な問題を取り上げたのは、冒頭の引用で言われているような「素人政治家対専門官僚」という図式では理解できない事態が、政治と行政の間に生じていることを示すためである。たしかに一方で、たとえば文部科学省は金と権限をめぐるさまざまな仕組みを通じて大学に介入してきた。大学の自治に対する文部科学省の干渉は強まっており、東京医科大学の汚職事件はこうした流れを背景に起こったといえる。

だが、ここで大学から目を転じて官僚と「政治」との関係を見てみると、そこでは「首相サイド」からの圧力と、それを隠蔽しなければならない事情に屈して公文書が改ざんされるほどの力の優劣が見られるのである。ではこれは、行政が「政治」に対して劣位に立たされ、「政治」からの圧力ゆえに自らの組織の基本原理さえ踏みにじるような状況を示しているのだろうか。

私がかつて学校で「行政権の肥大化」について学んだ頃には、政治と行政をめぐって次のようなことが指摘されていた。それは、政治家が行政に関わろうとしても、結局は専門性に乏しく、またポストが政治情勢に依存することで継続性をもちえないため、官僚が作った枠組で行政が動くことになるという問題である。さらに、国会での立法の多くが官僚によるお膳立てによって行われ、議員立法の数が少ないこと、また閣僚の国会答弁の原稿を官僚が用意し、政治家はそれを読むだけで分からないことがあれば後ろに控える官僚に聞いて答えているといった事態から、実質的な政治プロセスの鍵を握るのは官僚になっているといった主張がなされていた。つまり、国民からの支持という正統性の保障を得た国会議員による官僚行政の指揮監督は実際には機能しておらず、行政のみならず政治の主導権も官僚機構に握られているという見方である。それによって、憲法上は「国権の最高機関」であるはずの国会つまり立法機関に対する、行政権の優位が強まっているという批判がなされていた。

そして、こうした立法に対する行政優位が事実であるという認識の下に、その転換を目指して掲げられたのが「政治主導」というスローガンであった。その最大の成果が、第一次安倍政権時代の二〇〇七年から構想され、二〇一四年に法案が成立し同年設置された内閣人事局である。この組織は、国家公務員の人事権を内閣が掌握するという意味で強大な権限を有しており、初代局長には官僚出身者ではなく国会議員が就任した。これによって政治と行政の関係は劇的に変化し、人事権を握られた官僚は「官邸」の意向に逆らえなくなったといわれる。

森友学園問題での公文書改ざんやその後の財務省元理財局長の国会での証言、また官僚出身の元首相秘書官が国会証言で首相をかばって関与はないと言いつづけたことは、こうした「政治主導」の効果の表れであると認識されてきた。

このように見てくると、「政治主導」は、日本の官僚のキャリアシステムに大きな影響を及ぼしているといえる。それは、官僚の身分保障の不安定や弱さを露呈するものとなっている。さらに、内閣人事局による人事権の掌握は「猟官制」の伝統を受け継ぐアメリカの場合とは異なる。それは、政治家とは全く異なる「国家公務員試験」というルートを通じて採用され、その組織の中でキャリアを積んできた官僚たちの任免権を、外部にあるはずの「政治」が担うという特殊な関係になっているからだ。しかも、政権から睨まれて職を解かれれば再就職先探しも容易ではない。現状では「政治」が幹部公務員の生殺与奪権を握っているのである。

こうした状況は、官僚組織に深い影響を及ぼしている。元理財局長と元首相秘書官の答弁において明らかになったのは、彼らは自分たちが最もその影響にさらされているはずの「政治」からの介入を、公的には否定せざるをえないということだ。結果的にすべての責任は表面上官僚に負わされることになり、財務省のトップであるはずの財務大臣は他人事のように監督不行き届きを詫びるだけで何の責任も取らない。表向きは官僚が勝手にやったことだからということなら、行政の長としての責任というのはどこにあるのだろうと思うが、現にそれが通っている。文部科学省の相次ぐ不祥事でも、自身もスキャンダルを報じられた文部科学大臣はやはり一切の責任を取っていない。

ふたたびウェーバーを参照するなら、組織への忠誠と責任者の不在が官僚制の特徴であるはずである。しかし現状は、「責任倫理」をもち結果責任を負うのが最大の役割であるはずの政治家が、官僚を国会で矢面に立たせ責任を押しつけるという構図になっている。政治家には責任倫理も悪魔との取引も存在せず、マキャヴェリズムの緊張感もないままに「公僕」であるはずの官僚に責任を押しつけるという、政治家の存在理由を問われるような事態になっている。こうなるとウェーバーがいうように悪魔との取引の帰結に「男らしく耐える」必要はなく、マッチョなヴィルトゥなどもたない弱者でも閣僚になれそうである。

つまり、官僚だけが貧乏くじを引かされているのが現状である。これを目の当たりにして、キャリア公務員の志望者が減っているとされる。(3) 「政治主導」を謳った制度改革において、こうした負の影響は想像されなかったのだろうか。これについては、衆参両院での与党の数的優位の下での長期政権によって、政権が人事権を私物化する傾向が出てきてしまったという意図せざる結果によるものであるとの見方もある。小選挙区制導入によってアメリカのような政権交代が実現していれば、こうしたことは起こらなかったであろうということだ。しかし現実にそれは起きてしまった。さらには、政権交代がなされれば負の効果がなくなるかどうかは不確かである。そもそも政権交代が起きて民主党政権が誕生した際、そこでの閣僚たちが政治と行政の役割分担についてあまりに無原則で越権的であったことによって官僚との軋轢が起こった。このときのことを考えると、こうした主張にはあまり説得力がないように思われる。

ここでは、以上で述べてきたかなり深刻な事態を念頭に置いて、政治と行政という問題を改めて考えてみたい。注目したいのは、政治と行政といわれる場合の「政治」とはいったい何かということである。たとえば、政治と行政との権限の分担において、抑制と均衡が働くにはどうすればよいかといった議論がされる場合、一方の政治、他方の行政の存在あるいは実在性は自明であるかのように扱われる。だが実際には、両者の線引きが困難であるだけでなく、ここでいわれている「政治」というものの内実は、きわめて不分明なのである。

4 「政治」と「行政」

まずは古典的な定義から入る。矢部貞治は『政治学』（一九八一）において、政治と行政を次のように規定している。

政治は国家意思の最高の創造、決定、及び遂行の最高指導を言い、行政は、このような政治を前提としての国家意思の具体的な実現遂行を言う(4)。

矢部の定義によるなら、政治こそが最高で行政より上位にあり、行政とは政治がなした決定を実現するための機関であることになる。ただしそれだけでは、行政は完全に政治に従属することになり、行政を政治から区分する意味もなくなってしまう。そこで矢部はつづけていう。

しかし行政は他面では社会技術としての固有の法則性を持ち、この面では行政は中立的な性格を帯びる。すなわち行政はいかなる政治にも奉仕するが、いかなる政治も行政の固有法則性と中立性をみだりに犯すことはできない。それを犯すと行政の技術的能率性は保全されない(5)。

(3)「責任は官僚　離れる学生」『朝日新聞』二〇一八年八月三日朝刊。財務省については、「不祥事と激務、採用苦戦」『読売新聞』二〇一八年八月一五日朝刊。
(4) 矢部貞治『政治学』(新装版) 勁草書房、一九九四年、一七頁。
(5) 同書同頁。

こうして政治の優位と行政の独立性が同時に説明される。しかしこれを読むだけでは、ここでいわれている「政治」が何であるかは依然として不明である。そこでこれを、日本国憲法にも規定される「三権分立」の考えと照らし合わせてみると、どう見えるだろうか。

三権分立の三権とは、立法権・司法権・行政権である。このなかで、官庁組織が行政権に属することは明らかである。ではここまで「官邸」「政権」「内閣」などの呼称を文脈に合わせて用いてきた、ひっくるめて「政治」の側は、どこに属するのだろう。「官邸」といった呼称は曖昧に思われるかもしれない。制度上は内閣、あるいは内閣総理大臣を長とする行政の長からなる組織と表現すべきであろうか。しかし「官邸の意向」といった表現はしばしば用いられ、これまで見てきたさまざまな不祥事の中でも、これを「内閣の意向」と言い換えては意味が通じない。政治と行政という対立軸においては政治に属するが、議院内閣制の下で組織される内閣、あるいは総理大臣によって任命された行政の長の集合体の意味での内閣でもない、「官邸」なるものが何らかの働きをしている。ではこの意味での「官邸」や「政権」は、制度上規定可能な存在なのだろうか。

5　法学における「政治」の場

非常に難しいこの問題を考察するために、ここで憲法学者の議論を参考にする。石川健治「政府と行政」(6)である。この論考はそれ自体かなり難解で、基本的に法学研究者に向けて書かれたものなので、私自身の理解も十分ではないかもしれない。そこでここではこれまでの論旨と触れ合う形で石川の議論をパラフレーズし、その一部を紹介することからはじめる。

石川はまず「憲法学に政治の居場所はない」というなかなかに衝撃的なことをいう。たとえそれが誇張を含んでいるとしても、「少なくとも、統治機構論における国家作用の分類のなかに、「政治」が出てくることはない。そこでは、立法・行政・司法の諸国家作用が語られるのみであって、「政治」の座席は用意されていない」[7]。

政治学者である矢部の文章では、政治と行政という区分が出てきた。ここで政治は堂々と行政と向き合っているようである。しかしどうやら憲法学においては、三権分立のところで学習する立法・行政・司法だけが「国家作用」であって、政治には居場所がないようである。この事情は、石川の論考の中では比較と歴史を用いて説明されている。

石川によるなら、ドイツ・フランスを中心とする大陸法系の公法学や憲法学においては、国家の作用は社会から自立したものとして捉えられてきた。これに対してアングロサクソン系（コモン・ロー系）と呼ばれるイギリスやアメリカでは、市民社会の一部として政府があり、そこでは政府による「政治」と「行政」との区分と相互関係が議論の俎上に上げられてきた。この場合、選挙で選ばれた大統領によって主導される政府による政治と、その決定に基づいて政策を実現遂行する行政という区別が基本をなす。だが、こうした理論がウィルソンなどの政治学者によって作られた後、「大

(6)「政府と行政――あるいは喪われた言説の場」『法学教室』第二四五号（二〇〇一年二月）、七四―八〇頁。
(7) 同七四頁。

きな政府」の出現によって事態が変わってくる。政治と行政の区別だけでは説明できない事柄が増えてきたのである。そのためアメリカ政治学においては、政治と行政とが融合する領域へと議論が進んでいった。こうした両者の権限の線引きと役割分担についての議論は、冒頭の矢部の引用における枠組とも整合する政治学的理解に基づくということになろう。

このように、英米では政治論の枠の中で政治と行政の問題が焦点化されたのに対し、大陸公法系の議論においては、政治は統治機構論から放逐されてしまった。その経緯や公法史における意味についてはここで立ち入るべき事柄ではない。それが絶対王政期の王への権力集中への反撥として生じたことだけを銘記しておけば十分であろう。それによって、行政は法の単なる遂行として、理論的には完全に法の下に包摂されることになった。しかし、これが「行政」の実態とかけ離れていることは明らかである。そして、そもそも行政なるものがどこから出てきたのかを考えるとき、この放逐は重大な結果をもたらしたと言わざるをえない。

急に時代を遡ることになるが、ヨーロッパ中世に行政は存在していなかった。そんなことは当たり前かもしれないが、なぜそうなのかを考えることは無駄ではない。のちに行政と呼ばれるような役割を果たしていたのは、家長を頂く家という経営体であり、また都市共同体、あるいは宗教共同体であった。社会構造の変化の中でそれらの権能を奪う形で、君主の行政権力が台頭しはじめるのは一六世紀以降、とりわけ一七世紀のことである。

こうした権力は現在のような公務員によって担われる行政ではなく、君主が掌握した執行権力から発するものであった。したがってこれは、執行権あるいは執政権と呼ぶのが妥当であろう(8)。言い換えればこれは統治の領域である。このことば遣いについては、「高度に政治的な行為」が司法判断になじまないとする法学説である、「統治行為論」という呼称を想起すると理解しやすい。

たとえばルソーの社会契約論では、主権者の責務である神聖な立法行為以外の行政と司法がともに、「法の個別事例への適用」の意味で執行権力 pouvoir exécutif として括られている。これはモンテスキューによる区分を踏襲したものである。こうした構成の狙いは、ルソーにおいては、執行権が法を凌駕することがないよう、それを人民主権によって抑え込むことにあった。こうして、絶対王政期の君主が有した専横的権力と結びつけられた執行権力は、民主的国家論においてその専断を制度的に封じられたはずであった。しかしそれが表向きの理論上のものにすぎなかったことは、トクヴィルが『アンシャンレジームと革命』や『アメリカのデモクラシー』で描いている。

6 執政権力と官僚

ではこうした概念の歴史を念頭に置いたとき、「忖度《そんたく》」ということばが流行語となった昨今の日

(8)「執政」と「執行」との意味の違いや関係について、的確に論じる能力がない。執政は古代ローマ共和制において、元老院・民会と並ぶ制度の名称である「執政官 consul」からくる。これは任期付の選挙君主のような存在で、権力集中を避けるため通常二名が置かれた。カエサルの時代の政争を通じてローマは帝政に移行したが、執政官の役職は維持された。帝政への移行の引き金となったのはむしろ独裁官 dictator の役職であった。
なお、現在の用例では、「執政権力」とは「執行権力」と同じ executive power の日本語訳である。

本の政治において起こっていることはどのように理解できるだろうか。三権分立の制度論においては、内閣とは、国民による選挙によって直接の信託を受けた国会議員の中から選ばれた総理大臣を長に頂き、総理大臣の任命による各大臣から成り立つ組織である。その意味で民主的プロセスを経て構成された議会＝立法権力による、公務員からなる行政権の抑制と監督のための制度ということになる。

しかし問題は、内閣の働きの固有性は、立法権力に属する者による行政権の監督に尽きるかということである。森友学園問題では、首相の妻の関与と圧力によって土地が大幅に値引きされ、それを正当に見せるための虚偽の積算がなされたのではないかと指摘されている。その過程を記録した証拠を隠そうとして文書の改ざんが行われた。加計学園の獣医学部設置認可をめぐっては、競合候補への不利な待遇や官邸で首相秘書官が加計学園関係者と複数回面会するなど特別な配慮、また設置予定地域の県と市へのヒアリングに学園関係者が同席していたなど、公正な選定プロセスを阻害するさまざまな経緯が明らかになっている。

こうした事柄はすべて、人から人、場所から場所へと作用する「権力」によって生じたものである。官僚たちはなぜ中立性原則を破って規則違反の対応をし、そこに「政治的」圧力がかかっていることをどうしても隠し通そうとするのか。これを説明しようとすると、立法でも行政でも司法でもない第四のアクターの働きを持ち出さざるをえなくなる。またここで作用しているのは、政治と行政を区別した上での両者の力の対抗でも、そしてまた両者の融合でもない何か別のもの、古い執政権力の一部に相当するような何かではないだろうか。

大陸系の公法学が、こうした領域、ある種の政治や統治の領域に関わってこなかったことはすでに述べた。では政治学と行政学はどうだろうか。一般的に言って、政治学は公共政策学の枠でこの問題を扱い、政策の立案・決定から行政に実施を委ねるまでの部分を対象としてきた。これに対して行政学は、政策の決定から実施に関わる諸問題を扱ってきた。こうした棲み分けがなされたことで、政治と行政との間で生じている作用全体を見渡すための視座の獲得が難しくなっているのではないか。

「首相官邸」と行政機関との間で何が起きているのか。「忖度」がなされる権力関係はどのようなものなのか。これらの事柄を理解するには、現在の制度や政治状況の固有性、たとえば小選挙区制、比例代表制などの選挙制度が実際にどのように作用して長期政権を支えているのか、また内閣人事局の力によって官僚の行為様式にどのような質的変化が生じているのか、あるいは政策決定における「諮問会議」の役割とその制度上の位置づけはどのようなものかなど、具体的な事象に即した考察が必要になるだろう。

それをとおして、目下「政治と行政」の間に生じている大きな地殻変動を指し示し、その機能に名前を与えることが、不分明なままに作用しつづける権力を可視化するために必要不可欠であると思われる。

II　隔たりと連帯

第Ⅱ部について

第Ⅱ部は五つの論考からなる。そして第Ⅰ部とはある意味で真逆の方向から、同じ問題にアプローチしている。人間の生のエネルギーが、隔たり、敵意、自己弁護に向かうのはたやすい。では、それとは逆の方向についてはどうだろう。楽観的かもしれないが、つながり、支え合うことは難しいことではない。人は自分のためだけにエネルギーを消費することに虚しさを感じるからだ。しかし現に、つながりは心許なく、人々の利己的な行為ばかりが目立っているように見える。だが、ここで足りないのは人間の利他心なのだろうか。わたしはむしろ、足りないのは具体的で現実に存在するつながりの回路の方ではないかと思う。つまりつながりの欠如を、人の「心の持ちよう」というよりは、制度や社会の問題として考えた方がいいということだ。そのため、連帯の仕組みづくりを根気よくつづけていけば、それを受け入れ、そこに加わる人は大勢いるはずだ。

ホッブズが考えたように、人間とは死ぬまで動きつづけるコナトゥスの集合体なのだろう。その力をどこに向かわせるのか、力と力をどのように対峙させ、あるいは協働を生み出すのか。人々の行いをどのように結びつけ、互いの満足と平穏を両立させるのか。これを考えるのが統治の仕事であり、人間が政治共同体において見せるべき「わざ」なのだ。

このような問題関心の下で、第Ⅱ部では、隔たりを越えてつながっていく政治が、どのような方向性をとることができるかを考察する。もちろん、自らの想像力によって新たなつながりの言語を生み出すこともできるだろう。だがここでは、むしろ思想史に問いかけるという方法が選ばれている。なぜなら、人が思いつく多くの事柄は、状況に共通性があるかぎり、過去にすでにもっと偉大なしかたで考えられているからだ。困難な時代と格闘した人々は未来を知らないままであったが、その未来からふり返ったとき、希望が裏切られたその後を知らない分、彼らの構想力には強さと潜勢力がみなぎっている。

人間たちはいつも困難に取り囲まれ、自然の脅威や敵の侵入に脅かされた。そしてまた、社会内部に目を向けると、強者は弱者にとって最も無慈悲で強欲な簒奪者であった。人々はこうした厳しい条件の下で、やむにやまれず互いに助け合い、リスクを分けもつ仕組みを長い時間をかけて作り上げてきた。では、こうした仕組みはどのような理念に支えられていたのだろうか。また現代において、忘れてはならないはずのつながりの理念が忘れ去られているように見えるのはなぜなのか。こういった問題意識が、第Ⅱ部の諸論考を貫いている。

人は大勢の中にいて孤独である。他者は慰めではなくライバルで、つねに自己の安寧にとっての脅威である。しかし他方で、多くの人がいるということは、手を伸ばせばつながり連帯することができるということでもある。他者がいることで争いが起きるが、他者がいなければ助け合う相手も存在しない。そして、集合性によって、ひとりでは決して得られない力と可能性をそれぞれが手に入れられる。とりわけ、誰が標的となるか事前には分からない脅威、にもかかわらず集合的には予測や計算がある程度可能である「リスク」に関わる事柄を前にするとき、人々は連帯とつながりのメリットに否応なく気づかされる。

そこにつながりの契機が生まれる。それを必ずしも自己利益やエゴイズムの延長と考える必要はない。見ず知らずの人を含めた連帯が立ち上がるとき、人は自分自身でありながらひとりであることをどこかで超えているからだ。

こうしたことに気づいた人たちは数多い。その人たちが性善説と楽観論に基づいて根拠もなく希望を語っていると誤解されることがあるが、そうではない。人はたしかに、自己の必要によって連帯する。だが連帯が成立した時点で、そこには自己利益を超える場が自ずと立ち現れるのである。必要が切実であるほどに、連帯は自己利益の集積にはとどまらないポテンシャルをもつ。ではそれはどのようなつながりで、そこで新たに得られるのはどんな力なのか。このことを示すのが第Ⅱ部のテーマである。

第六章　「隔たり」について

二〇一五年一一月一三日、パリでテロが起きた。そのことから何を思うか。日本で暮らす多くの人にとって、遠さと隔たり、そして乗り越えがたさの感覚が、くり返し喚起されるのではないか。ヨーロッパと中東・北アフリカとは近い。ヨーロッパ人は古くからこの地域を「オリエント」と呼び、「西洋」と対抗する別の世界として捉えてきた。オリエントは軍事上の脅威であるだけでなく、交流を通じて異教的な生活文化や思考様式を運んでくる、変化と刺激の源泉でありつづけた。そしていまも、スーパーマーケットには中東産、アフリカ産の果物や花が並び、陰鬱なヨーロッパの冬に華を運んでいる。魚売り場にはアフリカ産のナイルパーチがパック詰めされ積まれている。ヨーロッパと中東・北アフリカ。ふたつの地域に住む人びとは、いつも関わりあい、反目しあいながらも、互いに影響を与えあって生きてきた。だが日本にいると、その感覚はなかなかつかめない。ここに一つの隔たりがある。

フランスには、「マグレブ系」と呼ばれるアルジェリア、モロッコ、チュニジアからの移民が多い。

また「サブサハラ」、つまりサハラ砂漠以南の旧植民地からの移民も増加している。フランスの人口六六〇〇万人のうち、移民とその子孫は一一八〇万人で、その中でアフリカ系は約五〇〇万人とされる（二〇一〇年および一一年、フランス経済統計研究所公表データ）。

パリに行くとすぐ目につくのは、郊外のいくつかの場所での「非白人」の多さだろう。たとえば今回テロの「犯人掃討」のための銃撃戦が展開されたサンドニ、実行犯の一人の出身地とされるドランシーは、北部および北東部郊外の移民居住地区にある。また、一九六〇年代に開発された郊外都市エヴリィのクークロンヌも、実行犯の一人の出身地とされる。

彼らの生活や心理を想像することは幾重にも難しいが、逆に「隔たり」についてはいくつか考えることができる。まず、ひと目で分かる移民の表徴である肌の色。出生地主義の下でフランス国籍を有しフランス語を母語とする二世・三世の存在。移民の居住地の集中。宗教や文化の違いと階層や暮らし向きの違いの重なり（アフリカ系移民の失業率はかなり高く、単純労働に就く割合も高い）。また、多くの移民が旧植民地国の出身で、これらの国々は貧しく、国によっては政情に不安を抱えている。こうした現状に、ヨーロッパ、とくに旧宗主国フランスへのいまもつづく従属が関わっており、遡れば植民地支配の罪深さに行き当たる。

これらのことを、日本に置き換えて考えることはとても難しい。日本は移民受入れのハードルがきわめて高く、あくまで「外国人労働者」「技能実習生」といった名称に固執する国だ。また、在留外国人二五〇万人の半数以上が中国・台湾・韓国・朝鮮籍で、「見た目で分かる移民が郊外の社会住宅に集中して住む」といった現象を目にすることはない。またこうした近隣国の経済状況や宗教文化、そして日本との関係はフランスにおけるのとはまるで違っている。

だから、新聞に「移民」「アフリカ系」「ムスリム」「過激派の洗脳」「シリアへの渡航歴」などの文字が並んでも、何かを想像するにも共感するにも手がかりになりにくい。そうなるとテロを起こした人たち、彼らを取り囲む社会は、「おそろしいテロリストの培養地」にしか見えず、彼らはただの異物となり怪物となる。移民たちの居住地における隔絶の感覚やそこから来る絶望は想像の彼方にあり、わたしたちは彼らから遠く隔てられている。そしてまた、見た目で区別される多数の移民を抱える国や社会と、そこに生きる人びとの日常感覚を想像することからも隔てられたままである。

隔たりを少しでもまたぐには、他者が感じる隔たりを想像することからはじめなければならない。文学と映画はときにそのための武器となる。移民が関わる事件の連続から私が想起したのは、『隠された記憶』(二〇〇五年公開)という映画である。ミヒャエル・ハネケ監督の実に嫌な映画で、フランスのスノッブな一家の話だ。テレビで気取った文芸批評番組を持つ夫と、出版社勤務でこじゃれたパーティを開く妻、それに反抗期の息子がいる。ある日その家に玄関の外から撮った長尺の隠し撮りビデオが送られてくる。ビデオの投函はその後もつづき、犯人探しの中で、夫は自分が子どものころ生家で雇っていたアルジェリア移民の息子のアパートにたどりつく。パリ北東部のロマンヴィルという移民が多い地域にある団地の一室で再会を果たすふたりには、思い出したくない旧い記憶がある。

夫の子ども時代に家で雇っていたアルジェリア人夫婦は、一九六〇年代にアルジェリア独立をめぐるパリでのデモに参加して治安警察に殺されてしまった。残された息子を雇主夫婦が引き取るが、その家の当時六歳の子、つまり長じてこの映画の主人公となる夫はそれが嫌で、親にも移民の子にも嘘をついて陥れ、家から追い出してしまう。

アルジェリア移民とフランス人。雇われ人の子と雇主の子。マグレブ系の孤児と両親揃った白人。施設に送られ苦労続きの生活と、一人っ子の高学歴プチブルジョアの人生。移民街にある築数十年の狭く薄暗いアパートと、閑静な住宅街の瀟洒《しょうしゃ》な住まい。こうした対比の中で、主人公のインテリ男はどうしようもなく浅薄でありながら自分の非も嘘も認めず、しかしその地位と境遇のために相変わらず社会から守られている。一方で移民の息子は、かつて自分を陥れ孤児施設に送りこんだ雇主の息子との再会を契機に、文字通り人生のすべてを失ってしまう。

いまでは老人になった移民の子は、自分のことばと行為を信じてもらうことができない。五〇年前も今も全く変わらずに。そして「フランス人」の子はかつてその嘘によって大人たちを動かし、長じては警察や周囲の人を動かすことができる。必死に働き誠実に生きてきたこれまでの人生を懸けて信頼を得ようとなされる行為もまた、不信と猜疑《さいぎ》によってしか応じられない。アパートのドアのすぐ横、キッチンのシンクのそばに置かれた簡素な椅子に腰掛ける彼の姿は、一生を過ごしてきた社会から隔絶され、あるいは拒絶しかされなかった人生を映している。白くなった艶のない髪、生気をなくした眼、薄汚れた服、たるんだ体、力が抜けてしまった姿勢。ぽつんと椅子に佇むその姿は、彼の絶望をことばよりも重く語っている。

しかしこの人には、彼自身の絶望を諦めへと封印し、静かに余生を過ごすことも許されなかった。

嘘によって権力を巧みに利用し、六歳にして自分を陥れた同じ人物に、今も昔も変わらず誰もお前のことばなど信じないと再確認させられた先には、もはや血と暴力によって自らを証すことしか残されていなかったからだ。しかもこの映画でハネケ監督は、現実にはありえない設定を用いたリアリズムと残酷とによって、その暴力が自分自身に向けられたものであるなら、たとえ命懸けの告発であっても、狂った「あちら側」の人間の迷惑行為としてやすやすと片づけられてしまうことを描いている。その行為によって、仮に「こちら側」の人間に一片の疚《やま》しさが残るとしても、それは寝室での嫌な夢程度にしか心を傷つけることがない。

ここにはいくつもの隔たりがある。自分が生きる社会から隔てられていると感じる人びとにとっての壁の高さと重々しさ。そして彼らの存在を脅威として感じている側にとっての壁と隔たり。そのどちらにもリアリティがもてない「遠くに住む人々」の隔てられ遠ざけられたという感覚。こうした遠さと隔たりが、たとえば「日本は移民が少なくてよかった」「難民の受入れに慎重なのは正解だ」といった鎖国的安心感を生むのはたやすいことのように思われる。隔絶からくる安全の感覚は排他性と一体だが、当事者性がないので疚《やま》しさも良心の痛みも伴わないからだ。

一方で、隔てられたままであるべきものの方はつながっていく。ヨーロッパの中に過激思想を宣伝する地下組織が多数作られているという。そしてそこを入口に若者たちが中東のテロ組織拠点で軍事訓練を受ける。彼らはヨーロッパに戻り、EU間をまたいで襲撃を計画・実行する。一方、中東地域への空爆や軍事介入に消極的だった国々も積極的な国とのつながりを深めつつある。ヨーロッパとイスラエルとの結びつきも明らかとなってきている。二〇一四年夏のガザ攻撃で二二〇〇人を殺害したとされるイスラエルのナタニエフ首相は、二〇一五年一月にフランスで起きたシャルリ・エブド事件の犠牲者追悼の行進では、フランス首相と並んで最前列に陣取っていた。

憎悪と保身と虚偽と高慢はたやすく人びとを結びつける。それは政治的な装置によって利用され、軍事力や権力とも容易に結びつく。そのため壊すことは難しく、衝突によって憎しみを連鎖的に増幅させ、強化する。そうではないつながり、それに抗するようなつながりが果たしてありうるのだろうか。何が憎悪に抗するつながりを作るのか。ローカルな場での不満があっという間に国際テロと結びつく現状を目の当たりにすると、隔てるものとつながるもの、すべての接続の向きが間違っていると思わざるをえない。隔たりを強化する結びつきではなく、隔たりを超える想像力と理性だけが、和解と連帯に内実をもたらすのはたしかなのだが。

第七章　なぜ社会保険に入らなくてはいけないの?

1　誰でも損はしたくない?

ちょうど私が大学生になった一九八六年に、学生であっても二〇歳になると国民年金に任意加入できるよう制度が改められた。さらに一九九一年からは強制加入となり、親の扶養下にある学生などが特例として支払い猶予を求める場合には、その旨申告しなければいけなくなった。

その頃の私は、「社会保険料を払うなんて嫌だ。払いはじめるのをできるだけ先延ばしにしたい」と考えていた。なぜかというと、払うだけ払っても、どうせもらえるようになるのは遥か先のこと、それまで生きているかも分からないし、何の実感も持てなかったからだ。その上、どんなものでもできるだけ安く買え、対価のはっきりしないものに金を出すな、といった、資本主義社会ではごく普通の金銭教育を親から厳しく受けてきたため、年金などという、どんな対価をいつ得られるのかよく分からないものに毎月万単位のお金を払うなど、到底考えられないことだった。

就職して毎月給料をもらうようになってからも、税金と並んで社会保険料の天引額には何度もショックを受けた。いくら引かれているのか、もし引かれていなかったらどれだけのお金が自分の手取りになるのか考えると気分が悪くなるので、今でも給与明細の一番上の支給額のところは見ないよう、また控除額の欄を直視しないよう努めている。

これほど即物的に反応するかどうかは別として、社会保険関係の控除額が大きいことへの不満は、多くの給与所得者が抱いているはずだ。社会保険のイメージの悪さの一端はここにある。持っていくだけ持っていって、本当に自分に返ってくるのだろうか。その分貯金した方がましなのではないか。そういう疑心が底流にあるところに、「消えた年金」問題のような年金記録のずさんな管理が明るみに出ると、何かもやもやした思いに火がつくのは当たり前だ。年金記録問題があっという間に政治の一大争点になり、自民党政権を震撼させた挙句、政権交代の一因となったのは当然といえば当然なのだ。

社会保険に関しては多くの人が、もしかして自分はすごく損をしているのではないか、自分から取り上げた保険料で誰かが大いに得をしているのではないかと疑っている。これは言い換えれば、できるだけ損をしない、出した分は元を取れる制度でなければ、公平な社会保険制度ではないと考えているということだ。なぜなら、保険は扶助と違って、事前に支払うことで不慮の事態に備えるためにあり、各人が支払う損失と得られる保障のメリットを天秤にかけた上で、メリットのほうが大きいと思うから入るものなのだから。

二〇一〇年初頭に発覚した、建設国保（全国建設工事業国民健康保険組合）への大量の無資格加入者たちは、建設業とは関係ない自治体や銀行などの定年退職者が多数を占めていた。多くが「保険料が安くすむ」という口コミで加入したという。もらえるものが同じなら、払うのは少ない方がいいに決まっている。金銭的対価という私たちが慣れ親しんだ価値基準からすると、この人たちはずるいのではなく、元銀行員や元役人だけあって、資本主義に適応し処世術に長けた一流の人間ということになるのかもしれない。

しかし、この考えはどこかおかしくないだろうか。損か得か、取られた分がちゃんと返ってくるかどうかだけから、社会保険を捉えることができるだろうか。また、こうした理解をもとに、果たして誰もが納得できる社会保険制度を構築できるのだろうか。

その意味では、「消えた年金」問題が社会保険庁の不祥事、お上の不始末、公務員のモラルのなさの攻撃へと収斂していったのは残念なことだ。この件をきっかけに、年金財政危機の長期的で根本的な原因がどこにあるのか、それはどの程度深刻なのか、あるいは社会保険制度に対する市民の合意をどのように求めていくべきかといった議論が深まることがなかったからだ。社会保険庁を悪者にし、その非効率と無駄を非難しつつ、とにかく払った分をちゃんと支給に反映させてくれればいいという主張がくり返され、結果として年金制度そのものへの不信感だけが残ってしまった。

批判を受けた社会保険庁は解体され、日本年金機構に組織替えしたが、それによっていったい何が解決したのだろうか。日本年金機構はホームページ上で、年金保険の対象者を「お客様」と呼び、年金記録問題の解決に全力投球すると誓っている。しかしこの一連の騒動は、社会保険をめぐる問題の根本がどこにあり、それをどう乗り越えてゆくのかについて、不信と悪者叩きから一歩進んだ議論につながることはなかった。その一方、遺体を家に置いたまま死んだ人の分の年金を遺族が何十年も受け取っていたというショッキングな事例があちこちから出てきて、「払うだけ損かもしれない」という思いは依然として、あるいはいっそう根強く人々の間に浸透しつづけている。

一方、企業や雇用主にとっても社会保険は人気がない。まず、社会保険に加入しなければならない「適用事業所」には、常時従業員五人以上を使用する製造業など多くの事業所が該当するが[1]、実際には加入を見合わせる小規模の事業所が多数存在するといわれる。一番の理由は金がかかるからである。

社会保険料は原則として、労災保険については企業が全額負担し、雇用保険、健康保険、厚生年金保険、介護保険については企業と労働者が折半で負担する。給与に対する企業の保険料負担は一一—一二パーセント程度で、たとえばある従業員に給与二〇万円を支払うなら、企業はそれに加えて二万二〇〇〇円から二万四〇〇〇円を負担することになる。この比率は他国と比較すると低いといわれるが、それでも全く払わないのと比べれば明らかに重い負担である。

また、事業所単位での加入の有無よりずっと身近なのが、企業がある従業員を社会保険の対象とするかどうかである。雇う側にとってみれば、社会保険の対象となる従業員は、一人について給料に上乗せして保険料負担分が余計にかかる。そのため、アルバイト・パート・嘱託・契約社員などの中でも、労働時間や日数を限定することで社会保険適用基準に達しない被雇用者の方が、安上がりで魅力的な労働力となる。また、企業との間で雇用ではなく請負の関係を装う偽装請負が、とくに二〇〇四年の労働者派遣法改正以降多くの企業で行われ問題化したのも、社会保険料を払わなくてよい上、被雇用者に対しての責任も負わない便利な労働力が好まれたためである。

2　社会保険は損得の問題なの？

このように、社会保険は個人にとっても企業にとっても重荷で、払えば損をする、できれば払いたくない、いやいやながらの義務になっている。そもそも義務の認識が「払っていないのがばれたら怒られる、仕返しされる」という程度のものだから、隙あらば出費を抑え、逆に払ったものが記録されていないといったとんでもないことは絶対許さないということになる。

ここで私は、「消えた年金」が大きな問題であることを否定したいのではない。「ねんきん特別便」が送られてきたときには、私も自分の年金記録を真剣に確認した。問題はこの件の取り上げられ方が社会保険庁叩きに終始したこと、それが「民意」というよりマスコミによって煽られ、作られたところにある。社会保険制度の問題点についての語り方、取り上げ方として、これは全体的にどこかおかしな話なのだ。

では、社会保険に関して、それを金銭的な損得とは別の次元で考えたり、語ったりする言説に、これを読んでいる方々は今まで出会ったことがあるだろうか。私が巷のパンフレットやホームペー

（1）健康保険法第三条、厚生年金保険法第六条などを参照。農林水産、飲食・サービス業などの個人事業所については、任意加入である。

ジ、入門解説書などを見るかぎり、金銭的な損得が出てこないものは、今度は途端に子どもの道徳の教科書のようになり、支え合いは大切です、みんなで安心できる社会を作りましょうといった決まり文句ばかりが並んでいた。

一方で、社会保障の専門家による入門書などでは、制度の存立自体は前提された上で、財源や配分方法についての技術面・制度面での改革にいきなり話が進んでいく場合が多い。もちろんこうした改革議論の背景に、どのような受益と負担の関係が望ましいか、公平かについてのそれぞれの論者の考え方がある。だがそれは表立って語られないため、素人には難解で煩瑣《はんさ》な制度論、手続論に見えてしまう。こういうことを地道に考えるのが大事なのだろうと思いつつも途中で面倒になってついつい読み飛ばし、頭の中に何も残らない。また、保険行政への信頼が失われてしまった昨今は、「社会保険料負担は義務です」という政府の言明すら、「こんなにお得に安心が買えます」という言い訳とセットでしか見られなくなった。

ほかにも、社会保険固有の重要性や意義について、それを支える理念や思想に関わる形での取り上げ方が少ない理由として、社会保険が公的扶助のように生活の最後の防波堤という位置づけにないことも関係していると思われる。社会保険は雇用と公的扶助との中間的性格が強いせいもあって、社会を支える最後の土台（最底辺をつなぎ止めるセイフティネット）としては見られず、保険料を払うのは損か得かの議論に収斂しがちなのである。(2)

だが、個人の金銭的な損得のみで社会保険の必要性が認識されたなら、現在のような制度は到底成立しなかったはずである。実際、社会保険につながる保障の試みが手探りで構築されはじめた時代には、この社会をどうしていくべきなのか、なかでも困窮にあえぐ人、不慮の事故に遭って働けなくなった人、病気なのに医者に行けない人、働き手に死なれた家族、仕事がなく家も失った人たちに、何かしなければならない、何をすればよいのかについて、熱い議論が戦わされた。

では当時、いったいどんな人たちが、こんな話に熱くなり、新しい制度を次々と考案していったのか。そこには、深刻な階級対立を乗り越え現状を打破しなければ、社会に未来はないという切迫した思いがあった。当時の議論のうちに、自分の都合以外の視点から社会変革を真剣に考える、互いに立場の異なる多くの人々の姿を見出すことができる。

現在のものの見方の硬直を破るには、過去に遡ってそれとは別の発想でなされた議論を参照するのが最善の道の一つである。以下では、社会保険について別のしかたで考えるきっかけとなりうる事実や論争を、思想史の中から取り出すことを試みる。対象となるのは、私が知っている限られた事例である近現代フランスであり、とりわけ一九世紀から二〇世紀の転換期、つまり社会保障黎明期のフランスで起きていたことである。

(2) 社会保険が連帯の要としてクローズアップされにくい現状を分かりやすく指摘しているのは、湯浅誠『反貧困――「すべり台社会」からの脱出』岩波新書、二〇〇八年、一六五頁以下である。

3　働く場での相互扶助の起源——コンフレリィ

フランスの社会保障史を特徴づける組織として、共済あるいは相互扶助組合（mutualité, les sociétés mutualites, les secours mutuels）がある。現在フランスで共済が果たす役割は非常に複雑、言い換えれば雑多なものだが、その特徴を大ざっぱにいうと次のようになる。フランスでは社会保障制度が拡充されるにつれて、共済が担ってきた役割が公的保険に移管された。そして現在は公的医療保険で保障されない自己負担部分について、それをカバーする役割が主なものとなっている。こう言うとあってもなくてもよい制度のようだが、フランスの医療保険は自己負担部分の割合が大きく、実際にこれを補うための任意保険への加入率はきわめて高い（もっとも窓口自己負担率の切り上げをくり返してきた日本も、今では自己負担割合がかなり高くなっている）。

そして共済の起源をたどってゆくと、そこに一九世紀の相互扶助組織を見出すことができる。これを働く者たちの相互扶助団体と見なすか、ブルジョア層による労働者懐柔のための組織と見なすかは難しい。だが、結社禁止法が長らく支配し、とくに労働者運動が厳しく取締まられた革命後のフランスで、働く者の生活保障を担う団体として辛うじて生き延びた相互扶助組織が、社会保障制度が作られる際に一つの足がかりとなったことはたしかである。

考えてみれば当然のことなのだが、人がともに生き、働き、生を営む場においては必ず、それに付随して不幸や災難がつきまとう。端的には、誰であれ死から逃れることはできず、また病気や不慮の事故と無縁の人というのも考えにくい。自分だけでなく、家族や友人、近隣の人々そして職場の仲間など範囲を広げていけば、困った出来事はまれではなく、むしろしばしば起こる。したがって、それに備える制度や仕組みをもたない社会の方が例外的、というより実際にはどんな社会でも何らかの形でそうした不幸に備える仕組みをもっている。

したがって近代以前にも、不慮の事態に備える人と人との結びつきはさまざまな形で存在していた。現在からふり返ったとき、フランスにおいて社会保障から共済へ、共済から相互扶助組織へと遡り、さらにその起源となった制度を探ってゆくと、その一つとしてコンフレリィ（同業者兄弟団）に行き当たる。

コンフレリィはcon（共に、相互に）とfrère（兄弟、仲間）をくっつけてできたことばで、中世フランス社会で不慮の事態に共同して備えるために広まった宗教組織である。コンフレリィは、祈ること（教会）と働くこと（同業組合）という中世都市の住人たちにとっての二大活動の双方と結びつき、教会の下部組織として位置づけられつつ同業者集団ごとに独自の組織を形成していた。また、農村には多種の職業の人々が加入する地域（教区）単位の農村コンフレリィがあり、同様の役割を担っていた。

コンフレリィの最も重要な役目の一つに、葬儀の執行があった。また、メンバーが病気になれば今でいう疾病手当が支給され、働き手が死ねば寡婦や子どものためにも給付が行われた。さらに、十分とはいえないが老齢保障も行われていた。入会には独自の基準があり、メンバーは定期的な集会への参加を義務づけられた。集団ごとに細部にわたるしきたりがあり、それに則って儀礼が行われ、位階に応じて座る場所や果たす役割、支払うべき掛金の額などが厳格に定められていた。

つまりコンフレリィは、働くこと、そして職業集団内での階層と強く結びつきながらも、働くことは直接関わらないさまざまな社会的必要事へと職業上の関係を延長していくための組織だった。メンバーは定期的に拠出金を支払い、会則に違反すれば厳しい罰金が科された。これに寄付なども加えた運営金を元手に、冠婚葬祭や季節ごとの行事を宗教上の祭式として執り行い、不慮の事態が起これば支援するのが主な役割であった。

ここでは、働く場、働く人々のつながりが核になっている。そして、彼らから集めた資金や共有財産をもとに、働く人々だけでなく関係する他の人々、たとえば家族や近隣、同じ教区や同じ土地に住む人々を組み込んでいくような、互助的な救済制度が築かれていたのである。

働く人々が独自の組織をもち、それによってメンバーならびに周囲の人々に起こりうる不慮の事態、不幸、災難に備える。この制度には、個人が金銭的に損か得かで加入の是非を考えるのとは別の原理が作用している。それは、加入すること、拠出金を支払うことが、互助の網の目の中に入ること、独自の人間関係の中に身を置くことを意味しているからである。よそ者はコンフレリィには入れず、農村では地縁血縁的関係、都市では親方－職人－徒弟間の厳しい上下関係、親方間、また親方と職人間の覇権争いや対抗関係など、職業組織における濃密な人間関係が、コンフレリィの位階や秩序にそのまま反映していた。

社会保険において、なぜ働く者が拠出を担うことになったかの歴史的経緯をたどっていくと、こうした職業的・地縁的な互助組織の伝統へと至る。職業集団・地域集団内の互助という伝統とのつながりを考えるとき、社会保険に入ること、保険料を拠出することは、何らかの意味での社会的関係への参入、特定の社会組織のあり方や互助の仕組みへの合意や参加とつながっているのではないか、あるいは拠出が参加に結びつくような仕組みを作ることができ、また組織の安定のためにもそれが必要なのではないかという問いが生まれる。

もちろん、想像できないほどの数の見知らぬ人々との共同である現代の社会保険と、中世身分社会の一部としての、閉鎖的で狭い共同体であるコンフレリィとでは、その隔たりは大きい。しかし、加入の有無を個人が自由に選ぶことができず、その強制力によって社会的紐帯を編み出す点、また働く者の連帯を中核としてその周囲にいる人々に扶助と救済を及ぼすという組織のあり方、そして拠出すること、金を払うことの意義が単に金銭的な見返りとの関係では捉えきれず、ある社会関係、人間関係への参入、参加として捉えられてはじめて理解できる点など、さまざまな共通点もある。

古く単純で、そのため顔の見える関係の内部へと限定された互助組織は、近代以前の日本にも多様な形で存在したと思われる。コンフレリィに限らず、こうした組織がどのような仕組みをもち、いかに運営されていたのかを見直してみると、血縁者だけでなく仲間や近隣で相互に「助け合うこと」が、金銭的な観点では捉えきれない人々の濃密な関係を内包しており、だからこそ助け合いの仕組みが成立しえたことが明らかになるはずだ。

個人の損得としてではなく、社会における人のつながりとして、働く場と働く人々を中心にその周りに助け合いを広げてゆくのが、古くからの相互扶助の仕組みである。こうした仕組みをふり返ると、社会的立場を異にし、稼ぎも能力も境遇も違うさまざまな人々がいる中で、なぜ働いている人たちがその報酬の一部を拠出し、働いていない人、働くことができない人を含む社会メンバーがそこから給付を得るのかについて、個人の金銭的損得とは別のしかたで考える手がかりが得られる。また、働いている人の中にも、たくさん稼げる人、安定した職業に就いている人と、所得が少ない人、長くつづけられる仕事に就けない人、また家庭の事情などで長時間働けない人がいる。こうしたさまざまな立場の人たちの存在を念頭に置いてはじめて、自分の安心ではなく相互の生活保障の仕組みづくりの出発点に立つことができる。

たとえば現在の日本の健康保険制度では、利用者の窓口負担率は乳幼児・高齢者などを除くと三割である。所得や生活水準によって、この比率が人に及ぼす影響は全く異なる。ここでは、一律の負担率がつながりとして公平なのかという問いが生じる。逆に、加入する健康保険によって負担率が大幅に異なる場合（国民健康保険は割高であるとされる）などは、負担率の違いが不公平ではないかという問いが生じる。

相互に生活を保障し合うとは、実はそれぞれの制度に即して、どうすることがよりよく、今より公平な負担と給付の関係になるかを見直しつづけるという地味な作業を伴う。これを単に制度上・技術上の問題として処理するのではなく、こうした作業を根底で支える理念として、「社会メンバーはどのようにつながるべきか」という原則を共有し再確認することが重要である。そこにどんなつながりが作られているのか、どんなつながりを作るべきかという視点は、自分がいくら払い、いくら戻ってくるのかという問いとは異なる、発想の転換によってはじめて見出されるのである。

4　労災の責任は誰に？

働く場を起点とする、働く者たちの相互扶助の延長として社会保険を見ることができたとして、では企業や雇い手の側が保険料を拠出しなければならない理由はどこにあるのだろうか。これについては、雇主による支援はあくまで温情なのだから、労働者は雇主への感謝のしるしとして雇主に忠誠を尽くさなければいけない、あるいは金持ちの慈善は彼らの自発的な善意によるのだから、貧乏人は彼らの信仰心に感謝してその施しを謹んで受領しなければならないといった主張が、フランスでは一九世紀末に至るまでくり返されていた。つまり、労働者の生活保障のための基金を雇主からの保険料徴収を含む形で制度化し、拠出を義務化するなどとんでもないことで、そんな法的義務も責任も雇主には一切ないという主張が根強かったのである。

これに対して、雇主の社会保険負担は法的義務であるという考えをもつ人々もいた。ではなぜ雇主に責任と義務が課されるのだろうか。この理由について、ここでは当時の人々が、雇主の義務と同時に、保障が労働者の権利であると見なす際に手がかりとした、「職業的リスク」ということばを中心に見てゆくことにする。

一九世紀末フランスでは、産業界の再編を考える人々の間で「職業的リスク」という考えが普及しつつあった。この考えが出てきた背景には、炭鉱、鉄鋼、鉄道など、当時最先端の基幹産業で、大規模な事故がしばしば起こり、その被害が甚大であるという現実があった。また、隣国ドイツが世界に先駆けて制度化した社会保険は、産業の国際競争力を高め富国強兵を図るという新興国家の野心が背景にあると考えられていた。フランスの企業家や政治家たちは、このドイツの動きに強い対抗心を抱いていた上、普仏戦争で割譲されたアルザス・ロレーヌの工業地帯にドイツの社会保険が適用されたこともあり、何らかの形で「職業的リスク」に対処するため、労働者への保障制度を作らなければいけないという認識を共有していた。

国家の威信をかけた主要な産業において多発する事故が、安全の必要性を意識させたのは当然である。しかしそれと同時に、事故は偶然にあるいは個々の関係者の不注意や管理の不徹底だけで起こるのではなく、リスクの高い産業においてはどんなに予防策を講じても一定の頻度で起こる、つまりそれぞれの産業に固有の職業的リスクがあると捉えられたことを見逃してはならない。

もちろん一つ一つの事故を見れば、そこには個別の原因がある。こうしていれば防げたという方策も教訓も残す。だが、「事故への備え」とは事故が絶対起こらないようにすることではなく（それはそもそも不可能なのだから）、むしろ万一起こったときにどんな形で補償がなされるかを、あらかじめ考え制度を作っておくことだと理解されるようになったのである。

ここでリスクが産業との関係で捉えられたのは重要である。というのも、ある産業で特定の事故のリスクが高いと考えられた場合、その原因は、産業活動全体、たとえば地下の炭鉱であれば坑道を深く掘り進み、そこに荷車を入れ、石炭を掘り出し、地上に届けるといった作業全体、一連の作業に携わる人々の行為全体に関係していると考えられたからである。人が集まって、人間生活にとってプラスになる結果を得ようとして共同で労働を行う、それが産業活動であるとするなら、そうした活動に付随する、避けることのできないマイナスの結果が事故なのである。そのため、どんなに注意しても事故のリスクをゼロにすることはできないのだ。

言い換えれば、産業固有のリスクは人々の集合的活動そのものから生じる。それは個人に帰属するものでも、個々の行為に帰属するものでもない。リスクが集団単位でしか存在せず、集団レベルでしか理解されないという特質はここから来る。だからこそリスクに集団で備えるのは必然となり、そこには集合的活動に携わる、あるいはそこから恩恵を得るすべての当事者が加わるべきなのである。

そしてこの「集合的活動に携わるすべての当事者」というところから、雇主の義務、企業の義務が導き出されることになる。つまり、事故を狭く個別的に捉えるなら、そこには事故の当事者がおり、たとえば不注意で他の作業員を機械に巻き込んでしまった従業員がいる。だが、そもそもなぜ従業員がそんな作業をしていたのかというと、その人が企業に雇われ、共同作業による製造工程の一部を担当していたからである。ではその工程を含む全体を計画し、その成果から利益を上げているのは誰か。それが企業であり雇主である以上、集合的活動から来るリスクの一部を雇主が負担するのは当然ということになる。

このように、リスクの原因を共同作業や集合的活動そのものに見出すことから、働く場での相互扶助の当事者の中に、労働者だけでなく彼らを使用する側も含まれるという考えが生まれる。

さらに、「リスクの発見」は「社会の発見」を伴っていた。社会には個人に還元できない固有の性質、あるいは本質があるという考えは、たとえば社会学の祖であるコントに遡ることができる。コントと同じ頃、社会物理学というコントの造語を借用し、社会統計学の礎を作ったケトレもまた、社会あるいは集合体には、それを構成する個人の単なる総和以上の性質が備わっていると考えた。ケトレはこうした社会の「実在性」の例証を、数多くの人の身体計測に基づいて作成された正規分布のグラフに求めた。ケトレは身体計測の中に見出した社会＝集団の固有性を、人間の相互行為や道徳的な事柄、つまりモノの世界ではなく価値や意味に関わるため計測や客観化が難しいとされる領域にも見出せると考えた。彼は、人が集まって共同生活や集団作業を営むと、そこにはあらゆる次元で、個人に還元できないさまざまな規則や法則、固有の社会性が生まれると考えたのである。

デュルケムはこうした社会の固有性、実在性という考えを発展させ、「社会学」独自の方法を確立しようとした。その際彼が重視したのが、自殺率や犯罪率が特定の社会において一定で、あまり変わらないという事実（現在では否定されている）だった。ここでのデュルケムの主張をリスクの語を用いて説明すると次のようになる。彼はある社会の自殺リスクや犯罪リスク（その社会の構成員が自殺する確率、犯罪を起こす確率）に注目して、その数字が社会の特質を示す指標となっていると考えた。

こうして発見された「社会」は、集団固有の特性、とくに人々が集まり相互に交流し協働することから来る独自の性質をもつと捉えられた。そして、社会の固有性、個人に還元できない集団の次元で生じる事柄を、統計から得られる数字で端的に示すのが「リスク」だったのである。ここから、リスクの原因となる共同作業を企てた者、つまり企業活動をはじめた張本人である雇主には、リスクを負担する社会的な義務があるという主張が出てくる。この義務は雇主の温情でもなければ自発性に基づく個人的な慈善でもなく、自らはじめた社会的な行為がもたらす集団レベルでの結果、社会的帰結に対する、雇主自身の責任から生じるのである。

企業活動を行うということ、従業員を雇ってその活動の成果から利益を得ようとすることは、社会的行為を企て、それによって社会全体に何らかの影響を与えるとともに、従業員の生に直接大きな影響を及ぼす。したがって従業員の生活保障を担う社会保険への企業や雇主の拠出は、共同体のメンバーとしての社会的な責任に基づく義務なのである。

5　個人の選択の自由とは？

以上のように、一方で働く人がなぜ社会保険に入り保険料を支払わなければいけないかを、個人の損得とは別の次元で考え、他方で企業の拠出義務を社会的責任として理解したとして、その考え自体がいくつかの疑問を呼ぶこともたしかである。

なかでも、いくら払い、いくらもらうかという損得勘定を排して、社会保険への加入を社会関係への参加、参入として考えるとは、全体の必要のために個人の自由と自発性を犠牲にする、きわめて「全体主義」的な発想ではないかという批判が、すぐに思い浮かぶ。社会への参加が全体に対する奉仕を意味するとなれば、個人が自分の人生について選択する自由はどこに行ってしまうのだろうか。この論点は、マイケル・サンデル教授の講義で学生たちが熱く語り合うおなじみの議題、たとえば政府による課税は自由の侵害ではないかといった議論と共通する部分が多い。

これについては、個人の自由という「フィクション」が成立するには、それに先立って社会という支えが必要不可欠であるという、デュルケムが『社会分業論』で展開した反論をくり返すこともできるかもしれない。だがここでは、社会を実体化し個人をその中に埋没させたと批判されてきたデュルケムに拠るのではなく、むしろ個人主義原則に基づく社会秩序論の代表格である、「社会契約論」に依拠した説明を行いたい。それによって、個人の自由な選択が、何らかの条件設定や限定を欠いたままでは政治的選択や決定を導けないこと、こうした決定プロセスについての考察である社会契約論の思考法のうちに、すでに述べてきた社会保険についての視点の転換と共通する要素があることを示したい。

まず、社会的合意の調達が必要な具体的場面を想定しよう。社会保険料をいくら払い、いくら受け取るかについての合意もその一例である。他にも、たとえばゴミ処理場のような「迷惑施設」をどこに建設するか、あるいは米軍基地をどこに移設するかといった問題、また一票の格差を受けた選挙区の変更や統合もこうした例となりうる。

これらの事例に共通するのは、個別具体的な利益や損失にメンバーそれぞれがとらわれているかぎり、いつまで経っても合意には達しないということである。ゴミ処理場がないと困るけれど私の家の近くは絶対に嫌だ、自分の支持基盤から見て不利な選挙区の変更だけは絶対にさせないといった発想は、老後は心配だが社会保険料負担が増えるのは絶対に嫌だという主張と共通する面がある。

またたとえば、ジョン・ロールズが『政治哲学史講義』冒頭で述べている、テニスの試合でAが二セット、Bが一セット取ったところで中断した場合、A、Bにどのように賞金を分けるかについての議論も、これらと共通の論点に関わっている(3)。ちなみに、この話と似た設定を持つ「賭けが中途で終わった場合の分配の規則」は、パスカルやヤコブ・ベルヌイの時代に確率論が発展するきっかけとなったが、ロールズの例ではパスカルたちが発見した確率規則に従うことを当事者が拒否した場合が問題となっている。たとえばAは試合の流れから自分が勝ったに決まっているからすべて賞金をよこせと要求し、Bが自分は後半に強いので試合を続けていれば絶対に勝てたと主張して、どちらも賞金を分配することを頑として拒んだらどうなるかという問いが提起される。

この場合、事後的にルールを設定しようとしても、どちらも譲らなければ合意には至れない。もちろん賞金の配分について事前に申し合わせておくのが最善なのだが、それがなされなかった場合に時計を逆回りにするわけにもいかない。

社会保険の負担と給付の関係についての議論は、こうした例に似たところがある。このままでは制度が立ちゆかなくなり、多くの人が生活に困り、結局はそのツケを次世代の人々に負わせる結果になることは分かっている。したがって、配分のやり直し、誰がいくら払い、誰がどう受け取るかの仕組みの見直しが一日も早く必要である。しかし一方で、社会メンバーにはそれぞれ個別の事情があり、今まで保険料を支払ってきた実績や経緯、生活の苦しさと社会の先行きへの不安などを抱えている。こうした個別具体的な事情や立場に固執し、自分や自分の周囲に最も有利になる制度変革を皆が求めれば、議論は袋小路に陥り、何一つ結論は出ないだろう。

（3）John Rawls, *Lectures on the History of Political Philosophy*, Harvard University Press, 2008, p.17.〔齋藤純一他訳『ロールズ政治哲学史講義』（I）岩波書店、二〇一一年、二九―三〇頁〕

こうした場面で、個別の状況や個人の事情を除外して考えるための装置として、社会契約論というモデルほど最適なものを、ほかに見つけることはそう簡単ではない。それはなんといっても、長い時間をかけて徐々に作られ、洗練されてきた伝統ある思考装置だからだ。この「装置」としての性格を、たとえばホッブズの『リヴァイアサン』にあてはめるなら、万人の万人に対する闘争というのは、個別具体的な自分の生命を守りたいという願望に基づいて皆が行動しつづけることに他ならない。武器を捨てて社会契約を結ぶのは、このまま殺し合っているよりは、皆が一定のルールに従って生き延びるための条件を探った方がよいと考えるからである。

ここで他の人が武器を捨てるのを条件として人は自ら武器を捨てるとホッブズは想定するが、その想定が成り立つためには、現実に皆が武器を捨て秩序が作られる前に、闘争を続けるより秩序を作ることを自分以外の全員も等しく選ぶことをすでに知っていなければならない。しかしそうした知識が得られる根拠について、ホッブズは何も説明を与えていない。社会学で「ホッブズ問題」と呼ばれる秩序の源泉についての問いは、この点に関わる。ホッブズ問題とは、秩序が作られるにはあらかじめ何らかの秩序（約束や確実性）が必要で、秩序があらかじめ存在するなら改めて秩序を作らなくてもよいという、一種の自己矛盾につけられた呼び名である。

自分と同じように皆がルールに従うという前提があってはじめて秩序が成立するというこうした社会契約論の構成は、ホッブズにおいては暗黙の神学、ロックにおいては理性的な平和愛好者としての人間という、語られざる前提があってはじめて可能になるともいわれる。だがここでは、こうした人間像がそれぞれの思想家においてどのように根拠づけられたかに立ち入ることはしない。その代わりに、契約論が成立する内的プロセス、それがどのような「場」の設定によって成り立っているかに注目したい。

社会契約論には、契約当事者が「もし〜であったなら、〜するだろう」という仮想の状態の想定が含まれている。ホッブズにおいてなら、「もし皆が武器を捨てるなら、自分も捨てるだろう」「もし皆が武器を捨て権力を委譲することを約束しそれを守るなら、平和が訪れるだろう」といった想定である。こうした想定に関して、先ほどホッブズ問題として提示した自己矛盾は字義通りの矛盾として捉えられるべきではない。現実とは異なる状況を想像し、そこで何が起こるかを推論することで秩序形成に至る思考のプロセスがあってはじめて、個人の自由から出発して社会秩序に合意することができるというのは、社会契約論の核となる構成なのである。

言い換えれば、現実の殺し合いのさなかに、相手が本当は自分同様武器を捨てて平和に暮らしたいのだ、そのためには現在手の中にあるさまざまな権能を他者に譲り渡してもよいと考えているのだなどといったことを確信している必要はない。そうではなく、もし人々がそのような状態、つまり法以前のまさに法外な状態に置かれたとするなら、どうすればその人たちはこうした誰も本当には望んでいない状態を脱することができるかを考えてみることが、ここで求められていることである。

そこでは、人は殺し合いを続けるか、武器を捨てるか、あるいは他の可能性を求めるかについてさまざまに思考を巡らせた上で、それらの選択肢の中から自由に選ぶことができる。それはあくまで社会の基本ルールについての思考実験なのだから。つまり、個別具体的な状況に拘泥しつづけるとどうやっても秩序が生まれない、合意に至れない場合に、それらを意図的に断ち切って、「もし〜であったなら、〜するだろう」という仮想の合意空間を生み出し、それをもとに一般的な意味での社会秩序を導くというわけである。

これを社会保険に当てはめるなら、現在自分が置かれた個別具体的な状況をいったん離れなければ合意が望めない場合に、リスクの負担と給付をどのように配分するのが公正かを考えるに際して、「もし〜であったなら、〜するだろう」というこの反実仮想的な思考が有効であるということだ。個別具体的な利害を離れた社会の一メンバーとしての視点、長期的で脱個人的な視点に仮に立ってみることで、いくら払う、いくらもらうという問題の中に、個別具体的な損得とは次元の異なる公正や正義の観点が組み込まれることになるからだ。そしてこうした観点に立つことは、社会の一般的なルールについて人が考えをめぐらし、利害関心の異なる他の人々との間で、強制されたものではない(すなわち自由な)合意を望む場合には、必要不可欠なのである。

なぜ社会保険に入らなくてはいけないのか? この問いを個人の損得の問題としてのみ考えるなら、答えを見出すことは難しい。得をするためとはまではいわず、安心のためにと答えるとしても、自分が安心できるために必要な保障の条件を人々が主張し合えば、議論におわりがなくなる。なぜなら、皆が自分の損得を基準に話しつづけるなら、この種の問題に結論は出せないからだ。

そこで、損得ではなく「つながり」の問題として、あるいは社会組織や人々の紐帯の問題として捉えること、また自らの個別具体的状況からいったん離れたところで、「もし〜であったら」という状況設定に身を置いて思考してみることが重要になる。そうすることではじめて、なぜ制度の内に入らなければならないかだけでなく、どんな制度が、どんな配分が、少なくとも現在の制約の中では今よりましな未来をもたらすかを考えることができるのではないだろうか。

第八章　協同組合というプロジェクト

1　協同組合の歴史についての思い込み

協同組合はいつごろ、どこで誕生し、どのような生誕期の苦難を経て発展を遂げたのだろうか。こうした問いは協同組合運動にたずさわる人々、あるいはその歴史的・現代的意義を検証しようとする研究者によってしばしば提起されてきた。私がここで取り上げたいのは、協同組合のアイデンティティに関わるこの重要な問いかけに際して、一つの思い込み、あるいは自明とされる前提があるのではないかということだ。そしてこのことによって、問いかけそのものにある種の限定が付されることになり、協同組合という組織のありうるかたち、あるいは協同組合を生み出し、育てた人々の構想の背景にあった期待を小さく見積ってしまうことになるのではないかということだ。つまり、未来の不可知性のために爆発的に高まっていた変革のエネルギーを、より小さく目的の決まったものとして、回顧的視点から理解してしまう危険である。

この前提とは、「協同組合は、資本主義の猛威が西欧諸国を席巻し、労働者たちが窮乏と辛苦に耐えきれなくなったために、やむにやまれぬ自衛策として作られた」というものだ。もちろん、協同組合の萌芽や前史として古代世界の共同村や前近代の相互扶助制度への言及がなされてきた。しかし一方で、近代的な意味での協同組合は、資本家の貪欲と無情、餓死寸前の悲惨な下層労働者の実態とともにその生誕が伝えられ、資本主義の弊害の緩和措置、あるいはそこから脱却するための小さな出口として生まれたと考えられてきた。

まず資本主義がその本性を十分に発揮し、残酷な生存競争へと持たざる者たちを巻き込む。そののち、市場が生み出しつづける人々の悲惨を乗り越え、人間性に満ちた世界を作るために社会主義の試みが出てくる。こうした図式を強調し、社会主義が新しい段階、新世界への切符であるとくり返したのは、ほかならぬマルクスであった。そしてここに一見奇妙なことがある。資本主義のあとに社会主義が出てくる、その社会主義は資本主義の乗り越えを主張する、つまり社会主義は資本主義とは全く異なる新しい政治経済社会体制である。こうした点で、マルクスおよびマルクス主義者と、いわゆる「自由主義経済」の信奉者たちの認識は共通しているのだ。

マルクス主義者たちの自由主義経済体制への徹底した嫌悪と敵対の態度は、(旧)ソ連体制においては「ブルジョア的」なあらゆる兆候を摘み取ろうとする統制となった。こうした統制を進めるにあたって、政治を新たな経済体制構築の手段と見なし、民主的制度や手続きを軽視するやり方が、粛清と全体主義につながったことはよく知られている。そしてその帰結である「社会主義の失敗」は、社会主義に反感をもつ人々によって、自由主義経済が最善の経済体制であることを宣伝するために存分に利用されてきた。

2 新自由主義的な語りの起源

では社会主義国家の失敗を承け、自由主義経済を唯一可能な経済秩序とする主張の行き着く先はどのようなものになっただろうか。これは極端なようでいて、実は現在流布している考え方や語り口でもある。「新自由主義的」と呼ばれてきたこの語りの強さと政治的影響力については、それが欧米や日本であっという間に浸透し三〇年以上も維持されてきたことから十分に理解できる。新自由主義による国家介入主義に対する批判の帰結、そして国家と国有化に規制緩和と民営化を対置するやり方については、ここではこれ以上言及しない。それが単なる国家嫌悪ではなく、社会主義や国有化論とは異なった道を通って国家の強化を目指すものであるという点については掘り下げる必要があるが、ここでの論点から逸れてしまうからだ。

先に言ってしまうと、新自由主義的な語りの強さは少なくともその一部を、異なるはずの事柄をひとまとめにして批判することに依っている。この批判がどういう理屈によるのか、そしてその語りが作られた時点の歴史状況にいかに依存したものだったかについて、ミシェル・フーコーが興味深い指摘をしている。

フーコーは一九七八年および七九年のコレージュ・ド・フランス講義において、自由主義の統治性 gouvernementalité を取り上げた。とくに七九年には、ドイツとアメリカの新自由主義（ドイツのオルド自由主義あるいは社会的市場経済と、アメリカのシカゴ学派の経済学）を主な分析対象とした。このなかでフーコーは、新自由主義による国家批判の原型が一九三〇年代に形づくられたことを明らかにしている。当時は、資本主義経済における「独占」現象への対処法としてヨーロッパ各国で産業の国有化が模索され、また大恐慌後のアメリカではケインズ主義的介入政策が実施されていた。新自由主義者たちは、第一次世界大戦の総力戦における計画経済を、国家による経済統制を推進するものと捉えた。加えて、ソ連の共産主義とナチスドイツの経験は自由主義経済の信奉者たちの間に、いまや敵に囲まれた小さな島をどう守るかという、切迫した危機感を醸成した。

こうした状況下で、第二次世界大戦後ドイツの「社会的市場経済」を支えた、エアハルト、オイケン、レプケ、ベーム、ミュラー＝アルマックのような人々、そしてとりわけオーストリア学派のミーゼス、ハイエクらは、資本主義対社会主義ではなく、自由主義対経済的介入主義という図式をつくり出した。[1] ここで経済的介入主義とは、自由主義に反対するあらゆる経済政策を指している。そのため、公共投資による需要の創出を目指すケインズ主義的な介入、ビスマルクドイツの国家社会主義、イギリスやフランスで試みられていた国有化による産業運営、ソ連型の計画経済、さらにはナチスの国民社会主義、これらがすべて根底では共通の指向をもっていると見なされたのである。

ナチズムとケインズ政策が同じ根を持つといった発想はかなり奇抜なものに見えるが、自由主義対国家干渉というこのとき作られた図式は戦後も生き残った。福祉国家による社会政策を可能にした高度成長期には新自由主義は忘却されていたが、石油ショック後の一九七四年にハイエク、さらに七六年にはフリードマンという新自由主義の二人の「教祖」がノーベル経済学賞を受賞し、彼らが経済学の世界で再評価されつつあることが明らかになった。新自由主義者の主張においては、市場における人々の自由な選択によってはじめて実現される合理性（資源の最適配分と経済成長）に反し、自由な市場を規制し阻害するような政策や計画はすべて反自由主義的とされる。彼らの観点からすると、ケインズ主義もナチズムと同じく市場にとって有害な「敵」ということになる。

3　新自由主義における個人と消費

新自由主義者によるこうした批判は国家が主導する経済介入の特定のあり方に照準を定めており、協同組合を直接攻撃しているわけではない。しかし彼らが、「市場的でないもの」を一括りにして

（1）Michel Foucault, *Naissance de la biopolitique, Cours au Collège de France, 1978-1979*, Paris: Gallimard / Seuil, 2004〔慎改康之訳『生政治の誕生――コレージュ・ド・フランス講義 1978－1979 年度』筑摩書房、二〇〇八年〕二月七日の講義を参照。本文で挙げた自由主義者たちが危機感を共有した会合として、一九三九年の開戦前夜にパリで開催された「リップマン・シンポジウム」が挙げられる。このシンポジウムのメンバーおよび討議内容については、*ibid*, pp.138-139〔同書一六四―一六六頁〕および西川純子「新自由主義の誕生（一九三八～四七年）――リップマン・シンポジウムからモンペルラン協会の設立まで」（権上康男編著『新自由主義と戦後資本主義――欧米における歴史的経験』日本経済評論社、二〇〇六年、五九―八九頁）を参照。ウォルター・リップマンは『世論』（一九二二）で知られるアメリカのジャーナリストで、本人を招いたこのシンポジウムの事務局長はレイモン・アロンだった。

自分たちの敵対者とし、社会主義に特有の「設計主義」的思考をその元凶として告発するとき、歴史的に社会主義と緊密な結びつきがあると捉えられてきた協同組合が、市場的でないものの側に分類され否定的に扱われることは明らかだ。資本主義の「乗り越え」として登場した社会主義的な企図はすべて、市場の働きを毀損《きそん》し国家による無用な経済介入を生むというのが自由主義者の主張なのだから。

またフーコーが指摘するとおり、新自由主義者は社会のあらゆる行為者を「企業家」モデルで捉え、個人もまた費用対効果を考えて自分自身に投資し、自らを人的資本として作り上げ価値を高めていく存在と見なすようになる(2)。そして人的資本としての個人が市場で評価を受け、競争の中で価値に見合った報酬を受け取る。そこでは、共同性の構築自体に価値や意味を見出す協同組合のような組織の存立する場所は、初期設定からしてありえないのだ。

新自由主義者の中でもシカゴ学派の一部に見られるような、消費もまた自分の満足のための投資であるといった主張を見ると、消費を通じて社会参加を試み商品経済への異議申し立てを行う協同組合活動における消費の組織化の捉え方とのあまりの隔たりに、とまどいすら覚える。ここで、協同組合論における消費行為の捉え方をもとに近代経済の歴史を見直してみると、資本主義がその本質を明らかにしたあとで(マルクスのことばを用いるなら「矛盾」を露呈させたあとで)、協同組合をはじめとする「社会主義的」な試みが生まれ、それらはすべて市場の特性を捉え損ねたせいで失敗したという新自由主義者の歴史認識への疑問が大きくなってくる。以下、この点についてさらに考えていきたい。

4　一九世紀前半の産業世界の無秩序

一七世紀から一九世紀前半までの初期資本主義が、極端な投機熱や不安定な貨幣制度、景気の乱高下に苦しんだことはさまざまな証言によって知られている。フランスにおけるジョン・ローの実験（一七一六―一七二〇）、イギリスにおける南洋泡沫事件（一七一九―一七二〇）は通貨制度が確立していない当時の商業国家を震撼させた。銀行の取り付け騒ぎや連鎖倒産、早くはオランダのチューリップバブル崩壊（一六三七）のような事態は、発達しはじめた金融制度の脆弱さを露呈した。こうした不安定は中央銀行創設と通貨管理によって徐々に改善されたが、産業と技術のめまぐるしい変化は好不況の波を引き起こし、人々を翻弄しつづけた。不況によって最貧層の労働者がたびたび生命の危機に陥っただけでなく、今日の富豪が明日は一文無しといった事態がくり返し生じていた。

こうした状況は、一九世紀には個人の運不運の問題ではなく、社会的な原因によるものとして知覚されるようになっていた。労働者の貧困や生活の不安定は黙って堪え忍ぶことができないほど苛酷な状態にあり、しかも適切な政策を通して改善の余地があると考えられた。たとえば、協同組合について語る際につねに出発点となる「ロッチデール公正先駆者組合」が登場した一八四〇年代、イギリスがいかに厳しい経済状態にあったかは、G・D・H・コール『協同組合運動の一世紀』の

（2）Foucault, *Naissance*, pp.229-239.〔『生政治の誕生』二七五―二八六頁〕フーコーがここで参照しているのは、シュルツ、ミンサー、そしてとりわけベッカー（一九九二年にノーベル経済学賞受賞）である。

いる。

第一章「飢餓の四〇年代」に詳しく書かれている。そしてここでコールは興味深い事実を指摘している。

一八四〇年代のイギリス産業界において労働者の賃金を押し下げていた原因として、コールは「雇主相互間の激烈な競争」を挙げている。この時期に数多く生まれた零細企業の中には「きわめて多くの倒産や破産があって」「大部分は事業に失敗し」た。そして「この初期の資本主義は、無計画で個人主義的でしかも盲目的であった。……だれも秩序ある方法で市場の要求に応えるべく自己の計画を他の人々の計画と調整する立場にはなかった」(3)。さらに事業主は、生産技術の進歩に伴う投資をつねに行わなければ競争に生き残ることができず、結果として非常に吝嗇《りんしょく》になった。こうした状況下で多くの事業主が労働者に対して厳格で、労働力を可能なかぎり買い叩いて賃上げなど夢にも思わなかったことは当然であるとコールは評している。

さらに彼はここに一つの事実をつけ加える。「この時代には、事業拡大のために外部から資金を調達することは、普通の小資本家にとって非常に困難であったことに留意せねばならない。ジョイント・ストック・カンパニーは存在したが、普通の手工業の方法で運営している会社は、一八五五年まで有限責任の特権を保有できなかった」(4)。ここでコールが指摘しているとおり、一八五六年に株式会社の有限責任を認める株式会社法がロバート・ロウの尽力で成立するまで、イギリスでは一般の工場主による株式会社設立は困難であった。一八四四年の株式会社法で特許状なしの株式会社設立が認められたが、無限責任制度は多くの株主から資金を集めることを阻んでいた。そのためこの時期、一人の所有者や一族による事業体がはじめる零細経営が次々と現れては破産、倒産すると

いう事態がくり返されていた。(5)

つまりこの頃の産業の世界は、相次ぐ技術の応用と新しい機械の発明、交易の発達と新市場の開拓がたいへんな勢いで進んだ反面、「組織」という点では非常な立ちおくれを示していたことになる。事業者は少ない元手で新しい事業をはじめるため、息つく暇もない競争に巻き込まれ、機械化と潤沢な余剰労働力の存在によって取り替えがきくようになった労働者は、使い捨てられ人間として顧みられる余地もない。安定した組織をもたないこうした社会は非常に不安定で、リスクに対する防御力を欠いていた。その意味で事業者の破産も労働者の悲惨も社会的な原因によるものだった。

(3) George Douglas Howard Cole, *A Century of Co-operation*, Manchester: Allen & Unwin for Co-operative Union, 1944, pp.2-3.〔森晋監修・中央協同組合学園・コール研究会訳『協同組合運動の一世紀』家の光協会、一九七五年、四頁〕

(4) *ibid.*, p.5.〔同書六頁〕

(5) 近代の会社は「特許会社」としてはじまり、帝国的野心や重商主義政策と緊密に結びついていた。そのためアダム・スミスをはじめとする自由主義者は株式会社に懐疑的で、所有経営者による事業運営を推奨した。有限責任制の成立以前には、事業家も会社よりは個人や一族による経営、あるいは兄弟の盟約にも似たつながりを求める「パートナーシップ」を選択した。これはヨーロッパだけでなくアメリカでも同様であった。この点は、John Micklethwait, Adrian Wooldridge, *The Company: A Short History of A Revolutionary Idea*, New York: Weidenfeld & Nicolson, 2003〔鈴木泰雄他訳『株式会社』ランダムハウス講談社、二〇〇六年〕を参照。

5　協同組合という組織化への試み

消費協同組合の原点といわれる「ロッチデール公正先駆者組合」が誕生した一八四四年というのは、まさに特許状なしの株式会社がイギリスではじめて法的に認められた年である。つまり産業化の波が押し寄せた当時のイギリスは、それを支える組織という観点からすると非常な混乱のさなかにあった。そしてこのように視点を定めてみると、協同組合とは、まるでホッブズの自然状態の様相を呈した当時の産業社会を、適切に秩序立て組織化するための一つの試みであったと捉えることができる。つまり、資本主義の「あとに」やってくるその是正ではなく、産業化というより大きな時代の流れのただ中で、それに形式と秩序を与えるための方策として協同組合を位置づけることができるのだ。

初期の協同組合の歴史についてここで改めて語る必要はないかもしれない。だが、協同組合構想がかなり早い時期に形成されていたことは指摘しておくべきだろう。協同組合がまず共同村やコミューンとして構想され、生産協同組合の試行ののちに消費協同組合へと運動の重心が移っていったことがこれまで指摘されてきた。そして協同組合の創始者としてつねに名前が挙がるのは、イギリスではロバート・オーウェン（一七七一—一八五八）、フランスではシャルル・フーリエ（一七七二—一八三七）である。オーウェンがニュー・ラナークの工場を購入したのは一七九九年のことで、工場内での労働者福祉を実現させた彼は、一八一〇年代にはすでに工場立法の成立のために奔走していた。

フーリエは『産業的社会的新世界』（一八二九）においてオーウェンの共同村構想を批判し、ファランジュという壮大な共同体のプランを語った。また、フランスにおいてはフーリエに先駆けて、産業社会にふさわしい新しい組織化というテーマをはじめて明確に打ち出した人物として、サン＝シモン（一七六〇―一八二五）が挙げられる。サン＝シモンもフーリエも「協同組合」という用語は使っていないが、フランス革命を経て混乱する社会において、産業化という新しい社会条件にふさわしい組織として、サン＝シモンは「産業者」のための、フーリエは働く者のための共同体の実現を目指した。[6]

また、ホリヨーク『協同組合史』には、協同組合につながる初期の構想として、一六九六年のジョン・ベラーズによる「実践的で協同組合的な構想の特筆すべき例」が挙げられている。これは「すぐに応用できる産業共同体の完全な計画としては知られるかぎりはじめての例」[7]で、オーウェンに

（6）高橋五郎・磯辺俊彦「サン－シモン、フーリエに見る生産協同組合論――生産協同組合論の萌芽と継承」『千葉大園学報』第四三号（一九九〇年）、九一―一〇四頁を参照。協同組合論の先駆けとしてのフーリエについては、シャルル・ジッドのコレージュ・ド・フランス講義『フーリエ――協同組合の先駆者』Charles Gide, *Fourier: Précurseur de la coopération*, Paris: Association pour l'enseignement de la coopération, 1924を、また産業社会の組織化構想としてサン＝シモンを捉える研究として、デュルケムのボルドー大学講義『社会主義およびサン－シモン』Emile Durkheim, *Le socialisme : sa définition, ses débuts, la doctrine saint-simonienne*, Marcel Mauss ed., Paris: Félix Alcan, 1928（森博訳、恒星社厚生閣、一九七七年）を参照。

（7）George Jacob Holyoake, *The History of Co-operation*, I,（revised ed.）, London: Unwin, 1906, p.19.

よってこの小冊子が印刷に付されたとされる。

さらに、フランスでの協同組合運動の先駆としては、リヨンの例がしばしば挙げられる。ゴーモン『フランスにおける協同組合の一般史』によるなら、フランス革命前後のリヨンでは、塗装職人のフランソワ＝ジョセフ・ランジュを中心とする協同組合運動と政治活動、そして一七九三年の消費協同組合設立の試みがあった(8)。

6　会社か協同組合か

このような歴史をふまえるなら、協同組合をはじめとする「社会主義的」な試みを、資本主義のあとにくるもの、あるいは市場秩序を是正するために生まれたものとし、それらを経済的自由に対する誤った限定や統制であるとして一括りに批判する新自由主義の語りは、きわめて粗雑な歴史認識に基づくものに見える。一九世紀前半に相次いでなされた協同組合の試みは、いまだ適切な組織を作ることができずに人々を不安とリスクにさらしていた社会の欠陥に対処するための、産業社会そのものの組織化の試みとして捉えるべきだからだ。

市場か介入か、競争か統制か、自由か計画かといった二項対立のいずれかの側に、あらゆる経済政策、より広くは社会秩序構想を位置づけようとする語りを新自由主義と共有する必要はない。したがって協同組合を、自由な市場取引と価格メカニズムの機能と対置する必要はない。それはむしろ、産業社会の組織として世界中に広がっていく「会社」、とくに株式会社という制度との対比で捉えられるべきなのだ。一九世紀半ばのちょうど同じ頃に現在の原型が現れた株式会社と協同組合は、ともに産業を組織化するための制度である。そして、株式会社はその高い柔軟性のために、規模の経済が幅を利かせた製造業の時代からサービス産業の時代を経て、情報と知識集積が鍵となるＩＴ時代に至るまで、さまざまに形を変えながら中心的な産業の単位として生き延びてきた。

では協同組合はどうだろうか。少なくともそれは、過去におけるありえた未来として、株式会社への重大な異議申し立てを含んでいると思われる。株式会社が必要とされたのは、多くの人から少額の資金を得て事業を興すためである。一方、株主の側は配当によって利益を得ようとして株を買う。つまり会社も株主も自分が儲かることを動機としている。自由主義の源泉となる考えの中ですでに、こうした動機は容認どころかむしろ奨励されるべきものとして捉えられていた。私益の追求が全体の利益を顧みないのはいいことだ。なぜなら、市場の働きが意図せざる結果として産業を発展させ社会全体の利益を増進させるのだから。アダム・スミスやマンデヴィルに帰せられるこのような議論は、産業発展と成長が全体利益を増進することが自明とされた時代の産物である。しかし現在、経済成長のために払われる代償はあまりにも大きくなっている。そもそも限度のない成長などありうるのか。こうした根本的な疑問が強まるにつれ、「私悪すなわち公益」という一八世紀の図式はかつての説得力を喪失しつつある。

（8）Jean Gaumont, *Histoire générale de la coopération en France*, Paris: Féderation nationale des coopératives de consommation, 1924, pp.17-83.

協同組合は、ものを作ることを通じて、あるいはものを買うことを通じて、組織の形成と参加を求める活動だ。そしてそこでは、利益の公平な配分が最も重要な目標となる。みんなが金儲けに邁進することで、結果として富がある程度公平に行きわたるのではない。協働そのものが相互的で互酬的なものとして組織される結果、公平な配分が約束されるのだ。ここで経済行為は自己利益の追求を目的とするのではなく、民主的な参加と組織化による平等志向の協同社会を目指すものとなる。産業社会の組織化の試みとして協同組合を捉え返してみることで、広く株主を募る結果として広く利益を社会に還元する機能を持つと主張する株式会社の論理、すなわち自己利益を動機とする人々の行為が予期せぬしかたで公益につながるという発想に対置されるべき、別の価値が明らかになってくる。

協同組合運動を推し進めた人たちが過去に抱いた希望は、私益の追求の結果としての公益の推進という自由主義の建前とは異なる価値観に基づくものだった。産業社会はどのように組織化されるべきか。この問いは、強固な組織が崩れ流動性が高まっているグローバル市場社会において再び現れている。発達しすぎた産業社会はどのように組織化しなおされるべきかという問いとして。これに対して、これまでとは別の角度から答えを得るためのヒントが、協同組合の歴史の中に示されているのではないだろうか。

第九章　現代社会における排除と分断

1　戦後日本における思想史研究の役割分担

高度成長とバブル経済を経験した日本では、一九九〇年代前後に「豊かさとは何か」というテーマがさかんに取り上げられた。経済学者だけでなく、社会学者や心理学者がこぞって「日本はモノは豊かになったけれど、本当の豊かさに届いているのだろうか」といった問いを発していた。それに答えようとする、いまふり返れば似たような内容の著書も数多く出版されたと記憶している。この頃には、二〇年後の日本で貧困、それも心の貧しさではなく、住む場所も食べる物もないといった物理的な貧困が深刻な社会問題になるとは想像されていなかった。だが現在では、心の豊かさどころか心の病が経済的不安とともに日本中に蔓延している。このような形での貧困問題が、二一世紀に入って再び巨大なものとして現れてくるとは、良くも悪くも資本主義の段階論的理解に慣れ親しんできた世代にとっては、想像しにくいものだった。

こうした意味で、貧困と生活不安の再来は、それ自体驚きをもって捉えられ原因を追究すべき事態である。またいまになって考えれば擬似問題にも見える「本当の豊かさ」について語りえた一九八〇年代が実にのん気に見えること自体、考察されるべき事柄である。さらにこれが単に過去の未来予測の楽観性を嗤うための作業であってはならない。むしろこの三〇年間に日本で何が起こったのか、それらが社会状況をいかに変化させたのか、政治はそれにどのような関わりをもち、政治の方策や方向性が事態にどんな効果をもたらしてきたかを問うことの出発点となるべきである。

こうした意味で、近過去への歴史感覚をもって時代を眺めることではじめて、古い貧困問題の再来に見える現状もまた、それとは様相を異にしていることが明らかになるはずである。たとえば、ヨーロッパで大規模な工業化が進んだ一九世紀に「貧困問題 pauperismus」として語られた事態と現在の貧困はともに、住居や食物、仕事を欠いている、健康不安や死と隣り合わせであるといった特徴をもつが、他方でそれぞれ別個の原因が組み合わさって生み出された独自の問題でもある。そのため、対処の方策もまた別のものとして考えられなければならない。

では、新たな貧困問題を生じさせた社会の変化とはどのようなものなのか。そこから出てきた問題を特有のものとして捉え、それに応じた方策を語るにはどのような言語を用いるべきなのか。これについて考えはじめると、すぐさまある疑問がわいてくる。それは、政治学、とくに政治思想は、こうした社会の変化やその結果としての現状について考え、語るためのことばを持ってきたのかということだ。

貧困の問題も心の病の増加も、それらが原因となることが多いとされる自殺も、現在では政治学が取り上げるべき問題ではないと言い切ることは難しいだろう。だが、それを「政治の問題」として語るためにどのような分析枠組がありうるのかを検討するために、政治学の理論および言語の歴史を参照しようとすると、とたんにその蓄積がきわめて乏しく、あるいはどこかで途切れてしまって現在までつながっていないことに気づかされるのだ。

これにはさまざまな思想的、また非思想的背景があるのだろう。私自身、戦後日本の政治思想研究史にかぎっても知らないことも多い。そのため、いくつかの理由を推測することしかできないが、ここでそれを挙げておく。

一つは、戦後社会科学分野の思想史を分割してきた、政治思想史・経済思想史・社会思想史という区分の存在である。(1)これは、政治学・経済学・社会学というより大きな区分と部分的には対応しているが、とくに社会思想史と社会学は対応関係に乏しく、社会思想史という分野の成立には日本のマルクス主義受容史というかなり微妙なテーマが絡んでいる。

ここでは三つの分野の成立史には立ち入らず、結果としてこれらが奇妙なやり方で互いを区分するようになったことだけを指摘したい。政治学・経済学・社会学は、主として各々の分野が対象とする政治・経済・社会という「領域」によって分けられている。この領域をどう定義するかとなると話が複雑になるが、政治思想史・経済思想史・社会思想史についても、「政治を論じる思想の歴史」「経済を論じる思想の歴史」「社会を論じる思想の歴史」という区別がさしあたっては成立する。と

(1) 法と権利に関わる哲学的思考を標榜する「法哲学」については、ここでは言及しない。

ころが、実際にこれらの「思想の歴史」において取り上げられる対象を見てみると、政治思想史の対象は一八世紀末ごろまでの思想家が中心で、経済と市場の発見以降の思想家、つまりケネー、ヒューム、スミスなど商業社会をそれ自体として考察した思想家たちは、経済思想史の対象へと委ねられてきた。さらに社会思想史とは、ヘーゲルからマルクスへの展開を中心とする社会主義思想をもっぱら対象とするという、非常に特異な分野であった。

現在こうした区分自体が揺らいでおり、それ自体興味深い変化が生じつつある。だがここで問いたいのは、こうした「分業」下で、政治思想史のあり方、それが「古典」として重視してきた思想家たちの言語と枠組が、現代の政治について思想的に考察しようとする際にも、研究者たちの発想を強く規定してきたのではないかということである。

そして、とくに貧困などの問題について考えようとする際、次の二つの点が大きく関わってくる。一つは、市場と富の問題、あるいは商品と金銭のやりとりに関する事柄については、それを政治思想ではなく経済思想の領域としてきたことである。もう一つは、市場と富をめぐる資本主義システムの限界に関わり、それを乗り越える、あるいはその欠点を別の原理を通じて補完しようとする思想を、社会思想の対象に委ねてきたことである。これはもちろん絶対的な区別ではなく、越境的な試みも存在した。だが、貧困などの古くて新しい社会問題について考えるとき、良くも悪くも政治思想「史」によって思考の枠を規定されてきた政治思想という分野が、それについて固有のしかたで対象化するための言語を蓄積してこなかったことについては、これを率直に認めるべきだろう。こうした言語の欠落の背景にあるのは、市場と富、そして資本主義が生み出す矛盾に関係する「貧困」というマテリアルな問題について、これを経済思想（史）と社会思想（史）の対象とするという暗黙の了解である。

　このことは、社会問題をどう捉えるかに限らず、日本における政治思想という学問領域そのものの成立と系譜、そしてそれに基づく可能性と限界を理解する上で、一度はまじめに考えてみるべき主題ではないかと思われる。

2　文化へのシフトと政治思想

　もう一つは、政治思想だけでなくより広く社会に関する思想的・理論的営み全般が一九八〇年代以降経験した、「文化へのシフト」と呼べる重心移動である。現在では、政治・経済・社会すべての分野にわたって文化的な観点からの研究が必要であり、こうした研究によって既存の学問の視野の狭さや視点の硬直性が明らかになることは、改めて指摘するまでもないだろう。だがここで問題なのは、それに付随して起こった現象の方である。

　文化へのシフトは、一つには欧米先進諸国が高度経済成長を経験し、社会理論の注目対象が、人間の生における経済的・物質的要素から、文化や生活の価値へと変化したことで生じた。またそれと同時に、社会主義諸国への幻想が幻滅に変わり、なかでもこれらの国々での政治的・文化的抑圧が明らかになるにつれ、マルクス主義の経済決定論への批判が強まったことも関係している。人間の生の物質的基盤をなす下部構造、また労働や経済ではなく、上部構造である政治や文化にこそ注目すべきであり、これらを経済から自律した固有の領域として理解し把握せねばならないという主張が、社会主義支持者自身からの社会主義批判として展開された。

政治思想研究は、こうした動きにどのように反応しただろうか。まず、これら一種の脱物質主義という流れの中で、たとえば政治に参加することの価値や意味を、社会における承認や多様なものの共存の問題と結びつけて論じる方向が出てきたと考えられる。これはコミュニケーションや討議・熟議を重視する立場、また複数性や多様性を保持しつついかに政治的合意を形づくるかといった、現在にまで連なる政治思想の諸論点を生み出した。

だが一方で、経済的なもの・物質的なもの・労働・下部構造に上部構造を対置し、「政治的なもの」を下部構造とは異質な、固有の世界として描こうとする試みには、どこかに欠落があったとも考えられる。たとえば、「政治的なもの」が保証する複数性の世界を浸食する近代以降の「社会的なもの」の破壊性を描く、ハンナ・アーレント『人間の条件』の図式は、彼女独特の意図的アナクロニズムに満ちている。だが、これをまともに受け取って「政治的なもの」の独自性と復権を訴えるような一時期見られた論調は、それこそ政治性への感度を失ったアナクロニズムにほかならない。アーレントが苦闘した時代とは異なり、脱物質主義が趨勢となっている中で政治的なものの復権を主張することは、安きに流れる自己肯定に過ぎない。だが、政治思想研究者の中には、自分たちの研究分野がやっと正当に評価されたという、ずれた現状認識もあったのではないか。

いずれにしても、こうした脱物質主義、文化へのシフト、経済決定論への批判などを経て、政治思想研究が物質的なもの、マテリアルな次元、あるいは一九世紀的な意味での「社会的なもの」との接点を失ってしまったとするなら、修正の必要があるだろう。

こうした時代背景をふまえると、現在の政治思想が貧困をはじめとする古くて新しい社会問題を語ることばを十分にはもっておらず、これらの問題に対して応答が難しいことは、むしろ当然である。したがって社会問題を捉えるための政治の言語を、思想史上の系譜においても発想やことば遣いにおいても、これまでとは別の場所に探しに行かなければならない。

思想史上の文脈では、まず一九世紀以降の都市・農村における貧困や激化する階級闘争に対処しようとした思想家たち、広い意味での「社会主義」を志向した人たちについて再検討することが重要になるだろう。彼らが探し求めた産業社会の新たな組織化のヴィジョンがどのようなものであり、後の時代の思想へのつながりをどう理解すればよいのか。そして彼らの思想から、社会を政治的に理解し語るための言語をいかなる形で受け継ぐことができるかを考えていかなければならない(2)。

また、近代国家思想の系譜学を「統治術」に関わる言説からはじめて、それを「国家理性」をめぐる議論、さらにはポリツァイ(内務行政)についての学へとつなげていったミシェル・フーコーの仕事がある。彼が一九七〇年代後半に展開した「政治的理性の批判的検討」の試みは、何よりもそれが既存の政治思想(史)に対する異議として提示されている点に関しては、ほとんど理解されていないと思われる。こうした無理解がつづいている一因は、筆者自身を含むフーコー研究者の怠

(2) このテーマに関しては、端緒にすぎないが、重田園江『連帯の哲学I――フランス社会連帯主義』(勁草書房、二〇一〇年)で探求を試みた。

慢にあるのだが、これについてはできるだけ早く研究を進めたいと思う。

また、これまで経済思想家として扱われ、政治思想研究の対象として取り上げられることが少なかった「市場の思想家」たち、たとえばヒューム以降のイギリス思想の伝統において、彼らが経済社会を内に含んだ形での新たな政治的言語をいかに発明し、鍛え上げたのかについても、さらに研究が必要だろう(3)。

3　八〇年代以降の社会批判の諸言説

以上のような認識の下に新たな思想史的資源を発掘する作業については、別の場所で行うこととして、ここでは、一九八〇年代以降の日本社会における政治的社会的な出来事と、それらを語る言語の変容について、簡単なスケッチを試みることにしたい。

一九八〇年代から一九九〇年代半ばごろまでの日本社会に関する言説は、福祉国家批判を一つの焦点としていた。六〇年代の高度成長期以降、増大する国富を分配する非共産主義的な手法として、国民の生活水準および福祉水準の底上げが試みられた。これは一定程度達成され、多くの人がその恩恵を受けたが、それに付随して行政府に属する公的部門が、中央でも地方でも急速に拡大することになった。また、六〇年安保闘争で顕著となった「政治の季節」の風向きを変えるために志向されたのは、所得を増やすための政策を打ち出すとともに、新幹線や高速道路を建設し、次々と公的・半公的な建物を作る土建屋政治であった。

こうした政治のあり方、そしてそれが生み出した日本社会の特徴に対して、一九八〇年代以降次のような批判が浴びせられるようになった。まず、福祉をめぐる「管理の過剰」への批判がある。福祉が誰にどの程度与えられるかは、障害の度合い、貧困の度合い、病気の重症度などに応じて決められる。そしてそれらを決める際には、マニュアル化された基準、標準（スタンダード）が必要となる。それらを決定し、適用する役所の担当者、そして基準づくりから判定に至るまで要所要所に介入する専門家による、弱者やマイノリティの監視と管理が過剰になっているのではないかという批判である。

このタイプの批判は、学校と会社を代表とする「日本的組織」における管理の問題とも重ねられ、「管理社会」批判、あるいはそうした場で用いられる監視のテクニックの名称をとって「規律社会」批判として展開された。ここでは福祉国家は規律の装置と不可分のものと見なされ、そのあり方が批判された。

こうした批判の重要性は、当時の状況を考えると否定しがたい。だが、監視や規律の問題を福祉国家と結びつけることについては、それが必然的で内在的なものなのか、それともある種の歴史の偶然もあって両者が結びついたのかを、再検討する必要があるだろう。規律的な管理や監視とは異

(3) イギリスではヒュームやスミスの研究は、インテレクチュアルヒストリーとして盛んに行われている。日本でも広い視野をもち歴史に通暁していた戦後の「市民社会派」の中にこうした契機が見られたが、戦後啓蒙の凋落とともに勢いを失ってしまった。彼らがすでに掘り当てていた鉱脈を再確認することも、今後重要になるだろう。

なった様態を伴う福祉もありうるし、実際そうした構想は過去にもさまざまに存在したからである。

少し時代が下ると、これらの「左翼的な」福祉国家批判とは異なるタイプの批判が現れ、非常な勢いをもつようになる。新自由主義的な言説の台頭である。ここでは、行政の肥大化、財政上のムダが批判の対象となり、尊大な官僚と高給取りの公務員へと批判が集中した。大きな政府を脱して小さな政府を作ること、政治と財政のスリム化、官主導の政治からの脱却などが標榜された。

また、官僚主義批判の文脈でいえば、立法権力に対する行政権力の実質的優位や、国会議員が地元への単なる利益誘導マシンと化していることへの批判がなされた。これらは政治思想の世界では、討議や民主的な決定プロセスの欠如として認識され、一方で密室政治や派閥政治、官僚による政策誘導などが、代議制の機能不全として語られた。他方で同じ事態が、市民感覚や下から積み上げるタイプの合意の不在として理解され、「政治的なもの」の復権と擁護の主張へと結びついた。

このように、八〇年代以降現れた政治と社会への批判には、さまざまな路線が入り混じっていたと思われる。だが、管理社会批判も民主的決定プロセスの欠如への批判も、結果として新自由主義的な言説の勢いに飲み込まれる形になった。福祉国家の管理と規律に代えて個人の自由な選択を、官僚支配に対して政治主導とリーダーシップをという新自由主義の主張は、冷静に考えれば互いに相容れないはずのさまざまな「批判勢力」に、広く訴えるところがあったのかもしれない。

では、八〇年代以降世界を席巻し、グローバル化の足かせを取り払うために大きな役割を果たした新自由主義の旗印の下に生み出された社会とはどのようなものだったのか。またその社会を批判しようとする試みは、どんな言語を用いたのだろうか。

4　新自由主義の統治――排除対包摂

新自由主義は、少なくともプログラムとしては、貿易や通貨体制から治安や教育・福祉に至る、全体的な社会構想をもっている。新自由主義者についてしばしば驚くのは、彼らがどんな問題に対しても明快かつ迅速に答えを用意できる点である。これは、彼らがシンプルな原則をあらゆる領域に「演繹的に」適用することで可能になっている。このこと自体、対象に即した統治という発想が欠如していることを示している。それは、新自由主義が一貫性のあるシャープな構想をもつ証ではなく、むしろどのような対象についても、対象の側に立ってその特徴を考慮に入れて制度を構想する必要を感じていないことの証拠である。

だがここで、それらのすべてについて検討することはできない。また、実際には典型的に新自由主義的といえる政策がどの程度実践されたかについても検証が必要だろう。そこで以下では、欧米でくり返し選挙や政治キャンペーンの争点として利用された、犯罪治安政策に対象を限定したいと思う。

「排除型社会 Exclusive Society」。これは、アメリカに代表される新自由主義的な犯罪治安政策が作り出そうとした社会を指して、しばしば用いられることばである。とくにジョック・ヤングが著書のタイトルに用いたことで広く知られるようになった(4)。

たしかに、新自由主義的な犯罪治安政策、より広くはその「統治のテクノロジー」は、排除を利用することで成立している。なかでも知名度が高いのは「ゼロ・トレランス」と呼ばれる、激しい賛否の議論を引き起こした犯罪政策である。そしてゼロ・トレランスの顔として有名になったのは、後に共和党の大統領候補としても取り沙汰された、ニューヨーク市長ジュリアーニであった。

ゼロ・トレランスの名称は、「寛容度ゼロ」というこの政策の内容を表現している。つまりは小さな犯罪や秩序侵犯を見逃さないことで、合法／違法とは異なる水準で、全体としての治安向上を目指すことを意味している。この政策については、一方でウィルソンとケリングが一九八二年に発表した「割れ窓」というタイトルの短い論文にはじまる、街路の安全維持のための環境犯罪学的な方策との関わりが指摘される。他方で、落書きや自転車盗など軽微なものであっても犯罪を見逃さず、それらを含め厳しい処罰によって対応するという「厳罰化」への指向が見られる。(5)

この二つは必ずしも両立せず、もとになる発想も目指す社会も異なるのだが、象徴的な事件や限られた成功事例をネタにレトリックを駆使して、両者を一般人の想像力の中で曖昧に結びつけることで、ゼロ・トレランス政策がイメージとして流通した。これによって、個人の合理的選択を通じて悪と犯罪を選んだ人間に容赦は無用であり、教育や矯正ではなく収監と厳罰によって対処すべきであるという、「排除」を旨とする犯罪政策が最も効果的だという主張が受け入れられる素地が作られた。

一九八〇年代から九〇年代に一種のブームとなったこの政策のおかしな点については、さまざまに指摘されている。たとえば、ゼロ・トレランスが功を奏してニューヨークで劇的に犯罪率が下がったというのは誇張であるといわれる。とくに、同時期にはゼロ・トレランス政策が実施されなかった他都市でも犯罪率が低下しており、ニューヨークだけの現象ではないという事実が指摘されている。また、犯罪率低下キャンペーンの中で数字が一人歩きし、政治家が自身の功績を語るために犯罪率が「上昇する率の上昇」が止まったといった意味不明な数字が強調されるようにもなった。

さらに、ここに見られる「合理的選択に基づく犯罪」という前提にも矛盾があった。ゼロ・トレランスを支持する人々は、一方で犯罪者とその予備軍を非常にずる賢い存在としてイメージしている。犯罪者は、軽微な犯罪が見逃されそれが割に合うことを知っているから、働く代わりにものを盗むのだ。他方で、犯罪者の巣窟である荒れた地区に住む人たちは、そうした人たち同士で結婚し、無能力や犯罪性向を遺伝的に受け継いでゆく。つまり彼らは生物学的に劣った、合理的選択とは無縁の存在なのである。

一方に合理的でずる賢い犯罪者たち。他方で遺伝的に劣った特性を受け継ぐ生まれながらに無能力な存在。合理的人間と非理性的人間という二つの人間像がどのように両立するのか実は明確ではないのだが、つねに重視されるのは実態や一貫性ではなく、負のイメージを与え憎悪の対象を更新しつづけることになってしまっている。

加害者ではなく被害者としては、大多数の人が実際に遭遇したことがある犯罪は、ひったくりや自転車盗などの軽犯罪だろう。この場合、加害者はたいてい見つからないので、誰がやったのか、

（4）Jock Young, *The Exclusive Society: Social Exclusion, Crime and Difference in Late Modernity*, Sage, 1999.〔青木秀男他訳『排除型社会――後期近代における犯罪・雇用・差異』洛北出版、二〇〇七年〕
（5）「割れ窓理論 Broken Window Theory」とゼロ・トレランス政策の異同については、本書第一章を参照。

相手がどんな人間なのかは分からないままである。そもそも、八〇年代以降急速に都市や街路の雑多性が失われ「要塞都市」化したアメリカでは、危険な他者は「まともな市民」の日常生活においてはむしろ不可視となっていたのである。だからこそ、悪が現に生じている場所と悪い人間の形象を可視化することが重要になってくる。(6)

このように、都市機能が分化し、生活を送る場所も都市内部で果たす機能も階層によって地理的空間的に分かれてしまうと、犯罪者のイメージ、街の治安を悪化させ子どもたちの安全を脅かしている張本人の像は、ますますメディアを通じた情報に依存するようになる。そこで犯罪者像、悪者のイメージが作り上げられることによって、敵の排除が正当化される。新自由主義的な選挙や政治のメディア戦略は、こうした敵のイメージ作りと攻撃に大きく依拠していた。

敵を作り憎悪を煽る戦略は、新自由主義の政治の大きな特徴となってきた。怠けている人間、働こうとしない人間、福祉に依存する人間、犯罪に手を染める人間、コミュニティに寄与しない人間、社会に貢献しない人間、能力が劣る人間は、それらを何らかの形で「自己責任」へと結びつける回路を通じて、社会の敵として標的にされる。

私自身は、これが新自由主義の統治に内在的なメカニズムに関係しているのではないかと考えている。というのも、新自由主義の統治術は、自らにとって一種の空白地帯を生みつづけることでしかうまく作動しないからだ。ここで空白地帯とは、新自由主義の教説そのものがそれに手をつける原理をもたず、つまり解消できない問題として抱えつづける以外にない領域を指している。それは新自由主義が理想とする社会の原動力そのものである、上昇－下降のダイナミズムに関係している。

このダイナミズムは一方で、自らを資本と化し、自己責任と自助努力を持続するよう人間を駆り立てる。だが他方で、上昇することができない人間、失敗によって落伍者となる人間を生み出さざるをえず、彼らの存在があってはじめて人々の社会的上昇への強いインセンティヴを維持することができる。

つまり、排除される者、敵、落伍者の可視化とイメージの反復は、自己責任と自助努力に訴えることでしか原動力を得ることができない社会にとって、欠くことのできないメカニズムの一部なのである。

こうした「排除型社会」のあり方に批判を加えるには、排除がどのようなメカニズムでなされるのか、いかにして排除される者のイメージが醸成されるのか、それらは事実に基づくのか、あるいは政治的必要によって捏造されたのかを問うことが必要になる。それとともに、排除に抗して「包摂」を対置することが重要となる。包摂型社会 Inclusive Society のイメージを語ること、どうすれば排除から包摂へと統治のベクトルを変えられるかを考えることが、排除を原動力として成立する新自由主義の統治に対抗するためには、必要でもあり、有効でもあるからだ。

(6) 日本でも数年前に、自分の居住地域の治安が悪化しているとは感じていないのに、日本全体の治安は悪化していると思う人が多いという不思議な現象が指摘された(浜井浩一「厳罰化の犯罪学的評価と Penal Populism」『現代思想』二〇〇八年一〇月号、二二五―二四五頁)。これは身近な経験と、個人に漠然と知覚される「統計的なレベル」での犯罪現象とが別々に捉えられ、後者が増えているに違いないという思いが、何らかの情報に基づくイメージの醸成によって強められることを示している。

5　現在――分断対連帯

一方で日本では新自由主義的な経済・社会政策は、アメリカのような派手で分かりやすい形で実践されたわけではない。しかもそれが、「自民党をぶっ壊す」と主張する、自民党総裁かつ内閣総理大臣によって象徴的に担われたという特有の事情があった。だがそれでも、労働市場における規制緩和や、福祉や教育分野への市場原理の擬似的な導入などが行われ、同じ時期に法律上も法運用に関しても厳罰化への明らかなシフトが見られた。

だが、もともと市場の万能性に関する信仰が強くなかった上、新自由主義が経済問題を解決するどころかそれ自体が問題の原因となっていることが、とくに労働市場において明らかになると、新自由主義への疑心は急速に広がった。二〇〇八年の経済危機は、マネーゲームを牛耳ってきた投資銀行などの金融資本への不信を世界全体に広げるとともに、モノを作らず利潤をむさぼる金融資本主義の爪痕が問題になりはじめた。日本でもそれ以前には注目されにくかった「不平等」「格差」「貧困」「孤独死」「自殺」などが、社会全体に広がる深刻な問題として受け止められるようになった。

これらの問題に関連して最近しばしば耳にするのが、「無縁社会」ということばである。このことばは二〇一〇年一月以降NHKが放送した一連の特集番組で知られるようになったが、排除によって社会の原動力を生み出す新自由主義が影響力を喪失したあとの社会問題のあり方を、的確に表現している。

こうした社会において生じている事柄を、どのような言語で捉えるべきだろうか。私自身はこれを、「排除」によってスケープゴートを生み出す社会ではなく、「分断」によって人と人とのつながりが失われてしまう社会と捉えたいと考えている。つまり、排除から分断へと、マイノリティや弱者とマジョリティとの関係、社会問題のあり方が変化していると考えられるのだ。

たとえば、NHKの無縁社会シリーズの中で、アパートの一階入口のすぐそばの部屋で人知れず亡くなっていた人が、一ヶ月以上発見されなかった現場を取材していた。風呂もない古い木造アパートの薄い一枚の玄関板が、この人を外部と分断していたのである。他者の視界から消えてしまった一人暮らしのこの男性が発見されたのは、腐臭を発することで嗅覚に訴えたからだった。近代人が慣れ親しんだ視覚情報を届けることができないまま亡くなった人は、近代的な分節化を拒む曖昧な感覚である嗅覚を通じて、長い時間をかけた腐敗によって自分の死を社会に知らせるしかなかったのである。

また、マンション玄関のインターホンを通じて、「ママ、ママ」と呼びつづけていた子どもが、弟と共に部屋で餓死する事件があった。複数のマンション住人がその声に気づいており、また夜中に叫び声のような泣き声を何度も耳にしていた。一人だけ児童相談所に通報した住人がいたが、結局児相は子どもたちと接触することすらできないまま二人とも死んでしまった。

保証人不要で手持ちの金がなくても入居できる部屋で、一週間家賃を滞納すると鍵を替えられ部屋に入れない、それが契約条項であると主張されるといった事例も何度も報道された。このような目に遭った人は家も家財道具も失い、たいていの場合仕事はすでに失っているので、その日からいきなりホームレスというケースも珍しくない。

彼らは一様に社会から見捨てられてしまっている。ここまでくる前に、誰か助けなかったのだろうかと思う事例も多い。だが彼らは、社会の敵として積極的に排除されているわけではない。社会の敵とは、優生思想に基づく劣等民族、矯正不能の犯罪者、治安を乱す者、福祉を食いものにする怠け者、伝染病のキャリアなど、生物学的な敵、治安上の敵といった「リスクをもたらす存在」である。このように、積極的に可視化され、敵として排除される存在と、無縁社会における見えない存在、半ばこの社会にいない存在、社会との接点を欠いた存在とは、見方によっては正反対ともいえるほど違っている。

実際に見たことはないのにメディアによって増幅されたイメージを通じて強烈に印象づけられている社会の敵と、実際にはすぐ近くにいて、たとえば隣に住んでいたりいつもすれ違っているのにそのこと自体に気づかない人々。無縁へと追い込まれている人たちとは、社会から分断されており、分断によって孤独や悲惨な生活へと落ち込んでいる人たちのことである。

彼らについて考え、語ることばをもつことが、現代の貧困とそれに関連する諸問題を捉えるために、現在緊急に必要とされているのではないか。そして「分断を断つ」ためには、排除に包摂が対置されたように、分断に対置される社会イメージが必要となる。

単純に考えて、分断を終わらせるにはつながりを作ることが必要である。そして、自らの周囲にその必要性を見出し、つながりを作る実践を行ってきた人たちがいろいろな場所にいる。たとえば、生活保護申請をさせないことを上司から半ば強要されてきた役所の窓口の人たちに抗するために申請に付き添い、貧困者の自立支援を行う人々。日雇い派遣、期間工など、不況時には即座に生活の基盤を失う人を大量に生み出してきた派遣労働問題に取り組み、派遣労働者の地位と生活を守ろうとする人々。自殺が個人の問題ではなく、社会的な背景をもつことを訴え、また残された家族へのケアを支援する人々。薬物乱用者に対して、刑務所収容でも入院治療でもない長期にわたる回復へのプランを自分たちで描く手助けをする自助グループの人々。

彼らが、目の前にいる人たちのため、目の前の問題に対処するために、生活の基盤喪失が生存の基盤喪失に即座につながってしまう脆弱性にさらされている人たちのために試みてきたのが、つながりを作ること、いざというとき立ち寄れる場所を用意することを通じて、連帯を立ち上げることだった。

当たり前のことなのだが、分断に対抗するにはつながること、つまりは連帯の試みが必要なのである。そして私などが偉そうに指摘する前から、見過ごせない惨状に直面して、多くの実践家たちが連帯を作り出す試みに、すでに取り組んできたのである。

6　連帯のイメージ――「異なるもの」と「同士」

そこでここでは、分断を断つために必要とされる連帯について、それをどのようなものとして捉えることができるのか、つまりは連帯のイメージについて考えてみたい。

まず、連帯とよく似たことばとして思い浮かぶのが「団結」である。だが、団結と連帯にはどこか違うところがある。それは語のニュアンスからも感じ取れるはずだ。日本にも数年前に「連帯ユニオン」という組織ができたが、ユニオンとは団結のことである。連帯は英語ではソリダリティだが、ユニオンほどよく使われることばではない。

団結、ユニオンは労働組合の意味でもある。組合はある組織や人の集まりの中で、同じ立場の者たち、利害を共有する者たちが結びついてできるつながりの形態である。労働組合は、力ある者である雇主や経営側に対抗して、さまざまな共通性を持つ労働者同士が結びついて成立する。つまり団結とは、ある集団（たとえば企業組織）が利害や属性などの点で異なった諸部分からなることによって明確化する部分集団（たとえば労働者集団）の共通性を拠り所に、人々が結びつくことである。この意味で団結は、異なる者の存在によって際立たせられた共通性に基づく、同じ者同士の結びつきである。

では連帯はどうだろうか。たとえば一九世紀フランスでは、連帯は深刻化する階級対立に直面した人々が、強権的な弾圧にも革命的手段にもよらない紛争解決を求めた際、社会構想のキーワードとしたことばだった。連帯とは、もともと利害や立場を異にする者たちが、違いを越えて結びつくことができるという希望と期待を込めたことばなのである。

他方で連帯と団結には似た面もある。それは両方とも、何らかの脅威やリスクに対して身を守るための方途だという点である。ここでいう脅威とは、たとえば労働条件の低さが労働者の生存を脅かすことであり、あるいは急な病気や事故で働けなくなることである。こうした脅威に、人と人とが集まり、つながることを通じて対抗する点も共通している。一人では無力であっても、集団になり仲間を作ればリスクに立ち向かうことができる。このように、敵を作って排除するのではなく、仲間を作ることで負の要素に備え対抗する点でも、連帯と団結は共通している。

こうした対比から見えてくるのは、連帯がもつ次のような特徴である。連帯は、異なることと共通すること、別々であり異質であることと同じであることを共存させたままで、人々を結びつける。したがって連帯とは、違いを保持したままそれを乗り越えることである。そこでは違うものの間に共通性が発見され、作り出されるが、結びつきによって諸要素を完全に同じものに融合してしまうことはなく、差異は保たれたままである。

異なる者同士が、異なるからこそ結びつくこと。こうした連帯の形成は、口で言うほど簡単なことではない。同じ民族である、同じ宗教を信じている、同じ世代であるなど、「同じ」によって結びつくことは、たとえそれが虚構的なものであっても、受け入れやすく、容易である。だが、異質な者たちが異質であることを前提に結びつくことには、さまざまな困難が伴う。たとえば社会保険について、負担が人によって、収入によって、年齢や境遇によってさまざまで、しばしば負担と給付が対応しないことへの不満が聞かれる。異質な者たちの「利害」は簡単には一致しないばかりか、完全に一致することはない。むしろ一見相反する場合もある。そこでは、利害が同じである場合に可能な団結ではなく、立場が違うため利害だけでなくあらゆる面で異質な人々の間に、可能であるはずの絆＝連帯を模索するしかない。こうした結びつきのために、自己利害の共通性とは別の、何らかのつながりのきっかけが求められる。

このきっかけ、あるいは連帯が成立する契機、連帯の在処について、ここでこれ以上検討することはできない。そこで、連帯のイメージを少しでも明確にするために、連帯と包摂との違い、また連帯と慈善との違いについて、概略だけを述べておきたい。

まず、包摂との違いについて。包摂は排除の対立概念として、中に入れる、組み込むことである。もう少し具体的には、排除されたマイノリティや弱者をすくい上げることを意味する。それは底辺に置かれた人々を下から持ち上げ、壁の外から内へと導き入れ、保護し守ることである。

連帯は中に入れるのではなく、異なる者同士を結びつける。結びつけることで共同性を生み出すが、保護するのではなく異質性を保ち、言い換えれば自律と多様性を尊重する。それは外から内に招き入れるという意味での空間的移動ではなく、つながりと関係のあり方に注目する言語である。

次に、慈善は一方的に授け、施す関係を指す。慈善を与える者は無償で、あるいは無償であると称して何かを与える。これに対して、連帯は無償でなされるものではない。連帯にはどこかに「お互いさま」の要素があり、それが結びつきに動機づけを与えている。たとえば、遠い将来であれ自分が何かを保障されることを一切期待しないで、社会保険や年金に加入する人はいない。社会保険は慈善ではなく、保険の一形態であり、連帯の一つの制度化である。ただし人が、ある人の苦境にかつての自分や将来の自分を見出す、あるいは自己利害や共感とは異なる次元の想像力をどこまで広げてゆくかは不確定で、それを考慮に入れるなら、きわめて非対称な関係のうちに連帯を見出すことも可能かもしれない。

連帯とはどのような関係を含意しているのか。その問いへの答えは、社会的分断のどこに問題を見出すのかによって変わってくる。また、どんな社会を作りたいと願うかによって、さまざまな可能性へと開かれている。さらにそうした現在への関心の持ち方次第で、過去へと遡るやり方、思想史のどこにヒントを求めるかも異なってくる。

思想史を描きなおそうとする試みは、たとえそれがどれほど遠い過去に遡るものであったとしても、現在への関心とどこかでつながっている。そして、現在の社会において「分断」が一つのキーワードであり、政治思想にとって取り組むべき問題であるからこそ、連帯の思想史を遡及することが必要だと思われるのである。

7 政治思想の未来

政治に関する思想的・理論的研究、あるいは思想史研究が、人間生活の物質的・日常的な事柄、言い換えれば「生に関する政治」の諸問題に向き合うことを避ければ、現実との接点は失われたままだろう。承認の政治も差異の政治も、その背後にあり、それらとつなげられるべき物質的次元に目を配ることではじめて、新しい政治の言語を発見し生み出すことができるはずだ。

言い換えれば、欧米原産の新しい理論や用語を使うことより、現在論じられるべき問題、つまりは問われるべき新しい問いとは何かを考えることが必要である。そして、なぜその問題がこれまでの言語を古びたものにしてしまうのか、なぜ別の言語を必要とするのかを考えることではじめて、思想史を新鮮な視点で捉えることができるのではないだろうか。

このことは、社会的な問題を政治思想になじみの言語や思考枠組へと無理やり翻訳して型にはめることとは、全く別の事柄である。社会的なものに関わる事柄を政治思想の問題として把握し、思考するには、これまでの政治思想史の「本流」とは別の歴史文脈上にある、古いが新しい思想的鉱脈を探しに行かなければならない。自分が立っている足元を確認しその限界を感知するという作業がとても重要だということを、学問的枠組の形成途上にある、年齢とは違った意味で「若い」人たちに考えてもらいたい。そして限界を知ることで、その外に飛び出す方法を自ら発見してもらいたい。

第一〇章　連帯の哲学

1　切り裂かれた無知のヴェール？

フランスの思想史家で、労働組合運動や福祉国家の研究者でもあるピエール・ロザンヴァロンは、『連帯の新たなる哲学』（一九九五）[1]の中で、福祉国家が現在直面する困難を、次のように語っている。

彼はまず、従来の福祉国家が「無知のヴェール」の下で機能してきたとする。無知のヴェール the veil of ignorance とは、ジョン・ロールズが『正義論』（一九七一）で用いた装置である。ロールズによるとこの装置は、「当事者はある種の特定の事実を知らない」という仮定によって成立する。たとえば人は、「社会における自分の位置、階級や社会的地位、生まれつきの長所や能力、自分の

（1）Pierre Rosanvallon, *La nouvelle question sociale: Repenser l'État-providence*, Paris: Seuil, 1995.〔北垣徹訳『連帯の新たなる哲学——福祉国家再考』勁草書房、二〇〇六年〕

知性や強さなど」[2]について無知であるという条件下で、原初状態において正義の二原理を選択する。ロザンヴァロンが福祉国家の危機の大きな原因とするのは、この無知のヴェールが切り裂かれてしまったことである。

前提として彼が無知のヴェールを、近年のフランス社会保障史研究をもとに「保険社会成立の条件」と捉えていることを押さえておく必要がある。こうした研究は、大きく二つのテーマを軸に進められてきた。まず、「危険のリスク化」「責任の集合化」「リスクの社会化」などの鍵概念を用いてフランス福祉国家成立史を捉え返すフランソワ・エワルド『福祉国家』（一九八六）に代表される、労災・民法典・社会権成立を中心テーマとする研究である。もう一つは、「連帯」をキーワードに現代福祉国家の思想的基盤を確認する、ジャック・ドンズロ『社会的なものの発明』（一九八四）に見られるような、一九世紀末社会連帯思想を焦点とするものである。ロザンヴァロンはこれらの研究動向を念頭において、福祉国家の保険の原理がこれまで機能してきた理由を、次のように示している。

まず社会保険においては、各人がリスクに応じて保険料を負担するわけではない。負担は加入者一律の場合もあれば所得に応じての場合もある。いずれにしても「リスク細分型保険」（本書第二章参照）のように、加入者のリスクに応じて払い込み金額が決まるという、民間保険における市場の原理は採用されない。払った分だけ戻ってくるどころか、低リスク者である自分の負担がどこの誰とも知らない高リスク者への給付に回されているかもしれないという、ある意味で「不公平感」をもたらしかねないこうした制度が存立しえたのは、ロザンヴァロンによると「社会的なもののもつ不透明性」[3]による。というのは、病気・老齢・失業といった不幸においては、市民は同質のリスク集団と見なされ、さらにそれは、各人がこうした不幸について予測を立てるのが困難なことを根拠としていた。誰がいつ災難に遭うか分からないという意味で、保険加入者間の平等が認められ、それに加入者がある程度納得しているからこそ、広範な保険社会が成立しえたのである。

こうした前提、つまりロザンヴァロンが「無知のヴェール」と呼ぶ、極端な予測不可能性による平等は、リスク情報が精緻になることで成立しなくなるという。例として彼は、遺伝医学の進歩によって遺伝病を発症する高い確率を与えられた人とそうでない人、また個人に関する遺伝情報に限らず、統計集団を細分化した場合の下位区分間に見られるリスクの違いを挙げている。たとえば、たばこを吸う人と吸わない人、肥満にあたる人とそうでない人の平均寿命の違いは、「健康によい」とされる生活習慣や身体特性をもった人たちの不満のもとになる。一方で、この不満が生活習慣改善への圧力を高め、個人の自由を侵害する可能性を生む。また、「失業」の問題も深刻で、制度発足当初考えられた一時的失業ではなく、慢性的な無職者に対する手当ての支給は、有職者に対しては無為者を扶養しているに等しいという不満を抱かせる。

つまり、皆が大体同じリスクにさらされており、その程度を予測できないからこそ成り立ってき

(2) John Rawls, *A Theory of Justice* (revised ed.), Oxford/New York: Oxford University Press, 1999, p.118.〔川本隆史他訳『正義論』(改訂版) 紀伊國屋書店、二〇一〇年、一八五頁〕

(3) Rosanvallon, *La nouvelle question*, p.54.〔『連帯の新たなる哲学』五一頁〕

た「連帯 solidarité」が、その基盤を失いつつあるということである。「〔誰が不幸に見舞われるか予測できない――引用者〕不透明な世界において、正義は本質的に手続き的な次元をもつ。つまりこの場合に正義は、ある普遍的な規則を探求することと同じことなのだ。不平等や差異が以前よりはっきりと認識されるようになると、こうした正義の定義は問題を含んだものとなる。ロールズにおいて、格差原理（最も恵まれない者にも利益をもたらす可能性がある場合にのみ、不平等は容認される）は、かなり大きな再分配を引き起こす可能性があるという意味で、きわめて要求度が高い。したがってこの原理は、無知のヴェールのもとでしか定式化されない。自分自身最も恵まれない者になりうると個人が予期する場合にのみ、この原理が採用されるからである」(4)。

ロザンヴァロンが提起した問題は、福祉国家の根幹に関わるもののように見える。というのは、リスクが各構成員にとって等しく見積られず、さらに各人のリスクに応じた保険が制度化されるべきだという意見が多くなれば、保険は個人主義化・市場化されることで、連帯の装置から自己責任の道具に変わるからである。

私が考えたいのは、こうした流れが果たして不可避なのかということである。さらにその原因は、遺伝情報に見られるようなある意味で技術的な次元での保険の前提変化や、失業と無職の問題におけるような社会構成員の当初予想されなかった生活スタイルによるのだろうか。というのは、原因をこれらに帰すことは、連帯の基盤喪失がその思想や哲学の外部にあり、科学技術の進展や社会変動といった、ある意味不可避の社会変化によるということになるからである。

私自身は、福祉国家の危機の問題は、連帯の哲学のレベルで論じられるべきだと考える。というのは、まずリスクを知りえないが故に皆が等しい負担を受け入れるという前提自体、フランスの社会保険成立期にも部分的にしかあてはまらない。労働事故が議論された当初から、リスクが等しくないことは知られていた。むしろ高リスクの職業の存在が、労災の成立を促し社会保険への道を拓いたのである。議論の焦点は、社会に必ずしも均等に分布しないそれらのリスクを、どのように負担するのが「公正」であるかにあった。そしてこの問題は、「リスクに応じた負担が公正である」という等価交換〔矯正的正義?〕の思想とは対立する、連帯の思想を生み、発展させるきっかけとなった。つまり、確率とリスクについてのテクニックの未熟による不可知性の共有が、連帯のただ一つの、あるいは主要な理由ではなかったということである。では、連帯思想において「公正」はどのように考えられていたのか。そしてそれはどんな社会観に基礎づけられていたのか。

さらに、引用したロザンヴァロンの文章には、もう一つ大きな問題がある。「自分自身最も恵まれない者になりうると個人が予期するにちがいないからこそ、この原理〔格差原理――引用者〕は用いられる」という、格差原理の理解である。もちろん彼は、ここでロールズの厳密な解釈を試みているわけではなく、読者にとって分かりやすい比喩として、無知のヴェールや格差原理を持ち出したのであろう。だが、この点はきわめて重大である。そもそも格差原理は、自分が最も恵まれない者になりうるという、自己利益に基礎を置く理由によって選択されるのだろうか。そして無知のヴェールは、不可知性の原則〔自分の社会的立場を一切知りえないという原則〕の導入によって、自

（4） *ibid.*, p.55. 〔同書五二―五三頁〕

己利益と他者の利益を置き換えることで正義原理に合意するための条件として理解されるべきなのか。私は、ロールズの原初状態、そして格差原理はこのような解釈とは全く別個の思想によるものであり、彼の思想は「連帯の哲学」と重なる部分をもつと考える。このことは、格差原理とマキシミン・ルールをどう捉えるかという、ロールズに関しておそらく最も多く論争されてきたテーマに関わっている。[5] 私はロールズ思想の精確な全体像を描く力量を持たないが、すでに述べたような文脈で彼の思想をフランス社会連帯思想と対質させることには、意味があると考える。というのはそれが、これまでアメリカ的文脈に封じ込められてきたロールズの思想のエッセンスを、あるしかたで「解放」することにつながるからである。

2 社会連帯思想

はじめに、フランスにおいて「福祉国家の思想的基礎」を作ったとされてきた社会連帯思想を取り上げる。その代表的思想家としてつねに名前が挙がるのはデュルケムである。だがこれは、彼の社会学思想が現在まで読み継がれ、「社会学の祖」として崇敬されていることによるところが大きい。彼は社会連帯主義の担い手の一人ではあるが、その代表者とはいえない。[6] むしろ最初に名前を挙げるべきは、レオン・ブルジョア（一八五一—一九二五）[7] およびシャルル・ジッド（一八四七—一九三二）[8] であろう。ここでは彼らの思想を中心にフランス社会連帯思想を検討する。ただし、この思想がフランス福祉国家に直接つながったと見なすわけではない。むしろ、実際の福祉国家制度

の中には取り込まれなかったさまざまな可能性を含めて、一つの体系的思想として考察する。(9)

(1) 連帯の理由

社会連帯思想において最初に注目されるのは、分業という事実である。分業社会における連帯を

(5) 格差原理とマキシミン・ルールについて、論じるべき多くの事柄が残されていることについて、盛山和夫『リベラリズムとは何か――ロールズと正義の論理』勁草書房、二〇〇六年から示唆を得た。

(6) デュルケムは『社会分業論』以外では社会連帯にあまり言及していない。その理由は定かではないが、『分業論』における連帯概念自体、彼の社会学体系の中で意味をもつもので、ブルジョアらの実践的な主張に比するとかなり抽象度が高い。また、デュルケムの連帯思想は「社会」の全体性、それが一体不可分の実在であることの論証に力点が置かれているように見える。これは、社会学を自立した学問にするというデュルケムに課せられた歴史的使命と関わっている。しかし、デュルケム学派にはブーグレやモースなど社会主義とつながりのあるメンバーが多く、彼自身も独立派の社会主義の伝説的政治家であるジャン・ジョレスと親しかったことも事実である。

(7) Leon Bourgeois はフランス急進党の政治家で、第六四代首相を務め、ほかに外務大臣など多くの大臣職に就いた。政務のかたわら、精力的に講演を行って社会連帯思想普及を図った。政治家としては国際連盟設立に尽力したことが有名で、彼は連盟の「思想的父」と呼ばれている。主にこの功績によって、一九二〇年にノーベル平和賞を受賞した。

(8) Charles Gide は経済学者。はじめボルドー大学で「社会経済学」講座を受け持ち、モンペリエ大学、次いでニーム大学へ移籍。後にコレージュ・ド・フランス教授。協同組合、とくに消費協同組合の活動を支援するとともに、協同組合論を含む社会経済学を研究した。政治の世界でブルジョアが直面したのと同様、彼の経済思想は自由主義者とマルクス主義者の双方から攻撃を受けた。このことからも、彼らの思想は社会民主主義の一潮流と見なせる。

考察する思想の起源として、彼らはサン＝シモンやフーリエ、コント、マリオン、ルルーさらにはプルードンに言及する。一方で、アダム・スミスにはじまり当時大きな影響力をもっていたスペンサーに至る「自由競争」の思想も、イデオロギーを異にするが有機体的な社会像を示していると考えられていた。

分業と連帯というテーマを詳しく検討しているのは、『社会分業論』（一八九三）のデュルケムである。彼の「社会学宣言」ともいえるこの著作は、連帯の用語の使用時期としてもかなり早い。ここでデュルケムが近代における連帯の基礎と考えるのは、高度の分業社会、いいかえれば産業化された社会である。こうした社会の経済的な姿を、デュルケムはスミスを引証しつつ相互に利益をもたらすプラスサム社会として描写する。ここでデュルケムが用いた、機械的連帯と有機的連帯、環節社会と分業社会の対比は、近代の経済的・社会的分業に基づく社会構成を、個人の「多様性」によるものと捉えるための仕掛けであった。つまり、人間たちは似ているから集まるのではなく、違うからこそ互いを必要とし、連帯する必然性をもつのである。分業社会においては、すべての人が他のすべての人が行う活動の恩恵を受ける。食べ物も、着る物も、街まで運んでくれる交通機関も、家も、一つとして自分だけで作り出せるものはない。毛細血管のように張りめぐらされた社会関係の中で人々がそれぞれは小さな役割を果たし、細いけれど数え切れないほどの糸で互いに結びつけられているのである。

これは、スミスが『国富論』で次のように語っているのと同じ事態を指している。スミスによると、かつての領主は宴会を開いて村の者に大盤振る舞いし、直接的な関係を結んで彼らとの絆を強めた。ところが、奢侈《しゃし》を覚えた貴族は領民には目もくれなくなり、外国産の高価な品物を口の上手い商人から買い漁ることで、直接関係を結ばない無数の人々を富ませるようになった。そして愚かにも、自分が失ったもの（領民との直接的関係を含む、田園貴族のコスモロジー）がどれほど貴重で、その行いが取り返しのつかない損失を招いているかに無自覚であったと（第三篇第四章）。

つまり、分業社会に生きる人間は、直接的対面関係をはるかに超えた規模で、社会全体の人々と大なり小なり結びついており、全員が他の全員なしには生きられない。社会連帯思想は分業という近代資本主義経済に典型的な社会組織を前提として、そこに何が足りないかを示そうとするのである。

（9）一九世紀末の社会連帯主義は、学派を形成するような一体性も方法上の制約も持たず、それぞれ独立に連帯という当時の流行語に賛同する人びとが、まさに「ゆるやかな連帯」を形成していたというべきであろう。だがそこには、社会の再組織化、社会的義務と責任などをめぐって、ある共通の見方が存在していた。

なお「連帯」の語は、日本では①マルクス主義のインターナショナリズム、②労働組合、③国境を越えた人道支援、④債務における連帯責任、以上の用法が主なものである。福祉国家や社会保障制度に関連させてこの語が用いられるのは、「世代間連帯」の定型句以外、あまり多くはない。

フランスでは「連帯」は福祉システム全般を指す代名詞のようになっており、ロザンヴァロンもこの語をとくに厳密に定義することなく周知のものとして使っている。この語は、まともに働いた人が給与から高率の天引きを受け、働かない人が得をする制度を道義的に正当化することばとして、皮肉をこめて使われることもある。また、一九八〇年代にリスクと保障の思想史がブームになるまで、連帯思想は忘れ去られ、「古ぼけて埃をかぶった社会連帯主義の姿でしか知られていない」（François Ewald, *L'État providence*, Paris: Grasset, 1986, p.358）ものだった。

スミスの場合、商業社会の道徳の基礎はそれほど強く拘束的である必要はなかった。なぜなら分業そのものが、一人一人が自分の利益を追い求めることで全体の利益が生まれるという思想によって正当化されていたからである。分業社会を維持するには正義が必要であるが、それ以上の道徳や社会組織がなくても存続できる。[10]

一九世紀は、スミスの楽観的予言とは異なり、多くの人にとって紛争の絶えない苦渋に満ちた時代となった。農村の疲弊、飢饉と暴動、都市の労働者の貧困と失業、劣悪な住環境と蔓延するアル中や売春、子どもの酷使、伝染病の流行、革命や陰謀など、市場社会の理論が理論として正しかろうがどうだろうが、目の前にある惨状を見過ごすことができないと考えざるをえなかった。こうした対立と紛争の世紀の終わりに、社会改良を志す連帯主義者たちが見て取ったのは、経済的（自然的）連帯はそれに見合った社会組織化の力も道徳的紐帯ももっていないということであった。

たしかに経済的（自然的）連帯、すなわち分業社会は経済上の相互依存をもたらすかもしれない。だがそれは、人間が相互に何らかの絆で結ばれていると感じること、あるいは経済行為以外の場面で相互依存と共生が成立していることとは全く別である。これをブルジョアやジッドは、自然の連帯と社会の連帯の落差、あるいは事実としての連帯が義務としての連帯に結びついていないと表現し、デュルケムは有機的連帯が道徳の欠如によって正常に機能していないという。つまり彼らは、サン゠シモン以来フランス社会改良派の伝統とされる、「産業の組織化」「社会の組織化」という問題を、多様だからこそ連帯するはずの分業社会における、社会的・道徳的組織の不在として自覚したのである。

（2）準契約 quasi-contrat

「準契約」は、フランス民法典では一三七一条から一三八一条に出てくるもので、法学出身のブルジョアが、「社会に対する負債」をそこからの類推で定式化しようとした法概念である。ブルジョアによるなら、「準契約とは遡及的に合意された契約にほかならない」。これは、「もし当事者があらかじめ自由に介入し合意を与えることができていたとすれば、法的関係の形成に際して人びとが表明したであろうと解釈される意思に基礎づけられる」[11]。ここで彼が扱っているのは、社会参加の意思表示となる社会契約が、実際には歴史上一度も結ばれたことがないという、社会設立の正当性に関わる問題である。彼は準契約という考えを用いて、社会が存立していること自体が、その構成員の暗黙の承認 acceptation tacite を得ていることの証左であるという解釈を示す。

ではこの遡って確認される承認の内容はどのようなものだろうか。一つの考え方としては、交通の自由が保障されいつでもある社会から退出できるならば、その社会に留まっていること自体、どんな圧政をも容認していると見なせるというものがある。たとえば奴隷が逃げ出さないのは、現状を受け入れている証拠である。ブルジョアはこのような極端な考えをとらない。そもそも彼は人間

（10）スミスの時代と現代とでは正義の意味内容は異なっている。スミスの時代には絶対王政への対抗関係が思想を規定していたため、法の支配によって王の専断を排して一般原則を適用することが重要であった。そして一般原則の内実として第一に考えられたのは、許可なく王から課税をされない、つまり私的所有権の擁護であった。これはロールズが正義として念頭に置いていることとはかなり異なる。

（11）Leon Bourgeois, *Solidarité*（12th ed.）, Paris: Armand Colin, 1931, pp.87-88.

が「社会の中に」生まれると考えており、参入や退出の自由を考慮していない。そのため社会に対する承認は、構成員が「道理にかなった raisonnable」しかたで納得できる条件を備えていなければならない。[12]

道理にかなった承認の基準として、彼は一般的な売買における「原因の均衡 équivalence des causes」という考え方を援用しようとする。ある取引が契約として成立するためには、「価格は契約者双方の動機の全体に同時に見合ったものでなければならない」。この条件が満たされれば、「取り決め原因（理由）の均衡」が見出せるとされる。何のことかというと、売買が実勢価格に釣り合ったものであるかどうかは時と場合による。たとえば、緊急にまとまった現金が必要になり、私が家宝の壺を急いで売ろうと試みるとする。この場合、急いでいること、現金での支払いが欲しいことから、「鑑定」によって見積られるより相当廉価でしかこの壺は売れないかもしれない。しかしそれでも、背に腹は代えられないとして壺を売る場合、私はこうした事情を承知した上で、壺から得られる対価を受け取るわけである。この場合には売買契約は有効である。ところが、私が壺の価値について鑑定家から虚偽の報告を受け、それを信じて極端な廉価で売ったとする。そこにあるのは詐欺行為であり、私は重大な事情を誤解している。この場合契約は無効となる。[13]

この「原因の均衡」の原則を社会準契約にもあてはめようというのが、ブルジョアのアイデアである。では、社会における「原因の均衡」とは何か。彼は「自然の連帯という事実に基づいて各人が全員に与え、また全員が各人に与える役務 services の間に、正義、すなわち均衡の関係を打ち立てること、これだけが互いに自由な合意に至ることができる」とする。つまりここで「準契約」のアイデアは、もしわれわれが仮想的に社会契約を結ぶとしたなら、均衡が成立している場合にのみ、自由に合意するであろうということの表現として用いられているのである。

しかしここで、必ずしも厳密な等価交換を含意する必要がない、いわば「拡大された交換的正義」というかなり自由主義的な基準は、現存する不平等への顧慮によってすぐさま修正されることになる。ブルジョアはさしあたり、不平等の原因を自然によるものと社会によるものに分ける。生まれつきの身体的能力と知的能力に相当する自然の不平等については、彼はこれを承認する（能力と努力との関係、能力を育成する環境における格差や差異への言及はない）。これに対して、暴力や貪欲、そしてとくに過去の勤労の成果に由来する不平等は、消滅させなければならない。彼は、持てる者が財を自ら得たと錯覚することを非難し、その大部分を過去の世代の勤労（端的には相続）によるとする。相続財産とはまさに社会的資産であって、社会に対して豊かな者が支払うべき負債である。

この議論は、資本家による実質上の強制と不当な契約、とくに不平等な労務契約が結ばれ、それに反対する労働者たちの暴力行動が頻発するという事態を念頭に置いてのものである。

では、こうした不正と対立を鎮めるのはなぜ困難なのか。ブルジョアはこれを、ある人が過去をも含めた他の人びととの労務全体、すなわち社会的な富や文化的資産にどの程度を負っており、逆に

（12）*ibid.*, p.88. 彼はこの語がカントからの引用であることを示している。
（13）ただし、売る約束をした時点では偽の評価額を信じていたが、いざ売る段になって実際の評価額を知り、それでも現金欲しさに売買に合意したなら、あとでその契約を無効とすることはできない。

自己の活動に応じてどの程度を受け取るべきかを知ることが難しい点に帰す。人が社会的な財の蓄積によって恩恵を受け、またそれに対して何らか貢献していることが明らかだとしても、その貸借対照表を作ることは容易でない。ブルジョアは、これまで誰も解決できなかったために流血の惨事や激しい階級間の衝突がくり返されてきたこの問題を、それぞれの人が他の人々に対して支払うべき負債を、個別にではなく共通の制度へと支払うという方法で解決しようとする。この共通の制度の具体化が、集団で悪に備えることとしての「リスクの社会化」であり、社会的利得 avantages をすべての構成員が等しく享受する制度としての教育の無償化や消費協同組合運動であった。

（3）リスクの社会化と相互化

まず、リスクの社会化がテクニカルな問題には尽くされないことを押さえておく必要がある。保険制度が構築されるために、保険数理的な計算技術と統計データは不可欠である。実際、フランスで労働災害保険の導入が検討された当初は、職場での事故について信頼できる統計の蓄積があったのはドイツだけで、フランスではドイツの統計をもとにドイツの事例を用いて議論するという奇妙な事態が起きていたという。

しかし、制度がどのように実現するかは、こうした数値からどのようなリスク評価がされるかとはあまり関係がない。保険という制度の不思議さは、その多様性にあるといってもよい。すぐに挙げられるものだけでも、医療保険、生命保険、障害保険、損害保険、雇用保険、年金などの種類があり、それらの引き受け先は国家、共済組合や健康保険組合、そして私企業にまたがっている。たとえば医療保険という同種の保険を、国家が引き受けると国民健康保険となり、私立学校なら共済組合などとなる。また、企業（保険会社）もさまざまな種類の医療保険を揃えている。なぜこんなにも多様なのか。

エワルドはこれについて、ある抽象的な保険数理のテクニックがはじめにあって、それがさまざまな制度に分割、応用されていったという考えを批判している。むしろ「歴史のある時点でなぜ保険の諸制度がほかならぬこの形態をとったのか」を別の視点から考察すべきである。彼は保険の制度は、「テクノロジーにも制度にも帰すことができず、むしろ経済、道徳、法、政治的な諸条件、つまり保険に対して保障のための市場を与える社会的な諸条件に対応している」という。(14) リスク情報のテクニカルな発展に応じて特定の保険制度が発達するのではなく、どの保険制度が実現するかは、より広範な社会的諸条件に規定されている。社会が必要とする形態の保険がそのときどきに作られてきたということだ。社会保険史を見るかぎり、この主張は鋭く真実をついている。

社会保険が制度化されるまでの長い道のりを、エワルドは『福祉国家』の中で丹念に描写している。そこでは、炭鉱労働や蒸気機関を扱う労働など、事故が多くしかも重篤で大規模な損害をもたらす現場が、「事故の責任と補償」をめぐってクローズアップされてゆく経緯が描かれている。つまりリスクの社会化という問題は、はじめからリスクの偏在が認められる場面で議論されていた。皆が等しくリスクにさらされているわけではない。ではそれを前提に、事故やけがなど誰の責任で

（14） Ewald, *L'État providence*, p.172.

もない不幸に備えて誰が負担するのか。このような問題設定によって、リスクを社会的責任と社会的権利の次元で捉える枠組が徐々に作られていったのである。ここには、誰もが等しく予見不可能な未来に対して等しいリスクにさらされていると見なすという、確率における無差別の法則に当たる考えはない。むしろ、危険な業務をすべての人がその恩恵を受ける社会的行為と捉え、社会全体がその危険に対して責任を負う義務があるという、すでに述べた分業－社会的負債－連帯の認識が形成されていったのである。

このことを、現在の保険と保障に関する議論にあてはめるなら、次のように言うことができる。自らのリスクに応じて負担する原則が最も公正であるという価値観が大勢を占め、多くの人がそれに準じた行動を起こすとどうなるか。医療保険に関しては、高齢者、次に子ども、そして心身に障害をもつ人びとが大きな負担を強いられるだろう。半面、健康な大人は医療保険料を極力抑えられるべきということになる。現在の国民皆保険制度は全くのナンセンスとなり、リスクに応じた負担の制度に改変されるか、私保険の組み合わせによる自己責任の体制が主流になり、それで対応できない部分だけを扶助でまかなう。ただし扶助のレベルについては、それが税を財源とするならば、大いに議論になるだろう。逆に、高い保険料を払える金持ちはVIP医療を受けられる。

だが、アメリカでは絵空事ではないこうした方向は、日本で支持を得るだろうか。問題は「個人がリスクに応じて負担し、払った分は取り返すのが当然」というのが、保障が承認される際の一般的な根拠となるべきかにある。一方でリスクの偏在が知られており、他方でそれに対処する資力や能力に違い（格差）があるとき、それをどのように負担するのが公正であるかは、まさに「社会的なもの」をどう構築するかの問題である。これが個別具体的かつ非歴史的な個人の損得勘定の次元で語られる必然性はない。

社会連帯主義は、こうした「社会的なもの」についての問いに、社会の再組織化の観点から答えようとした。彼らは、分業の無規制と自己責任の厳格な適用は社会の不平等や対立を深刻化するのみで、これに対して闘争・紛争による分捕り合戦をくり返す、あるいは自分の方が損をすると声高に主張するのをやめること、つまり階級闘争の棚上げを求めた。そこに「社会」という集合的第三者を導入することで、宥和を実現しようとしたのである。マルクス主義者からは小ブルジョアの手先と斬って捨てられ、自由主義者からは新奇な改革路線として忌避されたこの思想に立ち返ることは、保険や年金をめぐって現在くりひろげられているさまざまな議論が、根本的な点では社会の組織構想に関わる思想的問題であることを思い出させてくれる。

また、統計の蓄積や保険テクニックの進展が未来に関するわれわれの知識を変えた（個人間のリスクの差が以前より明確になった）という主張に対しては、さらなる疑問もある。こうした技術上の進歩はもちろん、保険の破綻や大規模な赤字による財政危機、保険会社の倒産といった、一〇〇年前には見られた事態をなくすのに役立ってきただろう。だが、個人の運命の予見可能性という点では、われわれの知識は一〇〇年前とあまり変わっていないともいえる。たとえば現に存在する「リスク細分型保険」において、私が低リスクグループに入ったとする。それでも事故に遭うことは十分ありうる。もっといえばビルの屋上から鉄骨が降ってきて死ぬ人もいれば、何の前兆もなく心臓発作を起こすこともある。メタボでなくても糖尿病にかかる場合もあれば、理由が分からないまま流産する人もいる。人生何が起こるか分からないのだ。

こうした当たり前のことは、統計の錯覚を示す上では都合がいい。事故の確率、あるいは出生前診断などでの「異常」の確率数値は、ある特定の個人（たとえば自分）についてのリスクであるように見えるが実はそうでないいくつかの指標をもとに、特定のグループに個人を算入し、そのグループの過去のデータから確率を与えているにすぎない。そのため、グループの切り取り方や個人をどのグループに入れるかの指標が変われば、確率は簡単に変わる。したがって、冒頭の遺伝病の例なら、遺伝病の素因を持つ人と同じ保険料を払うのは損だと思っている人がいるとしても、自分と相手のどちらがどのような運命にあり、どちらが多くの医療費を必要とし、どちらが早く死ぬかを確言することは不可能なのである。問題は事実のレベルではなく、「ある遺伝病の素因があることが分かっている人を、生命・医療保障において差別することは正当なのか。いかなる理由で、どの範囲であればそれが正当だといえるのか」という、正義と社会規範のレベルで提起されねばならない。その人が加入することで絶対確実に自分が損をするといえる人はおらず、その意味で未来の不確実性と「運命の女神」の支配は、現在でも変わってはいないのである。

さらに、保険会社が高リスクの人には高負担を望むことと、保障を受ける側が負担と給付の関係をどう考えるかは別の問題である。保険会社はもともと相互扶助の組織である相互会社として位置づけられてきた。しかし日本では、一九八〇年代以降競争原理が導入され、以前からあった利潤追求の性質が追認されるとともに、数々の保護が撤廃された。私企業による利潤のための組織であるならば、そこでリスクと負担の対応が目指されるのは当たり前である。だがこの「企業の論理」に、保険加入者が立つ必然性は全くない。ある保障制度に加入する側が、特定の高リスク層と名指された人びとを除外して成り立つ保険と、高リスク層に対しても一律の負担を原則とする保険とで、負担と給付の関係がどのように変わるのか、あるいは具体的にどのようなバランスが最善かを考えるのは、利潤追求とは別の社会的な問題だからである。

ここでは、自分がどのぐらい損をするか得をするかという「ミクロな」損得勘定だけではなく、その制度を支える社会関係についての理念、どのようなしかたで社会を組織化し人々を結びつけるべきかについての構想が問題となる。すべての保険がリスク細分型保険になったら、何が失われるのか。リスクの領域は、どの程度私保険に委ねられるべきなのか。リスクの社会化をめぐる問いは、保険料と保険金という直接の金銭のやりとりの表層からは想像できないほど、深く広い社会制度や価値観、それに伴う個人の自由や行動の制約に関わるものである点を押さえる必要がある。

（4）連帯と自由

社会連帯思想は、「社会への負債を支払う」「構成員は社会に対して義務を負う」と言い、「社会共同の財産」といった表現をする。また、一方で予見不可能なリスクと利得についてこれらを「相互化する mutualiser」べきであり、さらには社会に多大な損害をもたらしうる事柄、たとえば健康や衛生に関しては、各人はその管理維持に努める社会的義務があるという[15]。

こうした彼らの主張は、個人の自由を著しく制限するようにも読める。デュルケムの思想は社会の中に個人を埋没させる集団主義としてしばしば批判されてきた。連帯主義には総じて自由を二次的問題として扱う傾向があるのだろうか。デュルケムについては、彼の思想がブルジョアやジッドと趣を異にすることをすでに指摘した。その理由は主にこの点にある。デュルケムにとって、文明の進歩と個人の自由は非常にやっかいなものであった。彼はすでに『社会分業論』で、文明の進歩が必ずしも幸福の増大にはつながらないと論じ、『自殺論』では「自己本位的自殺」と「アノミー的自殺」を、個人がある種の自由を得て社会の紐帯から切り離されたことに起因する現代の病として描いている。

これに対して、ブルジョアやジッドにとっては、個人の自由の価値はデュルケムにおけるよりははるかに積極的なものに見える。まず彼らは、国家社会主義に対しておそらくデュルケム以上の警戒心を抱いていた[16]。ブルジョアは国家を個人の権利保障と義務の履行のための単なる機関であるとして、そのことばを極力使わずにすまそうとした[17]。ジッドは『経済学原理』その他で、公営企業の是非および経済についての国家の監督範囲を細かく検討しており、一概に国家に対して否定的とはいえない。だが国家の役割に限定を付そうとしたのはたしかである。このことは、フランスで社会保険導入が議論された際、自由の国フランスが国家社会主義のドイツと同じではいけないという反対派の議論を意識して強調されたという背景がある。だが彼らは、自由の国フランスにおける真の自由の実現を望んでもいた。すなわち、社会連帯主義は「自由な連帯であって国家社会主義者による強制的連帯とはちがう」[18]のだ。

また、彼らは共産主義（マルクス主義）にも批判的であった。その理由としては、階級対立路線との立場の相違もあるが、自由の問題も関わっている。ジッドによると、共産主義は個人の所有権を否定することで、個人の自由に対して無数の制限を課すことを余儀なくされる(19)。

この点は「社会権」の生成という問題にも関わってくる。ジッドはパトロナージュの「慈善」、一八四八年革命以降の「友愛」に代えて、「連帯」の語がもつ積極的意味を語る。「われわれは慈善を施しにきたのではなく、連帯しにきたのだ。慈善は品位を穢《けが》すが、連帯は品位を高める」(20)。連帯主義は、所有の社会化（マルクス主義）や国家化（国家社会主義）による集中が、自由ではなく強制を生むとして忌避する一方、既存の不平等を容認したままで、「ノブレス・オブリージュ」の名の下に法権利と対立する意味での道徳の観点から貧民への慈善を説く、パトロナージュの言説を拒否

（15）Bourgeois, *Solidelité*, Livre III, chap. IV. この発想を犯罪にあてはめるなら、犯罪とは社会をリスクにさらす社会悪であり、その予防と撲滅が社会防衛と公衆衛生の名の下になされることになる。

（16）デュルケムはドイツ留学中に「講壇社会主義」に接して、それを好意的に評価していた。また『社会学講義』における彼の国家観は、読み方によっては非常にヘーゲル的である。

（17）*ibid.*, 242f.

（18）Charles Gide, Charles Rist, *Histoire des doctrines économiques* (5th ed.), Paris: Recueil Sirey, 1926, p.713.

（19）Charles Gide, *Principes d'économie politique* (24th ed.), Paris: Recueil Sirey, 1923, p.474. なお、サンディカリズム（労働組合主義）はその戦闘的性格、ストという敵対的手段で労働条件交渉を遂行しようとする点で、協同組合主義とは一線を画するとされた。『経済学説史』では、戦闘的サンディカリズムを新しいマルクス主義の一種に分類している（Gide, Rist, *Principes*, p.571ff）。

（20）*ibid.*, p.704.「慈善」「友愛」「連帯」の思想史については、田中拓道『貧困と共和国――社会的連帯の誕生』人文書院、二〇〇六年を参照。

した。

このことは彼らの思想が、すべての人が社会において他の構成員との間で「均衡」を保つ権利としての、社会権を擁護することにつながる。(21) ブルジョアとジッドはともに最低所得保障を生活保障の意味で認めており、また不運や不幸というネガティヴな局面だけでなく、教育や健康、そして協同組合活動などのポジティヴな面でも人々がその利益を相互化し、共有することを目指した。とくにジッドは、豊かな人ほど社会に対して多くを負っていると明言し、富者が義務として社会的負債を支払うのは当然であると考えていた。他方で、分業社会そのものからはじき出された人間、経済市場において交換すべき何ものも持たない人間を含めた社会の組織化の試みとして、消費協同組合に肩入れした。連帯とは、「交換のように一回かぎりの、即座に終わる行為ではなく、利害関係にある当事者たちの無限につづく協働」(22) であり、だからこそ、ある人の自由は協力と義務の履行によって別の人の自由と共存するかぎりで認められることになる。

以上、社会連帯思想の可能性をさまざまな角度から照らし出そうとしてきたが、この思想は依然として「古ぼけて埃をかぶった」ものに見えるかもしれない。そこで次に、一九世紀末フランスという時代と場所を飛び越えて、彼らの思想が現代アメリカ正義論の旗手たるジョン・ロールズの思想と、意外にも視点の共通性を持つことを示したい。

3 ロールズの『正義論』

さしあたって「無知のヴェール」というロザンヴァロンのことばを手がかりに、ここで取り上げる問題を限定しておきたい。

ロールズの思想を検討するにあたって、最初の焦点となるのは次の事柄である。無知のヴェールは何のために導入されているのか。それは、保障への加入者が「自分自身最も恵まれない者になりうる」という予期を抱く条件としての仮想的状況なのか。

(1) 無知のヴェールと社会的視点

本章冒頭で触れたとおり、無知のヴェールとは当事者が特殊な位置や状況、文脈を、自分についても他者についても知らないという仮想の状態を指している。このように設定された状態をロールズは「原初状態」と呼び、この理論的で仮説的な状況の中で、人々が正義の二原理を選び取ることを論証しようとした。無知のヴェールは、自分や他の人々が具体的にどのような文脈に巻き込まれ

(21) フランスの社会連帯主義とドイツ語圏で最も近親性を持つのは、「法曹社会主義」者たち、つまりウィーン大学のアントン・メンガー(カール・メンガーの弟)を代表とする社会権思想であろう。ジッド自身がこれに言及している(Gide, Rist, *Principes*, pp.717-718)。

(22) *ibid.*, p.725.

ているかを知らないという仮定によって、当事者相互の「無関心（利害関係のなさ）disinterest」という条件と対になっている。この無関心の役割を、ロールズは次のように語っている。

相互の無関心と無知のヴェール〔という二条件――引用者〕が結びつくと、思いやり benevolence と同じ目的を遂げることができる。なぜなら、この二つの条件の結びつきによって、原初状態に置かれたそれぞれの人は、他の人々にとっての善を考慮に入れざるをえないからである。つまり、公正としての正義においては、善き意思がもたらすのと同じ諸効果は、いくつかの条件が一緒に作用することで与えられる。正義のこの構想がエゴイスティックだというのは幻想で、原初状態の諸要素の一つだけを取り出すからそう見えるのだ。[23]

ここでロールズは、一度に二つのことを語っている。それは、原初状態における人間は思いやりと利己心の双方を欠いているということである。これは「無関心」が、関心を持つことができない状況を表していることから来ている。まず利己心については次のように言われる。「当事者の一人が、他の人々が自分に有利な諸原理に同意しなければ契約を受け入れないと言い張るケースがあるかもしれない。だが、その人はどうやってある原理が自分の利益になると知ることができるのか」。[24] 個別具体的な状況下における自己利益は、その状況が知られなければもちようがないからだ。思いやりについては、無知のヴェールによって特定の情報をもたないことから、他者について何も知らないのにその人に同情することは無理だという帰結が出てくる。そしてこの「思いやりの欠如」は、ここではむしろ積極的な意味をもつ。というのは、「聖者や英雄の霊的理想は、他のすべての利益（関心）と和解できないほど深刻な対立をもたらすかもしれない」[25]からである。

ロールズの思想が「リベラリズム」と呼ばれる一つの理由は、彼がホッブズの自然状態、つまり一七世紀の宗教戦争時のような、血で血を洗う「善と善との争い」を最もおそれた点にある。そのため彼は、相手との文脈をもった関係において生じる「思いやり」を、正義の二原理が選択される際の条件から排除しようとした。この点は、正義が必要とされる状況として、ロールズがヒュームによる社会成立の条件を参照していることを考えると興味深い。ヒュームは協働と分業が展開する条件として、集住、人間の能力の平等と弱さ、資源のゆるやかな稀少性などを挙げた。したがって、ロールズが正義の二原理が働く場面として想定しているのは、ある種の経済的分業社会である。ロールズがいう「社会的協働」は経済活動に限られないかもしれないが、ベースとして考えられているのは経済的分業であろう。だからこそ、必ずしも善の構想を共有しない当事者の間で協働の必然性があり、そこから分配されるべき利得が生じるのである。

ヒュームは、正義は人間の必要 necessity（具体的には所有権の確定の必要）によって慣習的に生じるとしたが、スミスは個人の道徳感情に着目し、ヒュームの利己心に満ちた人間像を和らげようと

（23） Rawls, *A Theory of Justice*, pp.128-129.〔『正義論』二〇二頁〕
（24） *ibid.*, p.121.〔同書一八九頁〕
（25） *ibid.*, p.112.〔同書一七四頁〕

した。この際スミスが注目したのが、「同感」と「思いやり」であった。ここでロールズは、利己心を中和するのは思いやりではなく相互の無関心であるという主張によって、正義の構想のための場を個人の情念や感情とは次元の異なるところに設定している。相互に無関心であるからこそ社会的な視点が導入され、誰にとっても納得できるルールが選定されるのである。

つまり、原初状態の当事者は互いに特殊な事情についての情報をもたないという単純な前提によって、自分に有利な議論を導く動機が排除される。それとともに、誰か特定の他者に有利な議論にも肩入れすることができない。利己心と思いやりを同時に廃することで、「社会的な視点」から公正の問題を眺める視角を得ることができるのである。ここで問題となっているのは、「自分に最も不利な状況が出現した場合」の想定に基づくゲーム理論的状況下の選択ではなく、「何の予想もできないからこそ社会的な立場に身を置く」という、社会的な視点の獲得である。

(2) 第一原理とマキシミン・ルール

ロールズが、無知のヴェールという仕掛けによって「自分がもし一番不利な状況に陥ったら」という想定を導き、利己心から出る思いやりとでも言えるような選択肢を当事者に選ばせるという解釈は、ロザンヴァロンに限ったものではない。こうした解釈は、無知のヴェールという現実離れした装置だけでなく、正義の二原理をマキシミン・ルールに関わらせる際の、『正義論』における説明のしかたにも関係しているからである。

マキシミン・ルールとは、「最悪の結果になる場合に、それが他の最悪の結果よりましになる選択肢を採用せよ」[26]という、不確実下での選択の一方法である。ロールズは、社会的選択理論におけるきわめて特殊な解であるこのルールが、原初状態における正義の二原理の選択と関連づけられるとする。ここで彼は「正義の二原理」をしばしばセットで語り、しかもマキシミン・ルールの解説につづいて同じ節の中で格差原理にコメントしている。そのため、マキシミン・ルールと格差原理が直接結びつくという理解（誤解？）が生じたのは何の不思議もない。そしてこのマキシミン・ルールが、「自分が最低の取り分しかもらえなかった場合の最善」を選ぶという、自己利益を理由とした格差原理の擁護として受け取られたのである。

だが、『公正としての正義 再説』でロールズは、「格差原理の正当化のための推論は、このルール〔マキシミン・ルール――引用者〕に依拠していない」[27]と断言している。両者は形式的に類似しているかもしれないが、マキシミン・ルールが関係するのは、基本的諸自由の原理（第一原理）であって、格差原理（第二原理後半）ではないというのだ。

ではなぜ基本的諸自由については、マキシミン・ルールに依拠した正当化が可能なのか。ここには、彼が基本的諸自由に与える特別な性格が関係している。ロールズにおいて基本的諸自由とは、いわばかけがえのないもので、なおかつ「量」として測ったり分割したりすることが困難な「質的

（26）*ibid.*, p.133.〔同書二〇八頁〕
（27）John Rawls, *Justice as Fairness: A Restatement*, Harvard University Press, 2001, p.95.〔田中成明他訳『公正としての正義 再説』岩波書店、二〇〇四年、一六八頁〕

な」事柄である。『再説』によれば、ここには思想の自由と良心の自由、政治的諸自由（政治参加の権利）、結社の自由などが含まれる。こうした「基本的諸自由」は、彼にとっては何ものにも代えがたい存在である。つまりロールズの議論では、それが毀損《きそん》される、あるいはその不平等が現実になることは、自分にとっても、自分が代表する人々にとっても、そして社会の誰にとっても、何をおいても避けるべき事態なのである。だからたとえば、社会全体の福利の増大といった別の事柄を、これらの自由を犠牲にして優先することは認められない。つまり、他の価値や意味とのトレードオフが不可能なほど根本的で、しかも「半分だけ享受する」というような分割や再分配になじまない性質を持っている。

基本的諸自由がもつこうした特殊な性質を前提とすれば、それがマキシミン・ルールに似た推論を導く可能性を理解できる。古典的な社会契約論、たとえばホッブズにおいて、自然権の譲渡はなぜ生じるのだろうか。ここでは、人間にとって殺されるかもしれないという恐怖があまりに強く、その現実化は他の何ものとも比較できない重みをもつ。そのため、死の確率がどのくらいか、それがあまり起こりそうもないことかどうかを度外視して、あらゆる人が自然権の譲渡を必ず受け入れるという構成になっている。第一原理についてロールズはこれに近い推論をしているように見える。基本的諸自由の保障は何ものにも代えられない不可侵の価値をもつ。そのためそれがどんなに起こりそうになくても、それが侵される可能性を考慮に入れた社会構造が必要となる。ここで働く推論は、自分が最悪の状況になったときの被害を最小化するというより、対象となっている諸自由が侵害されることは、誰に対してであれ認められない点を根拠としている。ここでマキシミン・ルールは、自己利益に基づく推論としてではなく、その実現が無上の価値を持ち、なおかつ分割したり部分的に享受することを想像しにくい「基本的諸自由」という主題についてのみ、その受け入れの傍証として援用されているのである。

このように、マキシミン・ルールの援用についても、自己利益やエゴイズムとは関係がないことが明らかになる。ロールズの議論は、基本的諸自由の至上性を前提にそれをどう守るかという姿勢に発している。ここでは、「基本的諸自由の至上性」が無知のヴェールにおける「無関心」の介在に似た役割を果たし、「自分にとって」と「他の当事者にとって」を対立させるのとは別の次元に「社会的な視点」が確保される。自分にとってと同時に誰にとっても必要不可欠な事柄にのみ照準することで、すべての当事者が受け入れるべき社会的ルールの平面に立つことが可能となっているのである。

（3）格差原理をどう捉えるか

（2）で述べたとおり、格差原理はマキシミン・ルールを援用して理解されるべきものではない。では、ロールズ理論の中で最も白熱した論争の的になってきたといってよい、この格差原理とはいったい何なのか。

まず、「社会連帯主義」の不平等是正についてのプランと対比することで、基本的な点を押さえておきたい。前述のとおり、ブルジョアは人間の不平等を自然的なものと社会的なものに分け、社会的な不平等がいかに大きく、しかも不正であるかを強調した。そしてその是正のために、富者は社会に対する「負債」を支払い、貧者は権利としてその支払いから幾分かを受け取るのである。ここでいう社会的な不平等是正の具体的方策は、ロールズにおける基本的諸自由の平等な保障（第一原理）とともに、機会の公正な平等（第二原理前半）を含んでいると考えられる。社会連帯主義は思想・良心の自由といった「古典的自由」をそれほど強調しないが、権利と義務と契約の用語で社会を捉える以上、基本的諸自由の確保が社会的平等の条件となっていると考えられる。また、機会の公正な平等が社会的不平等是正に不可欠であることはいうまでもない。そのための重要な方策として教育の無償化がテーマとされている。さらに、不平等是正のために富者から支払われた負債を共同の財産として貧者に分配し、あるいは共同で享受するというプランは、格差原理が関わる場面と重なっている。

社会連帯主義においては、個々の社会構成員について、誰がどのくらい負担し、誰がどれだけ得るべきかを確定することは不可能に近いという分配問題の困難を越えるため、財とその生産・消費の共同化という方策が提唱され、そこから協同組合主義へと接近する。ここでは分配問題は、生産から消費に至る経済活動のあり方自体を変え、経済的かつ道徳的な新しい組織を作るという方向で解決される。

ロールズにおいては、協同組合のような組織は「結社」であり、それについての構想や評価は彼の「政治的リベラリズム」の検討事項ではない。そのため彼は、具体的な経済組織のあり方への言及を避けたままで分配問題に関わる基本的ルールを定めなければならない[28]。そのため、ロールズの議論は極端に抽象的にならざるをえない。

こうしたある種の制約の下で、格差原理がどのような経済社会を想定しており、何を目指しているかについて、ここでは二つの点を指摘しておきたい。まず、彼が分配問題を取り上げる際に設定している状況についてである。ロールズは格差原理の説明において、OP曲線を用いた（非常に分かりにくい）図を使っている。[29]そこでの原点Oは、有利な人びとと不利な人びととの間での完全な平等分割である。したがって、出発点は平等な財の配分（等しい人生の見込みの配分）にあって、そこから離れた方がよいと原初状態にある人びとが合意する配分があるかどうかを探るという構成になっている。文字通りの平等分割は、経済的インセンティヴや効率の面で劣るというのがロールズの主張で、「全員の状態を改善する」、とくに「より多く獲得する人々は、より少なく獲得する人々にとって、とりわけ最も少なく獲得する人々にとって受容可能な条件で、より多くを獲得するのでなければばならない」[30]というルールが選択されるという。これが格差原理である。

思考の出発点として平等分割があって、全員にとってそれよりよい選択肢として格差原理が適用されるという構成は、はじめに最大の効率を達成する状態を置き、そこからどこまで平等や格差の是正を認めるかという考えとは逆になっている。これは、特定の経済システムへの言及を避けながら

（28）この点に関連する事柄として、*ibid.*, p.178〔同書三一〇頁〕で、ロールズはミルの「労働者管理型企業 worker-managed firms」に言及し、これが彼の構想する「財産所有の民主主義」と「完全に両立する」としている。

（29）Rawls. *A Theory of Justice*, p.66, figure.6〔『正義論』一〇三頁〕および、Rawls, *Restatement*, p.62.〔『再説』一〇七頁〕figure.1.

（30）*ibid.*, p.123.〔同書二一六頁〕

らも、格差原理が強い平等志向を持つこと、ロールズのことばでいえば互恵性原則に基づいてのみ不平等を容認することを示している。

ではなぜ平等分配より格差原理に基づく不平等がよいとされるのか。これは格差原理が、生涯にわたって協働する人々からなる社会を想定していることによる。社会のメンバーはすべて、ある社会の中でともに生き、協力して働く。[31]そうした長期の協働が前提であるかぎり、経済における効率性や労働のインセンティヴといった要素を除外して考えることができない。つまり、格差原理はある一時点での資源配分の公正の問題ではなく、社会共同体において長い期間にわたって協働する、分業社会のメンバーの何世代にもわたる営みの中で生じる分配問題を対象とする考察なのである。

もう一つは、生まれつきの才能と運不運という「自然の」不平等についての彼の主張である。半ば驚くべきことに、ロールズは生まれつきの才能の違いを、道徳的に正当化できないと考えている。彼の理屈は、こうした才能の配分における不平等は、その人がそれに値するdeserveから与えられているのではなく、その点では運不運と同じであるというものである。運が悪い人に対して、運が悪いのはそれに値するからだという言明が正当化されないのと同様、たまたま才能に恵まれた人がそれに値するわけではない。だからこそ、才能や運における「こうした偶然が、最も恵まれない人のためになるしかたで用いられるように、社会の基本構造が編成される」可能性が模索されなければならない。そして、「自然な才能や当初の社会的地位の恣意的な配分によって、そこから人が利益を得たり損をしたりすることを前提に、誰もがその埋め合わせにあずかれるような社会システムを立ち上げたいと望むなら、われわれは格差原理へと導かれる」[32]ことになる。

したがって、原初状態における当事者は、生まれつきの才能や運の配分全体を共同の資産と見なし、それを協働のために利用することに合意して格差原理を承認するというのである。つまり、どこかに運のいい人がいればどこかに運の悪い人がおり、才能に恵まれた人がいるかと思えばそうでない人がいる。これらを「ミクロな」視点で見れば天からのギフトとなるが、社会的な視点を導入するならその配分全体が視野に入り、多くを与えられたものは与えられなかったものに返さなければならないことになる。格差原理がその再分配の主眼を所得と富に置いている以上、これは富者が貧者に対してその負債を支払うべきだという社会連帯主義の主張に近接してくる。

4　社会的な視点と連帯

すっかり話が長くなってしまったので、ここで全体をまとめておきたい。まず社会連帯主義は、リスクの不確定性を事実上の均等なリスクと見なし、負担を平準化する思想ではない。むしろリスクや富、そしてさまざまな社会的条件の不平等を前にして、それらをどのように負担することが公正であるかを、「社会の再組織化」の問題と結びつけて考察する思想であった。さらにそこで獲得された「社会的な視点」は、権利と正義の用語で社会的不平等を語ることを可能にしていた。

(31) 社会からの退出の自由は、現実味のないこととしてロールズによって斥けられている。
(32) Rawls, *A Theory of Justice*, p.87.〔『正義論』一三七頁〕

一方ロールズの思想は、個人が自己利害という観点から社会的正義を承認するという構成を取っていない。無知のヴェールは他者の利害と自己利害とを置き換えるのではなく、特定の利害から離れた社会的な視点を導入するという効果をもっている。マキシミン・ルールもまた自己の損失の最小化ではなく、誰にとっても欠くことのできない自由という、基本的諸自由の特殊な性質と結びつけられる。さらに格差原理は、長期にわたって協働がくりひろげられる社会共同体において、才能や運の不均等な配分の帰結をどう考えるかという問題設定において、所得や富の平等分配から出発してそれよりもよい配分を模索する中で採用されるものであった。

歴史的背景も社会的文脈も異なる彼らの思想には、もちろん異なる点も多い。なかでも重大なのは、ロールズにおける「基本的諸自由」のかけがえのなさというテーマが、社会連帯思想においてどこまで重視されていたかという点であろう。実際この思想が、自発的連帯と強制的連帯、あるいは自由と両立する連帯と自由を制約する連帯の違いをどこまで理論的に把握し、後者を批判する可能性を持っていたかは不明である。ドレフュス事件に見られるような当時のナショナリズムや民族主義の台頭に、デュルケムやブルジョア、ジッドは非常な嫌悪感を示した。だが連帯思想自体に内在するものとして、ロールズにおける第一原理の絶対的優先性に相当する強固な足場をもって「悪しき連帯」を批判する視座が、果たしてどこまで確保されていたかは今後の検討課題とせざるをえない[33]。

こうした差異を考慮しても、ロールズの思想を「社会的な視点」の導入による正義の原理の擁護として、連帯の哲学の一潮流と捉えることには意味があると思われる。リバタリアニズムとコミュニタリアニズムに挟撃《きょうげき》される思想として特殊アメリカ的文脈の中に置きつづけるより、ヨーロッパ社会民主主義との間での対話を試みる方が、ロールズを社会変革の思想として読むには得るところが大きいのではないか。逆に、福祉国家の再編成と社会的なものの未来を建設的に考えるには、福祉国家の思想的基盤とされてきた社会連帯思想を、正義と自由の思想によって照らし返すことも、また、意味のあることだろう。「新たなる連帯」を、連帯の哲学のことばで語りはじめるためには。

(33) この点に関して、デュルケムの「個人崇拝としての個人主義」、そして国家を超える普遍性としてのユマニズムの価値づけは、意図としては分かる。だがそれが、彼の体系全体の中でどのような位置を占めるのかははっきりしない。というのは、社会共同体の正常と標準のうちに「善さ」を見出すデュルケムの規範実証主義において、善き社会的絆と悪しきそれとを区別することは、原理上は困難だからである。

III　隔たりと政治

第Ⅲ部について

第Ⅰ部では現代における統治のあり方、第Ⅱ部では隔たりを埋めつながるためのことばと社会構想がテーマであった。ここまでは現状と今後の方向性について考えてきたのだが、第Ⅲ部はこれらと視点が異なる。ここでは、第Ⅰ部、第Ⅱ部のような議論が成立する「場」、あるいは政治という営みがなされる場所について考察している。

五つの論考からなる第Ⅲ部で、鍵となるのは「中間性」という考えである。パスカルが人間を「考える葦」と形容したのは、まさにこのことの表現であろう。

人間は自らの意志とは無関係にこの世に生を享け、ある生物学的物質的条件の下に生きざるをえない。その点では他の生物と何ら変わることはない。だが、人間は考える存在である。これはどういうことだろうか。思考し、とりわけ言語を操る人間という存在は、記憶と想像力の働きを通じて自我なるものを発達させる。そしてきわめて複雑な欲求を抱き、また真理や正しさを求め、正義と倫理にまで手を伸ばす。

その一方で、こうした人間という存在は、相変わらず獣的な欲求や卑賤な願いを片時も手放すことはない。場合によっては、獣に見られる素朴さを欠いたねじ曲がった欲望を満たすために、自らの知的能力を駆使して他者を陥れ、ありとあらゆる資源を利用し尽くす。

こうした人間たちが、曲がりなりにも平穏にその生涯を過ごす場所は、誰によってどんなふうに構想されるのか。つまり、第Ⅰ部、第Ⅱ部で考察してきたような、統治が実践されつながりが生まれる場はどこにあるのか。これを描写することが第Ⅲ部のテーマとなる。

予想されることだが、そこは必ずしも美しい場所ではない。というよりむしろ、大きな善と小さな悪が比較され、かけがえのないものが別の目的のために犠牲にされる、そんな場所である。醜い情念につき随《したが》う人間たちのあいだに秩序を作り維持するには、汚らしい現世に踏みとどまらなければならない。それはときに英雄の行為として描写されるが、本来そんなに格好のいいものではない。悪魔との取引に必要とされる心性は、武勇の徳に比肩されるような「男らしい」決断力ではなく、人間であるかぎりここにいるしかないという事実の醒めた認識である。このような前提に立つなら、ウェーバーやシュミットが行ったように政治的決断を英雄のレトリックで語ること、これもある種のニヒリズムである。

とはいえその場所がどんなものになるかは、人間に委ねられている。パスカルは人間の思考と抽象能力を重視しただけでなく、人が自ら行為を選択できるという事実に注目した。そこが人間と他の生き物を分かつ点である。中間者である人間は、地上の獣と天空の神々のあいだのどんな場所にも赴ける可能性を秘めているのだ。

無限と無のあいだの有限性として明確に限定されていながら、天と地ほどの振れ幅をもつ人間の生。これこそが政治の在処で、人々が諍《いさか》い、血を流し、温もりを得て、協働する場所である。その場所に生きるということ、そこで人々の生を調停するということ。これが隔たりの中で政治が展開する場であり、そこでの政治の営みである。

第一一章　ナウシカとニヒリズム

ニヒリズムって何だろう。

ウィキペディア日本語版には、「ニヒリズムあるいは虚無主義（きょむしゅぎ、英：Nihilism／独：Nihilismus）とは、この世界、特に過去および現在における人間の存在には意義、目的、理解できるような真理、本質的な価値などがないと主張する哲学的な立場である。名称はラテン語のNihil（無）に由来する」とある。

ニヒリズムということばを耳にしたことがある人には、これはごく一般的な定義だろう。ニヒリズムは虚無的で、世界にも人間の生にも意味がないという。そのため「生きていてもしかたない。どうせこの世には意味がないのだから」という厭世主義を生む。逆に、「どうせ意味などないのだから、あと先考えず好き放題に生きればいい」という刹那的快楽主義にも結びつく。

おそらく多くの人と同じように、私も長らく、世界の悲惨さに直面するがゆえに生を浪費するこうした態度こそ、ニヒリズムだと考えていた。生きることは無価値だとこの世界と生を否定するか、それならばどう生きてもいいと快楽のかぎりを尽くすか。これらは表面的な生き方としては正反対に見えるけれど、根底にはニヒリズムという一つの共通項があると。

宮崎駿『風の谷のナウシカ』（徳間書店）[1]には、主人公の少女ナウシカが「虚無」に抗うシーンがくり返し出てくる。ナウシカは戦いに次ぐ戦いの日々を過ごし、数かぎりない生命が、まるで何の価値もないかのように踏みつけられ、犠牲にされ、無残に果ててゆく姿を、あまりにも多く見てきた。やがて彼女は心身ともに疲弊し、虚無に苛まれ、呑まれそうになる。

ナウシカは死の淵をさまよう中で、世界の核心にある「森の秘密」を知り、別世界に旅立ちかけてしまう。だが、内に秘めた強さと情熱、そして彼女を求め、愛する人々からの呼びかけによって苦境を脱する。そして彼女は、醜く悲惨な殺し合いに満ち、空気も土も汚染され尽くした「現世」へと帰還する。

『風の谷のナウシカ』は、ナウシカとその周囲の人間たちが、このようにして「生きる意味とは何か」への答えを求めながら、生のあり方を選択してゆく物語なのだ。

作品中、虚無と対峙するシーンはさまざまなヴァリエーションで現れる。虚無はときに、骸骨のような醜い姿で彼女の前に姿を見せ、誘惑に失敗すると苛立ちを隠さない。あるいは全く逆に「楽園」の姿で近づき、その中に閉じ込めようとする。

この物語を読んではじめて気づいたことがある。それは、ニヒリズムとは厭世主義でも利那的快楽主義でもないということだ。ニヒリズムは無を認めることで生の意味を否定する態度ではない。むしろ無を認めることを避け、現実から目を逸らしたまま生の意味を肯定できる場所にとどまろうとする態度なのだ。

よく考えてみれば、この世界に意味などない、だから人間の生にも定まった目的はないと認めるのは、恐ろしいことだ。厭世主義者や快楽主義者は、この「無意味さ」を進んで受け入れる。だから彼らには、ニヒリストにはない勇気と、それでも人が生きているという事実を、事実として認識する力がある。

『ナウシカ』でいうなら、土鬼《トルク》の皇兄ナムリスがこうした人物の筆頭だろう。ナムリスは人間の営み、とくに支配者として殺戮のかぎりを尽くす自分たちのような人間が、きわめて下劣で愚かだとよく分かっている。それを承知で、役割を果たすかのように卑怯な策略をめぐらし暴虐を尽くし、世界が終末に至る次第を見届けようとする。だが戦闘の中で重傷を負い、政略結婚の相手であるトルメキアの王女クシャナに首をもがれてしまう。運悪く体に特殊な改造を施していたため「首だけ生体」になって打ち捨てられ、爆風に吹っ飛ばされる。だが、この人物はこれほどひどい結末を、自分にふさわしい最期として受け入れているらしいのだ。首が落下するときの最後の台詞は、「せっかくおもしろくなって来たのにこれでオシマイか」だ。

これと対照的なのが、ナウシカが巨神兵を連れて「墓所」を封印しに行く途中で出会う、トルメ

---

(1) ここで取り上げるのは七巻完結の漫画版である。一九八四年公開の映画では、第二巻の途中までが描かれている。

キアの二人の王子たちだ。彼らは無益な戦いに倦み疲れているが、父王の言いつけに背いて遁走《とんそう》する勇気はない。さりとて自ら戦いの先頭に立つ気概もなく、小心と用心深さでその場を切り抜けることだけに腐心する人たちだ。彼らはナウシカとともに、「墓所の庭」と呼ばれる楽園へと招き入れられる。

長きにわたる争いによる環境破壊と、「火の七日間」と呼ばれる最終戦争で、大地は汚染され、多くの生物が死滅した。不思議なことに墓所の庭には、こうして滅亡したはずの植物や動物たちが生きており、美しい田園風景の中で生を謳歌している。そして、どこからか古楽器の懐かしい音色が聞こえてくる。

図書館を思わせる巨大な部屋で古楽器に向かい、楽譜を再現し音を奏でるのに夢中になっているのは二人の王子だ。彼らの表情は活き活きし、戦場におけるのとはまるで別人である。ナウシカもまた、この庭の外にあるすべてを忘れてしまいそうになる。だがそのとき、ずっと一緒に旅をしてきた「テト」という名の小動物（私はその種類を知らない）を思い出す。テトの名をきっかけに彼女は我に返り、「庭」からの脱出を決意する。

ナウシカはそれまで何度も虚無と対決してきた。虚無は尊敬する人の姿をとり、もっともらしい理屈をたずさえて、生の意味を否定してくる。人間は醜く愚かで、世界に何ひとつ有益なものを残さない。だから彼らを救うことにも彼らの世界に関わることにも意味などない。それどころか、お前もまた人間として、大地と生き物たちを傷つけ穢す愚か者のひとりなのだと。

だが最後の、最も重要な対決は、こうした場面をそのまくり返さない。それは楽園の姿をとって現れる。美しく、平穏で、その静けさが薄汚い世界のすべてを忘れさせる、楽園の姿で。

これはどういうことだろう。最も強力で、最も人を惹きつけるニヒリズムは、楽園にあるとでも言いたいのだろうか。そこで音楽を奏で、大地を耕し、動物たちと戯れる心穏やかな暮らしのどこが、抗いがたいニヒリズムなのだろう。

物語の中で、ナウシカは突然「ここから出なければ」と直感する。それはニヒリズムの本質が、この世界を見た上で否定することではなく、人間たちの醜さと愚行、それによって穢され、踏みにじられる世界とを、見ないですますことにあるからだ。

トルメキアの王子たちは、ついさっきまで自分たちが生きていた、血と欲望と争いに満ちた世界を完全に忘却してしまう。彼らは過去も未来も問うことのないまま、時間なき一生を墓所の庭で過ごすのだろう。この王子たちは生まれながらの悪人でも暴君でもない。ただ小心なだけだ。時代が少し違えば、真っ当に生きられた人たちだろう。彼らには、戦乱に明け暮れる世界の悲惨とともに生きる力がないだけだ。

ナウシカがもとの世界に帰るきっかけは、彼女が愛した小さな生き物の名を思い出すことだった(彼女がテトによって我に返るシーンは、ほかにも一回ある)。この小さな生き物が息づく世界に戻ることは、愚かな殺戮を行い世界を焼き尽くすことで、いっときでも疑心から解放され、小さな虚栄心を満たそうとする人々の思惑の渦の中に、再び飛び込むことを意味する。

それを承知で、彼女はこの世界を選び取るのだ。ナウシカははじめから、逃れられない運命に否応なく巻き込まれる人間としては描かれない。彼女の前にはくり返し別の世界、いまよりよほどましな世界、調和に満ちた美しい世界が立ち現れ、そうした世界と血なまぐさい現実との間で選択の機会を与えられる。

物語の終わり近く、ナウシカは「森の人」と呼ばれる種族の少年に、世界の秘密を握る森で一緒に生きてほしいと誘われる。彼女の返答は、「あなたは生命の流れの中に身を置いておられます。私はひとつひとつの生命とかかわってしまう」というものだ。このときも彼女は、「こちらの世界」にとどまることを選択する。

漫画のクライマックスなのだから、ここで彼女が「墓所の秘密」を明かさないまま森の人と立ち去ったのでは、結末にならないのはたしかだ。だがおそらく、この台詞にはもっと物語内在的な理由がある。ナウシカは旅の中で、世界の悲惨、人々の愚かさ、移ろいやすさ、思慮のなさ、無軌道な欲望といった真実を、そこここに積み重なる死体とともに見てきた。

こうした体験は、一見相異なるが根は共通する二つの考えに帰着しうる。一つはトルメキアの王子たちに見られるものだ。彼らはこの世界の外に楽園を探し、そこに安息の地を見出すことで、嫌な記憶をすべて消し去ってしまう。もう一つは、ナウシカを誘う虚無の語りとしてくり返し現れるものだ。虚無は、現実の苦しみや悲しみには何か人知を超えた意味があるのだと信じ込ませようとする。これは人が宗教にすがり来世での救済を求める際、しばしば寄りかかる理屈だ。この考えによるなら、この世が汚く苦しみに満ちているほど、救世主の到来は近い。

ナウシカはどちらの態度も決して受け入れない。それらはいずれもこの世界の外部を拠り所に、現実世界そのものを見ないですますからだ。そしてこれこそニヒリズムの本質なのだ。ニヒリズムとは、この世界が苦しみに満ちていることを、恐怖や臆病ゆえに直視しない態度だ。そこから、世界の外側に苦しみの根拠を求め「意味」をねつ造するか、現実を忘却させる楽園に逃げ込むかはどちらでもありうる。つまりニヒリズムとは、この世界の意味や目的の否定ではない。それはむしろ否定することを恐れる。そして、現実の醜さから逃避し小さな幸福の中に安住する。あるいは、現世の外から苦しみに意味を与えることで、現実を見ないまま中途半端にそれを肯定する。

ナウシカはテトの名を思い出すことで、ニヒリズムの罠から脱した。そして外部の意味づけや目的に訴えることなしに、ひとつひとつの生命が生きていることを認めようとする。物語の結末で、人間たちの未来を照らすと記されているのは、ナウシカ、そして王女クシャナという二人の女性だ。これが何を暗示しているかは分からない。分かるのは、ニヒリズムは戦場に特有のものではないということだ。むしろ日常のあちこちにあって、無関心や逃避や安易な意味づけの形で、私たちの心にするりと忍び込む。

ニヒリズムは危険すぎる。これこそ、ニーチェが一九世紀末にまさに生命を賭けて訴えようとしたことだ。宮崎駿はニーチェのよき理解者として、戦いの寓話の中でニヒリズムに抗する物語を再び語ったのだ。

第一二章　暴力・テロル・情念――『革命について』に見る近代

1　情念の近代

　近代とはどんな時代なのだろうか。それはすでに過ぎ去ったのか。それともいまもつづいているのか。過ぎ去ったとしたら、どのような意味でそういえるのか。そしてつづいているとしたら。

　かつて「ポストモダン」が流行した時期、この問いへの答えは明らかだった。いまもつづく近代、この時代の呪縛から逃れるために、ポストモダンの問いかけが必要なのだと。つまり、近代はいまここの現在を拘束する枷であり、それを批判することを通じてそこからの出口を模索することが、未来に向けての使命だと信じられていた。

　その後の数十年で、ポストモダンの問いかけは近代についていろいろなことを明らかにした。その一つは、近代は単数ではなく、さまざまな相貌、さまざまな側面を持つ、きわめて複雑な時代であり出来事だということだ。そして近代が一つの特徴によって捉えきれるものでない以上、近代が終わったのかつづいているのか、乗り越えられたのかそうでないのかも、一つの尺度で判定できるような事柄ではない。ポストモダンの大騒ぎのあとに残ったのは、こういういわば当たり前のことだったように思われる。

ポストモダンが「やり玉に挙げた」近代の特徴として、「理性の優位」あるいは「合理性の支配」がまず思い浮かぶ。たとえば、マックス・ウェーバーが描いた近代資本主義の「精神」の物語は、ポストモダンの解釈によってウェーバーの近代合理性批判として読みなおされた。さらに、官僚制研究へと連なる彼の合理性分析は、ミシェル・フーコーの規律社会批判と重ね合わせられ、啓蒙主義や自由で理性的な人格の尊重といった「オモテの近代」に対比される、「ウラの近代」の批判的な再検討として捉えられた。ここでは、近代が一つの合理性、一つの理性のイメージによって捉えきれるものではないことが、「別の近代」の暴露と批判を同時に行うことによって明らかにされている。

近代理性への批判はまた、認識論における主客の分離と主語（主体）の優位、あるいは身体よりも精神を重視し、思考の座としての自立した精神が自然としての身体を従えるという心身二元論にも向けられた。人間は理性的な存在というより身体や欲求によって規定された生き物であり、理性そのものも身体性を介してしか理解できない。あるいは、精神の優位を担保する自我の同一性、時間を貫く一つの自我という想定そのものが、フィクションにすぎないといった主張もなされた。

では、近代とは理性と合理性の時代で、近代批判は理性批判に尽きるのだろうか。近代においてその扱いが焦点となり、それを軸として人間論が構築されてきたのは、実は理性だけではない。情念という取り扱いが難しいもう一つの「人間本性」が、人間を突き動かし行為へと駆り立てる要因として、つねに注目されてきた。

世俗領域の解放、商業と経済活動の肯定によって、近代は人間の情念の解放をも積極的に受け容れたように見える。だが、マキャヴェリの『君主論』から一八世紀の「徳富論争」に至るまで、情念が解き放たれた時代は同時にその怖さを直視せざるをえない時代でもあった。近代の哲学者たちにとって、情念とはコントロールされるべき「問題」でありつづけた。それは逆にいえば、近代人が情念のコントロールに失敗するのではないか、あるいは情念が至上権を得たなら何が起こっても不思議ではないという予感を、多くの人が抱いていたということでもある。

キリスト教においては、情念は人間の「罪」と結びつけられ、肉の苦しみをもたらす災禍にほかならないとして抑圧・断罪されてきた。だが、近代になりキリスト教が攻撃にさらされる中で、情念の抑圧そのものが意味を失ってしまった。ここで、宗教に代わる倫理や道徳を模索した思想家たちは、一方で経済活動の起爆剤となる情念の存在を容認しながらも、それを統御する方法を探し求めた。それは一八世紀には、たとえばルソーからカントに至る理性の優位として定式化される。一般意志は理性に導かれるというルソーの確信、一般意志に反する意志を抱くものは自分の真の意志を知らないのだという主張は、カントにおいては理性が定言命法として人とその行為を律するという命題となる。

他方でイギリス経験論においては、理性と情念との質の違いが強調され、両者のどちらが上に立つかといった問いそのものが無意味化される。ヒュームが『人間本性論』第二巻で言明した「理性は情念の奴隷である」はそのように理解されるべきだろう。理性による情念の制御の代わりにヒュームが示したのは、情念による情念の統御という別の解決策だった。穏やかな情念、持続的で変わりにくい情念が、激しいが一時的な情念に勝る力をもつならば、人は激情に駆られて愚かな行為に走ることを抑制できるのだ。

だがこうした時代、こうした問いかけにおいては、激しい情念がかき立てられ、経済活動のみならず政治を動かす主要な力となり、それどころか政治の原理にまで高められるような事態は想定されていなかった。理性や、あるいはことばによる対話そのものが顧みられず、制度も手続きも軽視され、社会全体が情念の奔流へと呑み込まれていくような事態は、まだ到来してはいなかった。

2 「同情－憐れみ」の政治

しかしそれが実際に起こったということ、一八世紀末から二〇世紀に至る政治上の恐ろしい出来事の数々は、情念が度を越した激情に達し、それが世界を席巻し歴史の主役となったために生じたと考えられること、こうした近代像を示した思想家がいる。それがハンナ・アーレントだ。

アーレントは日本でとても人気がある思想家で、二〇一三年に公開されたアイヒマン裁判とユダヤ人問題を主題とした彼女の伝記映画も異例のヒットとなった。そのため改めて経歴を紹介するまでもないだろう。だが、彼女のテーマの一つが近代における情念の席巻であること、またその批判が当時の世界、とりわけナチスから戦後へと至る戦争と大量殺戮の問題をどう捉えればよいのかという、きわめて時事的かつ切迫した関心によって動機づけられていたことは、改めて強調しておかなければならない。

なぜなら、ポストモダンの批判が、過ぎ去った時代ではなくいまも人々を拘束しつづける枷としての近代を対象としたのと同じことが、アーレントの近代に対する態度にもあてはまるからだ。なかでも『革命について』（一九六三）という著書で彼女がターゲットにしたのが、理性の近代ではなく情念の近代であったことは重要だ。

ポストモダンの近代批判が起爆力をもったのは、過ぎ去った時代の批判ではなくいまここにある問題の所在と出口を指し示したためである。それはとりわけ理性批判として遂行された。その一方で、私たちが生きるいまここの問題、つまり二一世紀の問題は、少なくとも政治に関してはますます、情念や感情の席巻であって理性の支配ではなくなってきている。だからこそ、情念が支配する政治の恐ろしさを描くアーレントの主張に、リアリティと説得力が見出されるようになっているのだ。

『革命について』、とくに第二章「社会問題」は、情念に基づく行動原理がどのようなものかを克明に描き出している。彼女が念頭に置くのは、テロルの奔流に押し流されてしまったフランス革命、なかでも革命をテロルの嵐に変えたロベスピエールの行動原理であり、それと共通するロシア革命におけるボリシェヴィキ党指導者たちの行動原理である。[1]

ロベスピエールはしばしば、清廉潔白の革命の士であると評されてきた。つまり、断頭台へと次々に政敵を追いやり、果ては党派の仲間や親友までも処刑したのは、暴君でも専制君主でもなく、革命の理想に燃える闘士だったのだ。ではなぜ「有徳の人」ロベスピエールの高邁な理想が史上最悪のテロルという帰結をもたらし、フランス革命を血塗られたものにしてしまったのだろうか。

アーレントは、ロベスピエールの行動原理が、この世を統治するものにとっての基準となる「徳 virtue／悪徳 vice」の原理とは異なるものだったと指摘している。この世にはしてよいことと よくないことがあり、よいことは褒められ、よくないことは罰せられる。だから物を盗めば逮捕され、逆に優れた功績を残した人は褒賞の対象となるのだ。私たちは刑事制度をもつ国に生きており、司法と警察とが治安を守る任に当たっている。そしてまた、さまざまな賞や、あるいは世間の評判、人からの称賛を通じて、優れた人や善人は相応の評価を受ける。

もちろんそれらの評価がきちんとなされないことはありうる。冤罪事件はくり返され、誤認逮捕も起こる。それらのすべてについて真実が明らかになってきたとは到底思えず、無実の罪を着せられたままの人が数多くいることだろう。また、功績の評価も公平なものとは言いがたく、賞を得た人が賞を得たことを理由に褒賞を受けるといったおかしなことがしばしば行われる。そして、功績評価をいかに公平に近づけるかをめぐっての議論はたえない。

だが、これらはすべて「この世のこと」である。この世に生きる人々が作ったこの世の評価基準、そしてそれを支える制度や装置を通じて、人々の間に細かな差異や序列を生み出し、それにしたがって社会が運営されていくのだ。こうした装置が近代社会に限らず、かつて未開や野蛮と呼ばれたどのような社会にも見出されることは、文化人類学的な考察が長年にわたって明らかにしてきた。これが「徳／悪徳」の原理である。

これに対して、ロベスピエールを突き動かしたのは「同情 compassion／憐れみ pity」の原理であったとアーレントはいう。ここで同情とは、情念passionがともにcomある、つまり感情そのものがそっくりそのまま共有されるような状態を指す。そしてこの同情が、自分と同じような立場にはなく、むしろ全く異なる立場の人々に向けられるとき、それは憐れみとなる。革命において指導者たちを動かしたのが、不幸な人々へのこうした憐れみであり感情の共振であったことを、アーレントは次のように述べている。

「ル・プープル〔フランス語で「人民」――引用者〕ということばは、フランス革命のあらゆる事柄を理解するためのキーワードである。そしてこの語の意味内容は、自分自身は同じ苦しみの中にはいないけれど人民の苦しみを目撃せざるをえなかった人々によって定められた。史上はじめて、この語は統治に参加しない人、つまり市民に含まれない下層民衆という以上の意味を持つことになる。ここでは、この語の定義そのものが同情から出てきている。そして人民とは不運や不幸の同義

(1) アーレントは、革命において現実のものとなったこうした行動原理を体現する最初の人物としてルソーを挙げている。この点について私は判断を保留したい。アーレントは、たとえばルソーが合意に代えて意志をもってくる点、同情と憐れみの一般意志との関係、そして何より、ルソーの思想において、本来ならば他者の存在が果たすはずの役割を自己のたえざる分裂が果たすこと、これらの重大かつ特徴的な事柄の意味を、一貫性を持って説得的に示している。たしかにそうなのだが、ルソーという思想家は、これとは全く違った経路で全く違った姿を示すこともあるように思われる。これはルソーの自己対話が自分自身からいつもずれていくことの意味に関わる。そこでルソーについてはアーレントの説をそのまま取り入れるのはやめて、ロベスピエールやレーニンと同じ発想をする人物としてルソーの名を挙げずに話を進めることにする。

語となった。つまり、ロベスピエールがいう「私に声援を送る人民、不幸な人々よ」というわけだ」。(2)

少し思想史的な注釈をつけ加えておこう。ここでの「憐れみ」は、イギリス経験論の用語である「共感 sympathy」とは、ことばは似ているが発想として相当異なっている。sympathy は同感と訳される場合があり、そうなると日本語としては違いが分かりづらい。だが、共感は身近な人に対する感情であり、遠くの人々には抱くことが困難なものである。これに対して、憐れみは自分とは縁もゆかりもない人に向けて、隔たりがあるからこそ起こる想像上の感情移入である。そのため憐れみは、共感に含まれる「身近さのリアリティ」を欠いている。共感は具体性と個別性から離れることが難しいが、憐れみははじめから具体的でも個別的でもないため、簡単に抽象化・一般化され、無際限に広がることができるのだ。

3 絶対の善とテロルの嵐

では、「徳／悪徳」の原理と「同情／憐れみ」の原理とは、どのような関係にあるのだろうか。アーレントはこれに関連して、ロベスピエールや革命に邁進した人々は、彼らがしていることが究極的にはどのような結末に至るかをまるで知らなかったと主張する。それをはじめて理解したのは詩人や文学者であって、たとえばメルヴィルの『ビリー・バッド』、ドストエフスキーの『カラマーゾフの兄弟』における大審問官のくだりが、その結末を描き出している。

アーレントはメルヴィルの遺作『ビリー・バッド』を取り上げ、このことを説明する。『ビリー・バッド』は、「徳を超えた善と悪徳を超えた悪」についての物語である。「徳を超えた善とは自然的善であり、悪徳を超えた悪とは「自然による堕落」であり「悪徳と異なり、卑しむべきものや肉欲的なものを持たない」」。そしてこうした意味での善と悪はどちらも「社会の外部に」ある。[3] つまりここでアーレントは、徳と悪徳を基準として作られる「この世の」仕組み、制度、規範に対して、それを超え出るもの、この世の外にあるものとして、絶対の善および絶対の悪の存在を示唆しているのだ。これは「善 goodness ／悪 evil」という対立として、「徳／悪徳」の対立と対比される。

そしてアーレントは、「法律は犯罪と徳のあいだを揺れ動くのであって、それを超越するものは法律の理解を超えている。そのため法律は、根源的な悪に与えられるべき罰を持っていない」[4] という。つまり、この世の基準である法と処罰の規則と体系によっては、裁くことができない次元にある悪が存在するのだ。法律は悪徳を裁けるとしても悪は裁けない。このことから容易に推測されるのは、この世の基準で評価することができない善もまた存在するということである。アーレントによると、これが『カラマーゾフの兄弟』の大審問官にとってのナザレのイエスであった。

(2) Hannah Arendt, *On Revolution*, Penguin Books, 2006, (1st ed. 1963) p.65.〔志水速雄訳『革命について』ちくま学芸文庫、一九九五年、一一二頁〕
(3) *ibid.*, p.73.〔同書一二四頁〕
(4) *ibid.*, p.74.〔同書一二五頁〕

さらにアーレントは、ここでの絶対的な善と同情とのつながりを指摘する。「善は徳を超越し、したがって〔しばしばキリスト教の主題となる肉や欲による——引用者〕誘惑をも超越しており、人間が誘惑を退けるための理屈っぽい理由づけを知らない(5)。つまり絶対の善は、この世の制度によって評価可能な徳を超え出ており、同情と同じく説明不要の位置、ことばで表現することの困難な場所にある。絶対的な善には他者との比較も距離も違いの認識もない。この点では絶対的な悪も同じで、他者との比較に基づく嫉妬や虚栄とは無関係に存在する。一方で、先ほど挙げた同情は「人間同士の関係につねに存在している距離、つまり間にあるもの in-between を無にしてしまう(6)」。そして「政治的な事柄や人間事象の全領域が位置する、人と人との間の世界という空間をなくしてしまう(7)」。

つまり同情と善は、次のような過程のすべてを欠いている点で共通している。それは、人と人との違いを前提とし、その違いの中で褒賞と処罰の制度を設け、それらの制度や機構を維持すること、あるいは異なった考えをもつ者同士がことばを用いて妥協の糸口を探り、解決策や共通認識を構築していくといったプロセスである。この世というものはさまざまな人間からなり、その人たちはお互いに理解できない欲求に動かされ、人と自分を引き比べて嫉妬を覚え、人より先んじたいという虚栄心から行動する。社会制度は、そうした人間の行動様式や価値観を前提として作られ、改良されてきたのだ。こうしたすべては「人々の間にある」事柄で、それらをアーレントは広く政治的な空間の構築として捉えている。

ロベスピエールの恐怖政治、あるいはボリシェヴィキ党の独裁と粛清の政治は、こうしたプロセスすべてを軽蔑した。なぜなら、これらのプロセスはそもそも、正しい目的や最終的な到達地点を定めることなく、この世における人々の行為をこの世のスケールのうちに収めてしまう、きわめて凡庸で妥協的で、大義を欠いたものと見なされたからだ。そして同情と憐れみから行動する革命家たちは、人間への愛や革命の大義、全人類の解放を謳いながら、誰よりも残酷かつ非人間的にふるまうことができた。これは皮肉というよりは事柄の当然の帰結というべきだろう。

絶対の善の立場から、自分とは何のつながりもない人民一般に全面的に感情移入し、彼らになり代わって行動するかぎり、革命家を押しとどめるものは何もない。制度も交渉も妥協も反対意見も、これらはすべてこの世のもの、しょせんは徳ー悪徳の範囲内にある小さな事柄であり、絶対の善の実現を阻む障害物にすぎないのだから。(8)

こうした行動原理は、自己と他者、あるいは自分と社会との間の距離感のなさ、無媒介性、そしてそれに基づく全能感を招来するものだろう。決して具体的な誰かではなく、一般的な存在として一括りにされた「貧しきもの」「不遇なもの」への感情移入に基づいて絶対の善からなされる行動は、この世のあらゆる徳を悪徳とともに葬り去る。それによっておよそこの世の基準では計り知れず、そのため誰も止めることのできないような残忍や暴力を平然と実践することができるのだ。

---

(5) *ibid.*, p.77.〔同書一二九頁〕
(6) *ibid.*, p.76.〔同書一二八頁〕
(7) *ibid.*, p.76.〔同書一二九頁〕

4　映画『タクシードライバー』

このような発想が見られるのは、歴史にその名をとどめる革命家に限ったものではない。大衆化とポピュリズムの時代には、市井の人々が革命家と同じように行動するようになったともいえる。ここですぐさま、宗教的原理主義者や過激なナショナリストが念頭に浮かぶかもしれない。しかしこうした性急な一般化による連想は避けることにしよう。そのかわり、個別の事例に即して、絶対善と同情の行動原理が現代ではどのようなものとなりうるかを考えてみたい。

私が『革命について』を読んですぐに思い出したのは、『タクシードライバー』という映画である。一九七六年の作品だから映画としてはずいぶん古いが、ロベスピエールの時代よりは一八〇年以上あと、また『革命について』初版より一三年あとの作品だ。マーティン・スコセッシ監督の代表作であり、「アメリカンニューシネマ」の最後期に属するとされるこの映画は、ベトナム戦争帰還兵というアメリカの暗部、隠れた社会問題を世に知らしめた。現在でもファンが多く、しばしば「最も好きな映画」として挙げられる作品である。主演のロバート・デニーロの演技は狂気じみて真に迫り、どう考えてもこの映画の主人公トラヴィスとして二六年間生きてきたようにしか見えない。

トラヴィスはタイトル通りのタクシー運転手だ。ベトナムの海兵隊帰りで、背中に戦場で負ったらしき大きな傷痕がある。学歴はぼかして言わなければならない程度のもので、おそらく高校中退であろう。身内や近親者は一切登場せず、出身地も分からない(9)。不眠に悩み薬を飲んでも眠れないので、夜中のタクシーの仕事に就いている。そして夕方の六時からはじめて一二時間から一四時間、朝までマンハッタンの街を流しつづける。

トラヴィスの人物像はこんなところだが、話が進むにつれ、彼がまともに人とコミュニケーションを取ることができない、どこかずれた人物であることが分かってくる。タクシー運転手たちが仕事の合間に集まるカフェでも、彼は他の運転手たちの会話に加わらず曖昧な返事しかしない。彼がコミュニケーション能力を欠落させていることは、一目惚れした女性への口説き文句を聞くと誰でも分かる。タクシーから目をつけた、次期大統領候補者の選挙事務所で働く女性に声をかけお茶に誘うのだが、そこでの彼の台詞はひどいものだ。「君と僕が似てるってことは、一目見てすぐ分かった。だから誘ったんだ」などと言う。だが、選挙事務所のボランティアたちの管理を担当するこのインテリ女性とトラヴィスの間には少しも似ているところはない。

（8）ここでアーレントが、同情／憐れみによる政治に対立する原理として「連帯」を挙げているのは興味深い（Arendt, *On Revolution*, p.78ff〔『革命について』一三二頁以下〕）。同情／憐れみが自分とは異なる人々一般に対する感情の共振であるのに対し、連帯は自分を含めた多様な人々の共通利害を実現するような共同社会を建設しようとする。それは弱者や貧民だけでなく、強者や金持ちをも包摂する。

まさにそのようなヴィジョンに基づいて社会を改良しようとする試みとして、「社会連帯主義」あるいは連帯の思想を捉えることができる。それはまた、ヨーロッパの非マルクス主義的な社会主義にも共有される理念であった。こうした試みの詳細は、重田園江『連帯の哲学Ⅰ――フランス社会連帯主義』（勁草書房、二〇一〇年）および「モース／ナシオン／ナショナリザシオン――産業デモクラシーをめぐって」（金森修編『合理性の考古学――フランスの科学思想史』東京大学出版会、二〇一三年、四三七―五一九頁）を参照。

（9）中西部の出身であることはトラヴィスの訛りから分かるらしい。

口の端にインテリ女特有のプライドからくるゆがみのあるこの女性を、トラヴィスはデートでポルノ映画館に連れて行き、激怒され振られてしまう。だがその後も大量の花を送りつけ、しつこく電話をかける。こうなるともはやただのストーカーだ。どこの世界に最初のデートで薄汚いポルノ映画館に誘う男がいるだろう。このあたりの一方通行性と押しつけがましさ、周囲との軋轢によっても軌道修正できないずれた感覚は滑稽ですらある。

同じ頃、トラヴィスは偶然自分の車に乗り込もうとした売春婦に出くわす。この女の子はとても若く、むしろ幼いというべき年齢に見える。トラヴィスは彼女を心配し、買春を装って近づく。そして彼女がチンケなヒモ男の言いなりにされ体を売っていることを知り、助け出そうとする。ところが家出少女であるこの女の子は逃げる決心がつかない。家に帰りたくないのだ。

少女とトラヴィスは別の場所で会い、話し合うが、ここでも会話は噛み合ない。少女は当時流行っていたヒッピーの共同村に行きたがり、トラヴィスは賛同しない。おそらくそもそもトラヴィスには彼女を理解するための回路がなく、自分のもっている道徳、あるいは善を一方的に押しつけようとしているだけなのだ。

彼の願いが何であるかは、たまたまタクシーに乗ってきた大統領候補者に話しかけるシーンではっきり示されている。トラヴィスはその候補を応援していると言い、激励する。大統領になったら何かしてほしい政策はないかと聞かれ、彼は「この街をクリーンにしてほしい」という。一人の人間、一つの街区ではない。この街の全部、ゴミ溜めのように汚く穢らわしいこの街を、全部まとめて浄化 cleanse してほしいというのだ。

トラヴィスのこの願いに対して、大統領候補の答えは「君の気持ちは分かるよ。でもそれはとても難しいんだ」というものだ。二人の発言のコントラストは鮮やかだ。この世の外にある絶対善という基準、ことばを必要としない怒りや同情から行動するトラヴィスにとっては、自分が生活するこの街、タクシーから眺めるこの街の全部が、浄化され洗い流されるべき汚物なのだ。彼がでたらめに同情する相手以外は、救われるべき存在、顧慮すべき人などいない。だからことは簡単になる。街全部を浄化してしまえばすむのだ。

これに対して、大統領候補の政治家（人権派の非常にまともで誠実な人物として描かれている）にとって、街をクリーンにすることは容易ではない。全部を一掃するわけにはいかないのだから、よいものと悪いものを振り分けなければならない。そしてそもそもの前提として、何がよくて何が悪いかを判定するための基準を定めなければならず、それを定めるには話し合いや合意が必要になる。政治とは結論ではなくプロセスの中にあるのだから。

この世の秩序の内部で、それを少しでもよくしようとする政治家と、社会の外部にある絶対の基準から街をまるごと浄化してくれることを望むトラヴィスの間で、話が噛み合うはずはない。トラヴィスはタクシーで稼いだ金で銃を四丁手に入れ、すさまじい勢いで体を鍛え、「その日」に備えるようになる。(10) つまり、自分が街を浄化する日だ。彼の思考回路がどうなっているのかまるで分からないが、街を浄化したいという情熱は大統領候補の暗殺計画へと結実していく。映画の中で一番有名なシーンだが、トラヴィスは鏡の自分としゃべりながら銃の早抜きを練習し、ブーツに貼りつけたコンバットナイフをすぐに使えるか試してみる。(11) 狭く汚いアパートで、選挙事務所で働く女性から突き返された花に囲まれながら。

サングラスにモヒカン刈り、M65フィールドジャケットを着込んで気合いを入れたトラヴィスは、大統領候補が街頭演説をする日に暗殺計画を実行に移す。[12] しかし明らかに怪しい風貌からSPに見つかり逃走する。あっけなく失敗したトラヴィスが向かったのは例の家出少女が売春する場所だった。路上で客から金を取るヒモを射殺し、ホテルの案内役の年寄りも殺してしまう。少女がちょうど相手をしていた客も殺し、すべてが終わり自殺しようとするが弾切れで血まみれのままへたりこんでしまう。そばには絶叫する少女の姿が見える。

トラヴィスがなぜはじめ大統領候補を狙ったのか、目立ちたかったのか腹いせなのか、そもそもはっきりした理由があるかどうかすら曖昧なままだ。そしてなぜ、標的をいきなり売春婦の少女の周りの男たちに変えたのかも分からない。

物語の終わりは、トラヴィスが結局逮捕もされず、家出少女を売春の恐怖から救った英雄としてメディアに取り上げられるという結末だ。少女の両親は生涯忘れられない恩人としてトラヴィスに感謝の手紙を送っている。これが何を意味するのかも、映画の中でははっきりしない。だがもしかすると、この世の枠の中にある司法の尺度では、彼の罪は裁けないということなのかもしれない。

そして、理解できない行為を理解可能な物語に翻訳して人々を安心させるのがメディアの仕事だということも示唆されている。メディアのありがたい仕事とメディアが与えてくれるお話に溜飲を下げるのが大好きな大衆のおかげで、トラヴィスは有徳の人、勇気ある人物として祭り上げられる。彼の衝動と暴力性は分かりやすいストーリーとしてパッケージされ、視聴者や読者大衆に届けられるのだ。

この映画はそこで終わりだと考えることもできる。だが、ラストにもう一つ気になるシーンがある。トラヴィスはもとのタクシー運転手に戻っているのだが、客待ちする彼が仲間の運転手たちと

（10）トラヴィスが不法に手に入れた銃は、スミス&ウェッソン（S&W）M29（リボルバー.44マグナム、全長八―三／八インチ）、スミス&ウェッソンM36（リボルバー.38、チーフスペシャル・ステンレス、全長六・九三七五インチ）、スミス&ウェッソンM61エスコート（オートマティック.22、全長四・八インチ）、アストラ・コンステイブル（オートマティック.22、全長六・五インチ）とされ、映画内での密売屋の説明とは異なる（ただし途中の射撃練習場のシーンでは、部分的に別の銃（エスコートの代わりにステアリング・アームズ、アストラ・コンステイブルの代わりにワルサーPPK、スミス&ウェッソンM36の代わりにコルト・デテクティヴスペシャル）が登場する）。また彼は、腕につけて銃が袖から飛び出す装置「スリーブガン」を、カーテンレールを使って自作している。
（11）トラヴィスがブーツに貼りつけていたのはケイバー社製の軍用ナイフである。スコセッシによると、トラヴィスの人物像は脚本を書いたポール・シュレイダーの体験から一部を造形されている。シュレイダーは中西部出身で海兵隊の特殊部隊にいた。当時ケイバーナイフと呼ばれたナイフは特殊部隊しか使わなかったそうだ。'Blood and Guns Turn Me On! : Richard Goldstein and Mark Jacobson / 1979,' in Peter Brunette ed., *Martin Scorsese Interviews* (Conversations with Filmmakers), Mississippi: University Press of Mississippi, 1999, p.61）を参照。
ケイバー社は一九世紀末にペンシルヴァニア州で創業したナイフブランドで、「刃物業組合 Union Cutlery Company」という名前であった。第二次大戦開始後の一九四二年に海兵隊にケイバーのブランド名で軍用ナイフを提供した。これが採用され「海兵隊のケイバーナイフ」として知られるようになり、社名もケイバー社に変更する。トラヴィスが持っていたのはおそらくフルサイズのケイバーナイフで、刃渡り七インチ、全長一一―七／八インチ、握りは革製のもので、かなり使い込まれていることが分かる。

話しているカットがほんの短くはさまっている。そこでの彼は明らかに、以前とは違った話し方やそぶりを見せるのだ。話の輪に入れないぎこちない感じ、暴発しそうな不安を抱えた落ち着きなさは影をひそめ、運転手たちの他愛ない会話にすっかり溶け込んでいる。いったいなぜなのだろう。

もしかしたらの話だが、彼は途方もない暴力を実際に振るうことをとおして、絶対的な善の魔力、あるいは全能の暴力性から解放されたのではないだろうか。トラヴィスはこの世のことばを獲得し、人とおしゃべりできるようになった。それと同時に街全部をまるごと浄化したいなどという大仰な考えが、急に馬鹿げたものに見えはじめたのかもしれない。

5　現代思想が向かうべき問い

アーレントが描いた絶対の善から行動する人間像。こんな人が政治家だったとしたらとてもおそろしい。テロルと粛清の嵐を呼ぶのだから。では、こういう人物が街に暮らす一市民だった場合はどうだろう。ここにはまた違ったおそろしさがあり、いま私たちがリアルなこわさを感じるのは、むしろこちらなのではないだろうか。

たいした取り柄もなく世間から見放されたような生活を送り、あるいは自らを社会から隔絶し、とりたてて誰ともつながりをもたない人がたくさんいることを、私たちはよく知っている。すぐ近くにそういう人が住んでいるかもしれず、電車で隣りに乗り合わせるかもしれないとも思っている。こういう人物が、自分の世界を築き上げ、絶対善を確立し、それに則って悪を浄化することを企てたらどうなるだろう。たしかにある種の憎悪に基づくけれど、それが特定の人との関係における個別の憎しみや反感の形態を取らないとしたらどうだろう。むしろ一般的で抽象的な社会への怒り、すべてを洗い流し浄化することへの強い衝動によって突き動かされる暴力を、この世の基準の内部にいる人々は押しとどめることができるだろうか。その人が暴力に走る動機を想像することすらできないのに。

あるいは、ことばを銃やナイフと変わらない「武器」としてのみ用いるような人たちに、どんなことばをかければいいのだろう。これは「ヘイトスピーチ」に遭遇した人の多くが思わず絶句して

(12) モヒカンは北ベトナムをパトロールする際に海兵隊員がモヒカン刈りにしたところからきている（前掲スコセッシインタヴューを参照）。

M65フィールドジャケットは一九六五年にアメリカ軍に採用された野戦用ジャケットで、ベトナム戦争でも使われた。トラヴィスが着用しているのはオリーブドラブ（OD）と総称される色のもので、これは第二次大戦以降アメリカ軍がカモフラージュ色として採用したOD#3およびOD#7色を引き継ぎ、一九五二年以降用いられたOG107色を指す。右胸に所属していたことになっているパラウィング偵察部隊（海兵隊特殊部隊）のワッペン（降下徽章）と"We Are The People"の缶バッジ（タクシーで会話を交わしその後トラヴィスが暗殺を企てる大統領候補パランタインの選挙キャンペーン用のもの）、左腕にキングコングカンパニーロゴ（特殊部隊のオリジナルロゴマーク）のワッペンをつけており、背中にBICKLE. T.（トラヴィスの名字はビックル）とスプレーされている。

サングラスはランドルフ製のアビエイターと呼ばれるモデル。ランドルフは米軍が採用するサングラスメーカーで、アビエイターとはヘルメットをかぶったままで着脱できるようツルの耳の部分（テンプル）が曲がっていない形状のモデル。トラヴィス使用のフレームはゴールド、レンズはグレイかグリーングレイとされる。

しまう際に感じることではないだろうか。何と言い返せばいいか思い浮かばず、ただその場を立ち去りたいと願わせるような暴力的なことばと行動は、この世の秩序の中にいる人々を、言語という回路や話し合いの可能性を断たれているという感覚に陥らせる。そしてそれは、絶望的なことのように思われるのではないだろうか。

トラヴィスはこうした暴力的な衝動、絶対善というこの世の外にある妄想的な確信を、大量の血を流し人を殺すという暴力行為を通じて「浄化」した。彼がクリーンにしたのはマンハッタンの街ではなく、彼自身の衝動と妄執の方だったのだ。これから先彼は、絶対の善に駆られて狂気の行動に出た自分を、過去のものとして遠くから眺めて暮らしていくのかもしれない。

だが現実の世の中にはたくさんのトラヴィスのような人たちが他にもいて、社会への怒りを募らせ何か行動に出たいと願っている。その人たちがみんなトラヴィスのように暴力を振るったらどうなるだろう。これはできればごめんこうむりたい。かといって私たちは、暴力と流血、あるいはことばを「武器」として他者を絶対の悪として断罪する以外の出口を、彼らに示すことができるだろうか。この世界の中に、こうしたいわばこの世の外部に出てしまった人たちを再び招き入れる手だてはあるのだろうか。

このことは、「現在とはどのような時代か」を危機意識とともに問いかけるまともな現代思想が向かうべき、最も重大で深刻な問いとなるはずだ。二一世紀の現代思想が相手にしなければならないのは、理性よりは情念、合理性による抑圧よりはことばなき暴力であるのだろう。

第一三章　なぜ政治思想を研究するのか

1　なぜにいまさら読んでるの？

二〇一七年二月に、「シノドス」というウェブマガジンのインタビューを受けた。勤務先の明治大学の学生がインタビュアーとなって、教員が「高校生のための教養入門」を語るシリーズであった。ちなみに当時四年生のこの学生は、卒業後は出版社に勤務することになっていた。そのため私の次が最終回で、土屋恵一郎氏による、運命とギャンブルを日本の文化的特性から考えるという、私のものよりかなりおもしろそうな企画であった。

ウェブの影響力は最大瞬間風速としては書籍をしのぐところがあり、このインタビューについてはいろいろな人に（笑いながら）話題にしてもらった。なかでも、ウェブ記事内の「いろんな著作を残した昔の人について研究するって、どういうことなんでしょうか」という質問に対する私の答えに関心が集中していた。

ICレコーダーからの文字起こしでは分かりにくいのだが、その学生は思想史研究という物好きな学問に心底戸惑っているようだった。〔この章の初出である——追記〕「政治思想研究」のニューズレターを手に取り、ここまで読み進めてくださっている物好きの仲間たち（あなたのことです）はすでに気づきにくくなっているかもしれないが、思想史研究というのは外から見たらかなり奇妙なもののようである。

私の研究対象はミシェル・フーコーで、これならまだ「難しいことをやっている人」ですむところがある。フーコーの研究は、現代の刑務所や病院、精神障害者やマイノリティの処遇など、現実に起こっている問題との接点があり、何より彼は二〇世紀後半の思想家である。いま起きている問題と思想とをつなげて考えることが「現代思想」であると言われれば、多くの人がなんとなく納得してしまうようだ。

ところが、政治思想学会の中にたくさん生息している、もっと古い時代の思想家を研究している人たちのことになると、途方に暮れるらしい。しかも昨今の政治思想界は、私が学生だったころからは想像できないほどの古典ブームの状態にある。昔話がつづくと自分の年を痛感するが、かつては指導教員の手前、古典を研究していると見せかけて実はポストモダンに関心があり、こっそりその手法を導入していると耳打ちしてくる研究者も多かった。しかしいつの頃からかそんなこともなくなり、ポストモダンブームが去って残ったのは古典研究の方だった。

私自身、ブームの残骸整理のためもあって、最近はよく一六—一八世紀の政治思想を読むようになった。その経験から、教育的効果として古典は現代のものよりはるかに学生の勉強に資すると思っている。しかしそうなると、そんな古い時代の作品をなぜ読むのか、そして何よりどう読むのかが再び気になりはじめる。

シノドスのインタビューでは、書店に平積みにされ「ベストセラー一位」などと広告される多くの本たちが、一年後どれだけ残っているかという話をした。現れては消える泡のような本は無数にあるが、五〇年残る本がどれだけあるだろう。歴史の風雪に耐えなお読まれる本とその著者たちの巨大さを思いやれば、平積みの本の多くはとても読む気にならなくて当然ではないかと。

本というのは、歴史の重みにさらされることで奥行きが出て、また幾多の解釈の歴史そのものがその本に新たな物語をつけ加えていく。そんな本たちの魅力が、多くの研究者に埃をかぶった解釈史をたどらせるのだ。そして時代に応じた読まれ方の変化自体が、もとの本の中にあった視野の広さと射程の長さ、思想家の巨大さを改めて教えてくれる。先行研究に込められた熱意に感嘆し、難解なテキストという同じ山に登る同志のような感覚をもつことは、思想史研究の醍醐味の一つだろう。自分が気づいたことを数十年前の誰かが数百年前のテキストについて指摘していたときというのは、なんともうれしいものだ。ひるがえって、いまこれを読む意味、私がこの本と格闘する意義について、いやでも考えさせられることになる。

いまになって、インタビューでは学生が発した素朴な問いに明確には答えていないような気がしている。というのは、長く読まれている本に重みがあるのは、別に政治思想史でなくてもいえることだからだ。文学であっても、哲学でも歴史でもよい。さらにいうなら、作品の中に深淵を見出すことは、物理学でも数学でも経営学でも、どんなジャンルのテキストにおいても可能なことだろう。

そこで以下では、「政治思想を研究する」とはどういうことか、どのあたりの位置に立つことかについて考えたい。これは方法論の話ではない。むしろ、コンテクスト主義のインテレクチュアルヒストリーでも、分析的な現代英米政治理論でも、あるいは科学認識論的な関心をブレンドさせた政治社会思想史という私がやっているような方法でも、いずれにも共通する、政治思想の立ち位置の話である。

2　考える葦って誰のこと？

最近パスカル『パンセ』の「無限／無」の断章（ブランシュヴィック版断章二三三、トーウールーヌ版四九〇、ラフュマ版四一八、シュヴァリエ版四五一）を読む機会があった。この断章は『パンセ』の中では長い部類のもので、関連するいくつかの断章と合わせると、パスカルの人間についての見方がかなりはっきり表れている。私はなぜパスカルが人間を「考える葦」といったのか、とくに「葦」のところが分からない。だが、人間が「思考する」ということにパスカルが重要な意義を認めていたことは分かる。

「無限／無」の断章におけるパスカルの推論は、イアン・ハッキングが『確率の出現』で意思決定理論の原型として高く評価している。ここでハッキングは、パスカルの論証がある期待値を与えられた二つの出来事のあいだでの合理的選択の形式をとっていると理解している。絶対確実でも絶対に起こらないのでもない事態、つまり起こりうる事態は、起こる確率が1と0の中間にある。パスカルはそこに数値を割り当てる方法を編み出した人のひとりである（もうひとりはフェルマー）。確率と期待値を割りふることができる事態に直面して、人がどのように推論し意思決定することが合理的かについて、パスカルはかなり洗練された議論を行っている。

ハッキングはパスカルがこの断章で挙げた事例が特異で、また彼が数式を使わなかったために、読み手がパスカルの推論の明晰さに気づきにくくなっていると指摘している。ここでハッキングの議論をくり返す必要はない。むしろパスカルが挙げる事例がなぜ特異なのかに注目したい。パスカルが取り上げるのは、神の存在を信じるかどうかという、びっくりするような事例である。もっともパスカルにとってこれ以外の問いはほぼ無意味だったのかもしれない。あれほどの才能を持ちながら自らに数学研究を許さないほどの禁欲とは、なかなか想像しにくいものである。

パスカルがここで行っているのは、神の存在証明ではない。人間が有限な存在である以上、無限の神の存在を証明するなど不可能だからである。つまりパスカルは、ライプニッツ流の弁神論とは一線を引いている。その代わりに彼は、人間が無限を知る可能性があることに注意を向ける。その議論は次のようなものである。

人間は有限である。したがって有限な数について知ることができる。では無限の数についてはどうだろうか。有限な数をどこまでたどっても終わりがないことを人間は知っている。したがって人間は無限が存在することを、有限を通じて知っていることになる。しかしたとえば無限が偶数か奇数かについては知らない。数がすべて偶数か奇数であることは知っているが、無限が偶数か奇数かは知らない。なぜなら無限には終わり bornes がないからである。つまり人間には、その存在は知っているけれど性質や本性を知らない事柄がある。

神は無限であり、人間は有限である。有限な存在には拡がりと終わりがある。数の無限には拡がりがあるが終わりはない。だから人間は無限が存在することを知性によって理解することができる。しかし人間には終わりがあるので、無限の本性については知りえない。一方で、神には拡がりもなければ終わりもない。したがって人間は神の存在も本性も知ることができない。

パスカルの推論がここで終わったとしたら、彼はプロテスタント的な絶対の無知と信仰による救済を主張することになったはずだ。ところが彼はここから、神の非存在ではなく存在の方へと賭けるべきであるという議論を、確率と意思決定の用語ではじめるのである。ここで彼がしていることはいったい何なのだろう。

パスカルにとって、人間は中間的な存在である。善と悪との中間、無限と無との中間、無力と全能との中間にある。人は神の前では無に等しいが、それでも思考することができるのだから、全くの無ではない。人間は有限が与えてくれるものと無限が与えてくれるものの違いを理解することができる。その理解に基づいて、たとえチャンスが無限小であっても無ではないなら、無限の至福を与えてくれる神の存在へと賭けることは、全く合理的な事柄なのだ。「無限／無」の断章でパスカルが行っているのは、人間の存在と知性の有限性を前提として、そのなかで可能な理性（人間的な合理性）の使用を通じて、信仰の道を生きることへの誘いである。

パスカルは、有限な人間存在がその思考を通じて無限へと向かい、無限が存在する彼方を見やることができると考えた。そして、そこで行われるギャンブルに思いをめぐらすことで、自らの生活を律することができるのだ。人は合理的思考に基づいて、神がいるかのような生活、信仰の生活を送ることができる。もちろんその選択は人間の自由に委ねられている。つまり人は、自らの合理的な推論をもとに神の光の下での生活を送るという選択ができるのだ。

パスカルは人間の無知や限界や無力をくり返し強調するが、一方で人間の自由と理性に全幅の信頼を置いているようにも見える。人間は有限で取るに足りない。私はついさっきまで葦を蒲と勘違いしていたが、葦つまりヨシはどこの水辺にも大量に生えている弱いのか強いのかわからない草のことらしい。その取るに足りない存在が「考える」というところに、パスカルは人間の中間性と、中間的であるが故の可能性を見出したのだろう。

しかしここで、たいていの人間はパスカルの賭けなんて読んでも分からないし、神の存在が無限小のチャンスしかないなら、それに賭けたりしないのではないかという疑念がわく。多くの人が、不確かな来世の無限の至福より目先の利益を優先することに何の不思議もない。それに人間は毎日の生活の中で他者といがみ合うことに夢中で、来世に思いをめぐらすなど病気のときや死ぬ間際くらいかもしれない。

3　イエスとロベスピエールのあいだ？

政治というのは概してそういう人たちのためのものだ。これを書いているいま、ちょうど衆院選が近づいている。自分たちの都合で解散の日程を決める政治家たち、また一票の格差について曖昧な判決しか出さず、他の事件でも三権分立を疑わせるような判決か判断停止ばかりの最高裁判所は、そういう人間だらけのように思えてくる。「人間的な合理性」を用いて自由な意思決定を行う人、それによって神の存在に賭けるであろう存在とはほど遠い。

こういう人たちが行う同種の人間のための政治とは、どういったものなのか。偉大な文学作品の中に、それを示す場面が見事に描写されている。たとえばドストエフスキーの『カラマーゾフの兄弟』で大審問官が語るこの世の統治、またメルヴィルの『ビリー・バッド』でのヴィア船長の立場である。彼らが身を捧げるのは、まさにパスカルの賭けに応じるような合理性をもたない人たちにとって必要な「政治の場」だ。大審問官もヴィア船長も、統治者なら当然のこととして、人間の中間性を認めている。葦のように弱い人間は絶対の善にも絶対の悪にも耐えることができない。その葦は取るに足りないだけでなく、思考においてもパスカルのように明晰ではない。

こうなると人間とは考える葦ですらなく、ただの考えない人ということになる。この人たちは、ある種の政治、つまり愚かで弱く十分思考することもできない人々でいっぱいの中間の世界だけに妥当し、その内部で完結する正義にすがって生きている。キリストもビリーもこうした世界の秩序を揺るがす邪魔者であり、中間的世界の番人である裁定者によって排除され抹消されなければならない。

これはアーレントが『革命について』で、ルソーとロベスピエールに関連づけて論じた事柄である。イエス・キリストもビリー・バッドも、世の中の秩序を保とうとする人にとって同じように困った、目障りな存在であったのだろう。この世の秩序を超越してしまう人々は絶対的に孤独であったから、彼らを抹消してしまえば秩序は回復すると考えられた。だからキリストは磔にされなければならず、ビリー・バッドには処刑される以外の道は残されていなかったのだ。

しかし、彼らが抹消されないとき、つまり絶対の善が政治性をもち、仲間を作りはじめたとしたらどうなるだろう。それがロベスピエールであり、彼の中に取り込まれたルソーの「意志」の透明性であった。ここでアーレントは、政治と絶対性とは全く別の場所にあることを示したのだ。

パスカルはたしかに、人間の中間性を前提にその意思決定論を組み立てた。だが彼は、そこで人間の無力を強調したかったわけではない。むしろ彼は人間の理性と思考に価値を見出しており、また意志の自由と選択能力への信頼が前提となっていた。パスカルが想定する人間はたった一人で神に向かう、つまり無限の方へと目を向けることで合理的根拠に基づいて自らの生を律するような存在である。しかし多くの人にとって、パスカルの知性の明晰と峻厳な道徳的選択は望むべくもない。

かといって、大審問官のように開き直ることにも違和感があり、モヤモヤが残る。だいたいキリストを磔にしておいて、それを堂々と正当化するなど、まさに神をも怖れぬ大胆さではないか。たしかに、人が人と共存するためには、絶対の善とも絶対の真実とも関係ないところで、この世のくだらない人間同士を裁定する秩序と統治が必要なのは分かる。だからといって、そこに規範的な基準もよい秩序と悪い秩序の区別もないと言い切るのはためらわれる。キリストを殺すなんてひどすぎるし、そもそも間違っている。

一方で、この世に絶対的で厳格な規範を打ち立てようとすると、今度はロベスピエールが顔を出す。絶対の善を標榜し異論を許さない政治の行き着く先は言論封殺と多様性の排除であり、恐怖政治と全体主義である。しかし、大審問官もロベスピエールもだめとなると八方ふさがりだ。ではどうしたらよいのだろう。私たちは有限で中間的な存在として、絶対の基準に訴えることを回避しながら正しさを思考できるだろうか。

4　政治思想を研究するとは？

私が考えるに、政治思想を研究する人たちの多くが、このあたりに関心があるのではないだろうか。過去の声を聴き歴史に学ぶのは歴史学の仕事である。真理の歴史と言明の真理性を検討し、言語と論理の働きを分析するのは哲学の仕事であろう。人がどのように生きるべきかを問うのは宗教学であり倫理学でもある。政治思想はそのどれとも少しずつ違っている。

政治の場というのは、中間的存在としての人間たちが生きる場所、あるいはこの世に生まれ落ちたときから共存を強いられる場所である。そこには絶対の善も絶対の悪も存在の余地はない。あるのは中間的で現世的な善としての正義であり法であり統治だけである。しかしそれでも、よき統治と悪しき統治の区別がなかったら困る。そのため私たちは、何らかのしかたでよりよき政治あるいはよりましな政治を探そうとする。ではそこでのよさの基準は何か。絶対確実な真理にも絶対の善にも頼ることができないとしたら。

こうした中間的な事柄を考えたいと思う人、倫理でも信仰でもなく、哲学でも歴史でもないどっちつかずのところにいるけれど、現実政治のリアリズムにもその「実証的な」分析にも違和感をもつ、いってみれば中途半端な人たちが、政治思想に興味をもつのではないか。だが、中途半端は悪いことではない。パスカルが認めたとおり、人間存在そのものが中間的で、中途半端なのだから。そうでなくなろうとするとき、絶対の権力へと手を伸ばす人間は悪魔的な行いへの歯止めをもたないはずだ。

これもまたパスカルを読むと分かるのだが、人間の中間性という場合、その振れ幅は驚くほど大きい。人間とは全くもって無に等しい存在である。だが、無限の彼方の神を見やり、自己の行為を合理的に選択し、倫理的かつ道徳的に生きることができる存在でもある。無思考のカオスと全知全能との中間にある人間について、彼らの共同性がどのような形でありうるのかを、絶対の正解がないと分かっていながら考えつづける。それが政治思想を研究するということなのだろう。そこにある一片の誠意や倫理性が何なのかを思いめぐらしながら。

第一四章　天空の城、リヴァイアサン

トマス・ホッブズ（一五八八―一六七九）の『リヴァイアサン』は、奇妙な作品だと言われてきた。私は二〇一三年に出版した『社会契約論――ホッブズ、ヒューム、ルソー、ロールズ』（ちくま新書）という本で、この作品を論じた。だがいまでも、ホッブズが残した謎がさまざまに引っかかり、気づくとつづきを考えている。そしていま、この思想家はどうやら私が当初考えていたよりずっと、ぶっ飛んだ想像力をかきたてる人なのではないかと思いはじめている。

ホッブズの思想は、近代自然科学にも通じる「機械論的自然観」に根ざしているといわれる。この自然観では、世界のすべてはいったん小さな要素に分解され、要素から組み上げられた原因‐結果の連鎖として捉えられる。ホッブズがこうした世界像の持ち主と見なされるのは当然だ。彼はデカルトやベイコンの同時代人で、ガリレオとニュートンのあいだの時期に生まれた。そのうえ当時の先端科学に強い関心を寄せていたのだから。

そのためリヴァイアサン、つまり国家あるいは政治共同体もまた、人間たちを部品とする機械のイメージで捉えられてきた。たしかに『リヴァイアサン』の扉を飾る、無数の小さな人間たちが集まってその体を形づくる巨大な支配者は、機械仕掛けの人形のようにも見える。動く人形の歯車とバネとパーツの一つ一つが人間で、その動力は人々の生への執着、生き延びたいという願望が放つエネルギーだといわれれば、そんな気もしてくる。

だが、『リヴァイアサン』でホッブズが途方もなく苦労したのは、生のエネルギーをただ集めて部品にする機械人形を描くことではなかった。彼が望んだのは、エネルギーの向きと力をコントロールし、永久につづきかねない争いを終わらせ平和と共存を実現するような共同体だった。ホッブズにとって、生のエネルギーは少しもかっこいいものではない。人を殺してでも生き延びようとし、羨まれたい、自慢したいという虚栄心を抑えきれず、ねたみによって狂わんばかりになり、人を蹴落とすためなら自分が損をすることも厭わない愚かさそのものだ。彼は人間の醜さを正面から見据えるが、それに対していいとも悪いともいわない。むしろ人々がくりひろげる醜悪な足の引っぱり合いを現実として受け入れた上で、そんな人間たちにもありうる共同性を探そうとする。

そこがホッブズのリアリズムなのだが、おもしろいのは、その先に描かれるのがリアリズムには到底尽くされない世界であることだ。もしこの世のすべてが機械仕掛けで、人間たちの生もまた原因‐結果の法則に従うなら、国家や共同体はすぐにもバラバラになってしまう。というのも、人が他者に反発し、滅ぼそうとする力はあまりに強いのだから。

ところがホッブズはここに、人をやっかみ、蹴落とし、自慢し、有頂天になるのとはまるで違う要素を導き入れる。それが「約束する」という行為だ。人は約束を交わす。力を誇るためでも人を陥れるためでもなく、互いの利益だけを求めて。これがホッブズの言う「契約」だ。契約当事者となる人は、相手と自分が同等だということをはじめから受け入れている。対等な人間だけが契約を結び、互いに約束を守ることを求め合えるのだ。

ではホッブズは、ここからいったいどんな共同体を夢みたのだろう。

宮崎駿のアニメに『天空の城ラピュタ』（一九八六年公開）という作品がある。このなかに出てくる「ラピュタ」は、タイトルの通り天空に浮かぶ城のような島だ。ガリヴァー旅行記の「飛島」から着想を得たこの島は、「飛行石」という空飛ぶ力をもつ鉱石を動力とする。この鉱石を巨大な人工島にして空を周遊させられる遥か昔の科学技術の結晶によって、ラピュタが作られたという設定になっている。もっとも島の住人たちはとっくに滅亡し、彼らの「夢のあと」を少年と少女が訪れるという物語だ。

私はホッブズのリヴァイアサンのイメージ、その「力」を彼がどのように構想したのかを考えているとき、ふと「リヴァイアサンはラピュタなんじゃないか」と思った。ホッブズの時代、先進的な科学者たちは世界を要素へと分解し、そこから因果の法則にしたがって組み上げ、世界を再構成した。ここにあるのはニュートン力学に見られる世界観だ。宇宙は万有引力の法則によって支配され、モノは落下し、生物も人間も法則の例外ではない。

ホッブズもまたこれと似た世界観に立って、自然を、そして人間たちを観察した。人々は運動を常とする点では自然物と変わらず、モノのようにぶつかり合う。ここから「万人の万人に対する闘争」に至るのは必然的だ。ところが彼は、そこに自然に反する一つの力、一つの行為を導き入れる。

それが約束だ。約束を通じて人は、衝突したり相手を滅ぼしたりする代わりに、互いに対等な存在として関わり合う。この約束だけを頼りに、契約という行為、そこで生まれる力によって創造されるのがリヴァイアサンだ。

リヴァイアサンとは、自然に抗い重力に逆らって、人間たちが約束するという行為を通じて創り出した天空の城のような場所なのだ。

政治共同体を「昔からそこにあるもの」「神さまが与えてくれたもの」「先祖から脈々と受け継がれてきたもの」と考えたがる人たちがいる。そう考えれば自分より大きな何かに寄りかかれるから安心なのだろう。共同性の根拠についてそれ以上悩まなくていいし、自分の主義主張を「昔からある何か」(それは自然でも伝統でもいい)と同一視できれば、責任をすべて自分以外のところにもっていける。こういう立場は楽で居心地もいいはずだ。

でも、これとは違った考え方もある。政治共同体、あるいは国家というものを、大地に沈み込むことに抗して空に浮かぶ、天空の城のような存在だと考えることもできるのだ。約束を通じてだけ人間たちが与えることができる力、交わされる無数の約束が人々を互いに惹きつける力によって飛行する、宙に浮かぶ島のようなものとして。この島は飛行石の代わりに、約束によって人々が結びつき、そこから互いの利益を期待し合う、結合そのものによって力を得つづける。

いま私がホッブズの『リヴァイアサン』について想像するのはこんなことだ。

そして、国家というものを、自然に抗する人々の結びつき、自由な意志に基づく約束から生まれる力によって創られ、保たれていると考えてみることは、「ナショナル」なものを再考するという、きわめて現実的でリアルな政治のテーマを思索する上で、とても大切なことではないかと考えるのだ。

第一五章　『リヴァイアサン』の想像力

ホッブズの『リヴァイアサン』(一六五一)は強い磁力をもった作品である。決して読みやすい文体でもテーマでもない。しかし、背景となる世界認識の冷徹さ、それを淡々と受け入れ秩序構築の前提とする潔さ、あらゆる場面で論理を貫徹しようとする強靭な意志に貫かれている。扉絵、文章構成、ことば遣いを通じて、描かれる世界が恐ろしいものとして読む者に迫ってくる。目的(end)もなく争い合う人々であふれるこの世の姿が脳裏に焼きついて、悪夢となって甦る。

『リヴァイアサン』には無数の研究や解説があるが、ここではその詩的なイメージを膨らませてくれる二つのホッブズ論を導きの糸とする。それによって、神と獣の中間にある人間たちの「境涯」が、ホッブズの眼にいかなる姿で映ったかを考えてみたい。

カール・シュミット『リヴァイアサン』(レヴィアタン)は、一九三八年、ナチスのオーストリア併合の年、ポーランド侵攻の前年に、ハンブルクのHanseatische社から出版された。この著書はリヴァイアサンのイメージ喚起力に注意を促し、その神話的形象の源をさまざまなところに探っている。よく知られているのは、シュミットも最初に取り上げる、旧約聖書のヨブ記における海獣であろう。聖書中では他の獣と混濁して用いられ、リヴァイアサンはときに竜、蛇、鰐、鯨、そして危険な悪魔として現れる。それは海と結びつく獣であり、地上の獣ビヒモスと対をなす。

他の文化ではどうだろう。「神話的形象は本質上多様な解釈可能性と可変性をもつ。次々に変貌し、「新たな装いのもとで」(in nova mutatae formae) 登場するのは、神話の活力の確実な徴表である。レヴィアタンの神学的・歴史的解釈の多様性は法外なものである。それはある時は海のごとくに万物を呑む(παμφάγον)海獣であり、シリアのエフライムやビザンチンの最後の審判図によれば、終末の日に呑んだ死者を吐き出すという。マンダ教の教義ではレヴィアタンは終末に際して宇宙を呑み、現世を脱しえなかった万物を呑みつくす」(1)。

他にも、中世キリスト教においては神に釣られる大魚=悪魔として、ユダヤ教のカバラ学においては相争う異教の諸民族を指して用いられた。これに対して、ヨーロッパのケルト、ゲルマン、アングロサクソン、またとりわけ中国など、ユダヤや近東以外の地域では、竜や蛇は守護神として戦士や住民を護る聖なる印であった。

ではこうした豊穣な神話的イメージをもつリヴァイアサンは、ホッブズにおいてどんな存在なのだろうか。シュミットは『リヴァイアサン』扉絵について、当時最新の図像学的解釈に拠って、その意味するところを説明する。そのうえでテキスト読解をもとに、ホッブズのリヴァイアサンは神に由来する権力の象徴ではなく、個人の合意からなる現世的平和の創造者であるとする。

一七世紀には、「ゲラシウス主義」と称される中世盛期の両剣論において知られた、世俗の「権力potestas」と教会の「権威auctoritas」の二元支配の図式がもはや成り立たなくなっていた。そのような世界でホッブズは、皇帝と教皇のどちらにも依拠することのできない秩序の空隙をどのように埋めるかという問題に答えを出そうとした。彼の答えは、個人の合意によって形成されるリヴァイアサンが、現世における正しさのすべてを担うというものである。地上の秩序は分裂をやめ、両権は国家において一つに結ばれる。ここで正義と真理の後ろ盾となるのは、リヴァイアサンが人々から取り上げた実力行使の権能である。

ホッブズのリヴァイアサンは、神話的なオーラをまとうことで、機械であると同時に怪物、悪魔であると同時に守護者、中立的であると同時に全能の存在として立ち現れる。それはまさに可死の神、地上の支配者であった。ところがシュミットによるなら、全能のリヴァイアサンはそれ自身のうちに「強力なレヴィアタンを内から破壊し、可死の神を仕止める死の萌芽」[2]を含んでいた。それがホッブズの有名な内面と外面の区別であり、これをシュミットは、奇蹟などの信仰上の事項についての真偽を知りえないという不可知論に基づくものとしている。不可知論は内面の信仰に国家が立ち入ることを不可能にし、やがては内側から国家を破壊する「爆弾」に見立てられるのである。シュ

(1) シュミット、長尾龍一訳「レヴィアタン——その意義と挫折」長尾編『カール・シュミット著作集II 1936-1970』慈学社、二〇〇七年、三八—三九頁。
(2) 同書七五頁。

ミットはこれをホッブズの「根絶し難い個人主義」[3]に発するものとしている。ただしホッブズは、『リヴァイアサン』の哲学的論証の中で一貫して個人主義の前提に立っているので、これをあたかもホッブズ体系中の鬼子のように扱うシュミットの評価は少し不思議である。

いずれにせよ、この芽はすぐさまスピノザという周縁者によって大きく育てられる。スピノザはホッブズの不可知論から帰結する内面の留保を、個人の権利にまで高めるからである。個人の自由の原則が、国家の不可分性と全能性を内側から浸食し、その後の国家の中立化と脱政治化の進展によって、リヴァイアサンは斃《たお》れる。シュミットはスピノザにはじまる「個人的自由権」が、やがては社会的勢力、つまり政党や労働組合といった部分集団の台頭をもたらし、それが国家の統一性と対立する間接権力による多元的国家支配を許したと批判している。巨大な機械であり神話の怪物であるリヴァイアサンはバラバラに分解し、可死の神創造によるホッブズの新たな神話形成は失敗に終わったのである。

シュミットの議論は、政党政治に基づく議会や労働組合、そして個人主義的自由を軽蔑する点、また全能の国家というプロジェクトを瓦解させたのは内面の自由であったという主張など、一九三八年という時期を考えると政治的にかなり問題がある。また、スピノザ以降実存的自由の主張によって全能のリヴァイアサンが骨抜きにされていくという解釈は、ホッブズとスピノザの違いだけでなく、スピノザの過激さをむしろ覆い隠すように思われる。スピノザは『神学政治論』および『政治論』において、ホッブズ以上に徹底したコナトゥス一元論に基づいて社会契約と国家の形成を描いている。スピノザにおいては規範と自然が対立する契機が乏しく、そのため規範性は自然性として、外面的強制ではなく自然権の実現として出来する。つまり、内面と外面の区別による内面の自由と外面の権威（権力）という二項対立自体が成立しない。[4] スピノザにおける自由の問題はこうした世界像の中に置かれるべきで、ユダヤ的実存の中にではない。

『リヴァイアサン』のイメージ喚起力は、シュミットに劣らずユニークなイギリスの哲学者、マイケル・オークショットをも魅了した。オークショットは「『リヴァイアサン』――ある神話」というBBCのラジオ講演（一九四七年）で、『リヴァイアサン』を「哲学的な文学」、「一つの芸術作品」と表現している。[5]

オークショットはプロティノス『エンネアデス』から、「魂は肉体のうちにあるかぎり、深い眠りについている」という一節を引く。そして人間たちが生み出す文明を「集合的な夢」、「この地上の眠りのなかで一つの民が夢みるもの」であるとする。「そしてこの夢の実質は神話、すなわち人間存在を想像力によって解釈したものであり、人間的生の神秘の（解決ならぬ）悟りである」という。文明という夢において、文学が果たす役割は計り知れない。その役割とは、「夢を破壊することで

（3）同書七四頁

（4）こうしたスピノザ独特の「社会契約」については、柴田寿子『スピノザの政治思想――デモクラシーのもうひとつの可能性』未來社、二〇〇〇年、第一章を参照。

（5）シュミットはオークショットのこの作品をいたく気に入ったようである。そのことは『リヴァイアサン序説』の中金聡による解説（二四四―二四五頁）で指摘されている。

はなく、夢を永遠に想起すること、世代がかわるごとにくりかえし夢を創造すること、ひいては一つの民が夢みる力をより鮮明にすること」[6]である。

『リヴァイアサン』は「英語で書かれた政治哲学のもっとも偉大で、おそらくは唯一の傑作である」[7]。ホッブズにこうした最大級の賛辞を送るオークショットにとって、『リヴァイアサン』は「文明の夢」を神話の形で語りなおした作品である。だからそれは、一つの哲学的文学、生という夢の内実として人々に与えられた神話なのである。

オークショットによると、ホッブズは人間の傲慢と神の恩寵からなるキリスト教の創世神話を作りかえ、それを次のようなものにした。人間の欲望には限りがないが、この世は現世的欲望のすべてをかなえる材料をもっている。ホッブズはこれを、人間の欲望が時間の中で連鎖的に生まれること(言い換えるなら自由意志の性質)によるとする。人間は次から次へと欲望を抱き、それを満足させ、また新たな獲物を見つける。これは人間の生の条件が時間の推移の中にしかないこと、またそれによって人の欲求や思考や意志が、時間性を帯びて継起することに起因する。人はその過程がつづくかぎり失望や幻滅を感じることはない。だが人間の意に反して、その過程は突然中断される。なぜなら人間は死ぬからだ。死によって欲望充足の連鎖は断絶させられる。つまり、生そのものにほかならない欲望と満足の連鎖を断ち切る大いなる恐怖として、死が人間の前に立ちはだかるのである。

もちろん、欲望充足の過程で他者から邪魔が入る(たとえば同じものを欲しがり奪い合う)ことへの恐怖もある。だが闘争という災厄は、合意によって、つまりリヴァイアサン形成によってもたらされる平和によって解決することができる。そのためより小さい恐怖を喚び起こすにすぎない。こうした闘争を回避するために作られるのが政治共同体であり、オークショットのことばでは「文明生活」である。

人は終わり（end）のない欲望に衝き動かされ、欲望の満足の連鎖が突然中断されることを怖れる。そして驚くべきことに、人間たちの創意は「不完全ながらも、人間の自然や状況の一部と化した恐怖と強迫そのものから文明生活を創造するほど力強い」[8]。人は次から次へとやってくる欲望、終わりのない欲求と束の間の充足の連鎖から出ることはできない。それが人間の境涯であり、生とはそういうものである。人間は愚かで、卑小で、不完全で、しかもいつか死ぬ。だがその人間たちは死の恐怖をバネにして、集合的な夢としての文明を作りつづける。その夢がどのような内容をもつのかを示す一つの試みが『リヴァイアサン』なのである。

シュミットもオークショットも、ホッブズが生きた一七世紀を、中世まで機能した創世神話が失われた時代、しかし未だ「科学の上げ潮があらゆる神話を破壊する計画を胸に、われわれの文明を席巻しはじめる前」[9]の時代であったとする。『リヴァイアサン』の神話的な語りが成立しえたのは

（6）Michale Oakeshott, 'Leviathan: A Myth,' in *Hobbes on Civil Association*, Indianapolis: Liberty Fund, 1975, pp.159-160.〔中金聡訳「リヴァイアサン——ひとつの神話」『リヴァイアサン序説』法政大学出版局、二〇〇七年、二〇二頁〕

（7）Oakeshott, 'Introduction to Leviathan,' in *Hobbes on Civil Association*, p.3.〔中金聡訳「リヴァイアサン序説」『リヴァイアサン序説』三頁〕

（8）Oakeshott, 'Leviathan: A Myth,' p.162.〔「リヴァイアサン——ひとつの神話」二〇五頁〕

（9）*ibid.*, p.163.〔同書二〇六頁〕

このためである。彼らは二人とも、中立化と脱政治化、あるいは技術的思考が支配する時代に生きるわれわれには、もはや神話のリアリティは失われていると考える。

だが、シュミットとオークショットの世紀、科学と全体主義の世紀は過ぎ去った。そして二一世紀を生きる私たちには、科学もまた新たな神話の一部だったのではないかと疑うに足る理由がある。また、中立化と脱政治化の時代が神話を掘り崩したといっても、まさにシュミットがホッブズによる神話の終焉を語ったその時代に、人々が国民の夢である神話を求めて行動へと駆り立てられたこともよく知っている。その神話が、科学を装うグロテスクな欲望と旧い民族の記憶の喚び起こしのない交ぜからできていたことも。

また、人間が欲望の満足を求めて死によって止められるまで運動をやめないコナトゥスであるというホッブズの考えは、現在の人間たちの所業を見るかぎりいたるところにその正しさを見出すことができる。これに代わる人間観はどうやらまだ現れていないようなのだ。ホッブズの人間像は醜悪かもしれないが、少なくとも現代から見れば現実をよく描写している。

神の摂理そして救済と、動物的な衝動のあわいに、人間たちは自らの推論能力を頼りとして人工のリヴァイアサンを創る。その際なんらの神話にも頼らないというのは、有限性のうちにありながら無限への希求を止められない人間にとってはどうやら無理なことのようである。オークショットがいうように、科学もまた「覚醒している夢」を見る。しかしそれも一つの狡猾な夢であることを、現代の私たちは熟知している。かといって、この世紀に至ってようやく人類が神話からの真の覚醒に達したというわけではない。

人間存在が生という夢を追い払うことができないなら、その夢の中身を埋める神話はこれからも必要とされるだろう。その神話を構築するものとしての政治哲学と、対抗神話による脱構築の営みは、渦のごとくに人々の生を巻き込みながら、これからもつづいていくほかないのである。

ブックガイド

わたしは参考文献に解説や感想をつけて読者に紹介するのが好きだ。他のいくつかの著書でも試みてきたように、今回は本書で取り上げた著作、また各章のテーマと関連が深い作品、とりわけ愛着のある作品を、これまでの著書で挙げたものとなるべく重複しない範囲で紹介する。

I　隔たりと統治

ウィルソン、ケリング「割れ窓」（James Q. Wilson, George. L. Kelling, 'Broken Windows: The Police and Neighborhood Safety,' in *The Atlantic Monthly*, March 1982, pp.29-38）

この論考は『アトランティック』に掲載された。同誌は一八五七年に創刊されたアメリカ最古の雑誌の一つである。総合誌であるため文章も一般向けに書かれている。そのことがこの論考の主張が多方面にじわじわと浸透した理由であろう。例示や描写が巧みで、これを読むと誰もが割れた窓ガラスを放置するのはやめようという気にさせられる。セキュリティの世界で一時代を築いた古典的作品である。ジェイコブズ『アメリカ大都市の死と生』(一九六一)、パットナム『孤独なボウリング』(二〇〇〇)、デイヴィス『要塞都市L.A.』(一九九〇)などと併せ読むと、この論考がアメリカの「コミュニティ論」の系譜に属することが分かる。しかしその後の利用のされ方は、政治的バイアスのかかったものであった。

平井秀幸『刑務所処遇の社会学——認知行動療法・新自由主義的規律・統治性』世織書房、二〇一五年

逸脱者の統治に関して、いま何が起こっているのか。これについて、とりわけ薬物依存者に対する認知行動療法に焦点を当て、「新自由主義的規律」および「統治性」概念を導きの糸として現状の分析を行った著書。英語圏で蓄積されてきたリスクと統治の犯罪学と問題意識を共有しながら、刑務所の内外で現に行われていることを新たな統治のテクニックとして示そうとする野心作である。『フーコーの穴』や本書第一章を書いた頃から、いつか誰かにやってほしいと思っていたことをやってくれた。とはいえ、境界線上にありかつ越境的な研究をつづける苦労はたいへんなものだろう。フーコーについて、使うか読むかはっきりしない中途半端なかっこつけ現代思想エッセイには辟易するが、「私は使います」とここまではっきり突き抜けてくれると潔くまた清々しい。

ハッキング、石原・重田訳『偶然を飼いならす——統計学と第二次科学革命』木鐸社、一九九九年
(Ian Hacking, *The Taming of Chance*, Cambridge University Press, 1990)

さまざまな場所から小さな裂け目ができ、それがあるとき雪崩を打って劇的な変化をもたらす。科学史に携わる研究者ならぜひ描いてみたいと思う歴史の分岐点を浮かび上がらせる、ハッキングの手腕を堪能できる。姉妹篇『確率の出現』(一九七五)がピンポイントで時代を描くのに対して、統計史である本書の視野は広く、掘り起こされるエピソードが隠されていた場所も多様である。一章ずつどこからでも読めるので、好きなところだけ拾っていると、気づけば全部読んでいるはず。注ではハッキングの豆知識が炸裂しており、ときどき気が散りすぎていて困惑させられる。それも含めて、知的好奇心とはこういうことかと納得。

ハーシュマン、佐々木・旦訳『情念の政治経済学』法政大学出版局、一九八五年(Albert O. Hirschman, *The Passion and the Interests: Political Arguments for Capitalism before Its Triumph*, Princeton: Princeton University Press, 1977)

この本が一九七七年に書かれていたとは驚きである。政治の言語の変容を一八世紀半ばあたりに見るという着眼、当時の人たちが専門をもたなかったために領域横断的な思考を自然に身につけていたという指摘、そして情念をめぐるドラスティックな言語の転換の描写など、短いがアイデア満載である。自由で学問的業績作りにこだわらず、必要とする人がいる場所に赴いて考え、書き、発言しつづけたハーシュマンの姿を伝える一冊。『方法としての自己破壊』(一九九五)、『連帯経済の可能性』(一九八四)を併せ読むと、激動の時代とともに生き、時局の中で最も必要とされることをやり、そのなかで考える彼の姿が浮かぶ。それが第一級の研究となるのだから、やはり特異な思想家、活動家である。

フーコー、慎改訳『生政治の誕生——コレージュ・ド・フランス講義 1978-1979 年度』筑摩書房、二〇〇八年（Michel Foucault, *Naissance de la biopolitique, Cours au Collège de France, 1978-1979*, Paris: Gallimard / Seuil, 2004）

前年度の『安全・領土・人口』とともに、フーコーの統治性研究の中心となる講義。前年度の歴史的アプローチに対し、この年はいくつかの概念をめぐって起こった出来事が時代を行き来しながら描かれる。新自由主義を論じた部分はその後の時代を予言したとされてきたが、現在ではすでに、彼が言わんとしたことの意味をポスト新自由主義の場所からふり返るべき時期に来ている。歴史に道しるべを立てる力、検討すべきことばや年代に注意を集中させるフーコーのセンスに感歎する。ラストの講義「市民社会」のところに来て、「ああ、こういうことか」と納得できなかった人は、わたしが書いた『統治の抗争史』（勁草書房、二〇一八）を一読されたい。そこにたどり着くための長い長いお話が書かれている。

ポランニー、野口・栖原訳『[新訳]大転換——市場社会の形成と崩壊』東洋経済新報社、二〇〇九年（Karl Polanyi, *The Great Transformation: The Political and Economic Origins of Our Time*, New York: Beacon Press, 1944）

二度の世界大戦の原因と帰結を、これほどの射程で見通す本はほかに思い当たらない。貨幣と市場という形式化と自動運動を共通点とする二大要素が、社会というリアルな実体に対して何をしてきたのか。ポランニーはこの問いに、歴史的洞察と理論的認識の双方をブレンドして答えていく。さまざまなアクターの働きによる意図せざる結果でもあり、悪魔のひき臼としての市場の力の必然的帰結でもあるものとして二〇世紀前半が捉えられる。知識と洞察力に基づくヨーロッパ近代の相対化の背後にある、人間愛と弱者からの世界把握を忘れない温かさが、情熱的文体となってほとばしっている。人懐っこい丸顔でちょっと怖そうな奥さんと写るボロ家の前でのツーショット（ネコと一緒。ネットで見られます）を併せて見ると、ますますこの思想家が好きになる。

ヒューム、田中訳『道徳・政治・文学論集』名古屋大学出版会、二〇一一年ほか（David Hume, *Essays, Moral and Political*, I-II, 1st ed., London, 1741-1742）

ここに収録されたエッセイを読むと、一八世紀半ばの政治経済社会をめぐる語彙の変化と新しい用例の出現をかなりの程度理解できる。ヒュームは当時の思想界の磁場の中心におり、それを動かしかつそれに動かされた。感覚から出発する哲学が説明可能なこととそうでないことの境界を明確にし、宗教的な恐怖心によって曇らされることのない眼でこの世界を捉えた。時代の転換点にあってあらゆる点で未来の方を向いていた思想家は、政治秩序に関する完全な保守主義者でもあった。これが成り立つということが、現代に至る経済的自由主義と政治的保守主義との両立へとつながっていくのだろう。「行って戻ってくる」思想家ヒュームについては、わたしの『社会契約論』（ちくま新書、二〇一三）を読んでみてほしい。

ルソー、坂倉訳『人間不平等起源論——付「戦争法原理」』講談社学術文庫、二〇一六年（Jean-Jacques Rousseau, *Sur l'origine, et les fondaments de l'inégalité parmi les hommes*, Amsterdam: Marc-Michel Rey, 1755）

ルソーは自然に帰れだとか自然人が一番いいだとか、そんなことは言っていないと強調されることがある。それが本当だとしても、彼の文明嫌いは度外れている。「第二論文」と呼ばれるこの著作には長い注がいくつか付されており、そのなかにやたらと重要なことが書かれている。なかでもオランウータンについてのルソーの主張をどう捉えたらいいのか当惑するが、当時の人たちが世界の暮らしの多様性に瞠目し、文明とは何かという問いを突きつけられていたことが分かる。読めば読むほど謎が多い作品で、社会契約や法の位置づけは『社会契約論』とどうつながるのかさっぱり分からない。けんかするほど仲がよいヒュームとの関係については、山崎正一と串田孫一の名著『悪魔と裏切者』（文庫版二〇一四、初版一九四九）を参照されたい。ルソーとヒュームはコインの両面で、どちらもオモテでどちらもウラである。

ウェーバー、脇訳『職業としての政治』岩波文庫、一九八〇年ほか（Max Weber, *Politik als Beruf.* ミュンヘン自由学生連盟依頼による一九一九年一月の講演）（新訳：野口雅弘訳『仕事としての学問　仕事としての政治』講談社学術文庫、二〇一八年）

「責任倫理と心情倫理」「悪魔と手を結ぶ」「政治というベルーフ（天職）」などの名言をちりばめたこの講演からは、ドイツ的過剰と英雄好きのマッチョ臭が漂ってくる。聴衆である学生たちの危機意識に触発された、高揚感と使命感がひしひしと伝わる。そして、政治家のなんたるかを官僚のそれと対比しながら理想主義的に語ったこの講演を、テレビの国会中継で見る政治家たちの姿と照らし合わせると絶望的な気持ちになる。だが、現実にはひどい政治家しかいないと嘆くのは無責任で、熱意を持って出発した政治家を挫けさせる政治のあり方をどこから変えるかを真剣に考えなければならない。ウェーバーならきっと、眉間にしわを寄せて情熱的に考えつづけたはずだ。

川出良枝『貴族の徳、商業の精神――モンテスキューと専制批判の系譜』東京大学出版会、一九九六年

モンテスキュー研究というのがまず渋い。どこから読んでも眠くなる思想家が、本当はとてもおもしろいということを教えてくれる（しかしモンテスキューに戻って原典を読むと相変わらずとても眠い）。政治の基本用語がドラスティックに意味を変容させる一七―一八世紀を、モンテスキューを基軸に読み解いていく。素人にはなかなかすごさが分からないが、少しこの時代に明るくなると、注の一行一行からにじみ出る著者のここに至る研究の努力と労力におそれをなす。まだまだ数は少ないが、女性の政治思想研究者は（わたしも含めて）、この人が切り拓いた道を後から辿っていける幸運をかみしめるべきだ。

アリストテレス、山本訳『政治学』岩波文庫、一九六一年ほか

アリストテレスは現代に至る哲学、倫理学、政治学などのカテゴリーや概念の多くを作った。というか、後代の人たちが彼の枠組を継承して思考の土台としてきたのである。『政治学』には政体論や善きポリスの基準からいわゆる「統治のテクノロジー」に至るまで、現在でもなるほどと思うことが書かれている。『ニコマコス倫理学』と併せ読むと、人間の「賢慮（フロネーシス）」の領分が何から成っているかが分かる。また『形而上学』は、近代哲学の基本的な構えを知る最適の教科書である。アリストテレスは近代西洋思想を知りたい人にとって、そこからはじめると納得して膝を打つテキストの宝庫である。哲学の好みは、プラトン派（＝実存派、イデア派）とアリストテレス派（＝分類派、体系派）に二分されるような気がしている。この分類によると、

アウグスティヌス、ホッブズ、スピノザは前者、アクィナス、カントは後者であろう。そしてどちらでもないヘーゲルにはぞっとさせられる。

森政稔『〈政治的なもの〉の遍歴と帰結——新自由主義以降の「政治理論」のために』青土社、二〇一四年

政治思想史を研究することは「いま」とつながることである。一九世紀以降、政治の文法は経済社会や物質的なものを排しては理解することができない。むしろ物質的なものをめぐって政治の語彙が展開してゆく。日常のニュースや街中で目に触れる事柄、それら小さな断片の中にこそ、この社会と政治のあり方を再考するきっかけがある。考えることはいつでもどこでも、好奇心と使命感さえあればはじめられる。こうしたことのすべてを、私はこの人から教わった。自分と同じ頃に研究をはじめ、知的好奇心旺盛だと思っていた人たちが早々とリタイアしていくなか、年上のこの人はいまも躍動する知性と新鮮なまなざし、強靭な思考の持続力を失わないままである。

II　隔たりと連帯

湯浅誠『反貧困——〈すべり台社会〉からの脱出』岩波新書、二〇〇八年

いまどき貧困？　という通念に対し、いままさに貧困が火急の課題であるという認識を広めた一冊。この本の社会的意味は計り知れない。セーフティネットの欠如、社会保障の抜け穴、見捨てられた人々が陥るスパイラル、無縁者など、戦後日本社会が置き去りにしてきた社会集団がた

しかにそこにいることを名指した著作。あるのに見えないものを名指すことの大切さを知らせるとともに、著者の社会活動家としてのスタイルにも注目が集まった。人をつなぎ、思わぬところと結びつくことで社会は変わるという信念は、撓《しな》ることで折れることを回避し、著者の現在につながっている。日本にもある種のノブレスオブリージュを果たそうとする人がいるという事実に勇気づけられる。

デュルケム、田原訳『社会分業論』ちくま学芸文庫、二〇一七年ほか（Émile Durkheim, *De la division du travail social: Étude sur l'organisation des sociétés supérieures*, Paris: Presses Universitaires de France, 1893）

社会学の古典とされるこの本は、巨大な問題を開示した。分業社会における社会的紐帯が「意図せざる結果」でしかなく当事者の意識に上らないという、スミスが「神の見えざる手」として評価したメカニズムには欠陥がある。そこにはモラルの契機がないのだ。しかし、人間社会はモラルな絆がなければ崩壊してしまう。ではどんな絆が分業社会にふさわしいのか。百年以上を経ても私たちがこの問いに答えられない以上、デュルケムが問題を提示するやり方と提案する処方箋に耳を傾ける必要がある。デュルケムは生真面目で面白みのない思想家と思われがちだが、彼は希代の社会主義政治家ジャン・ジョレスの友人で、デュルケム学派には多くの若き社会主義者が集った。意外に広く寛容なその交友関係は、世紀転換期フランス思想の知識社会学的断面図として興味深いものである。

エワルド『福祉国家』（François Ewald, *L'État providence*, Paris: Grasset, 1986）

翻訳がないのが残念だが、福祉国家成立史の語りを変えた本。職業的リスクの発見、フォートから無過失責任へ、賠償から保険へ、そして個人から集合性へ。一九世紀産業社会が、工業化の途上で直面した多くの問題を「社会性」の認識を実践的な方向に具現化することでいかに解決したかが描かれる。一九世紀フランスにおける民法典解釈と判例、そして社会経済思想など、取り上げる素材は地理的歴史的に限定されている。だが著者の視点は、より一般的なリスクの近代史のモデルとなりうる開放性をもっている。リスクと保険、そしてポスト福祉国家のセキュリティについて、この本以降さかんになった議論の出発点をなす著書。

ロールズ、坂部他訳『ロールズ哲学史講義』（上）（下）みすず書房、二〇〇五年（John Rawls, *Lectures on the History of Moral Philosophy*, Harvard University Press, 2000）

姉妹篇『政治哲学史講義』Ⅰ・Ⅱ（二〇一一）とならび、ハーバードでの長年の講義をもとにした著作。ロールズの近代モラルフィロソフィーの読み方は、時代背景への言及もあるがテキストの論理的な読解がメイン。着眼はオーソドックスに見えるが、注目する概念やトピックの限定自体に著者の哲学的好みが表れている。彼の思想がヒュームとカントからいかに大きく影響されているかが分かる。コンテクストに拘泥せず原典の構造や思想家の基本的発想を理解したい人には、入門に最適の一冊である。説明は曖昧さを排し、分かりやすさへの最大限の配慮がなされている。ロールズは裏切らない。

アンドレ・ジッド、新庄訳『ジッドの日記』Ⅰ－Ⅴ、日本図書センター、二〇〇三年（André Gide, *Journal*, Paris: Gallimard, 1951-1954）

「連帯」より一世代下の文学者による、時代の政治的な風、家族の息苦しさ、そして激動する社会を映した日記。一八八九年、つまり世紀末にはじまり二度の世界大戦をまたいで一九五一年二月の死の直前まで書きつづけられた。社会連帯主義者で伯父のシャルル・ジッドについて知るために読みはじめたのだが、文学者というのはこれほど鋭敏な感覚で政治と社会を切り取るのかと驚かされた。人物を描写するために選ばれるエピソード、人がいがみあうときどちらが正しいということはなく、ただこんがらがって解けなくなった関係だけが堆積していくさまを、愛情を込めて眺めるという複雑な状況。これが大作家によって語られると何の不自然さもなく心に入ってくる。思想的には実直単純な伯父とは対照的に底が知れないこの作家の日記を読んだあとなら、純愛と禁欲の小説だと思っていた『狭き門』(一九〇九)も変態小説として改めて楽しめる。

フーリエ、福島訳『増補新版 愛の新世界』作品社、二〇一三年(Charles Fourier, *Le nouveau monde amoureux*, 1816. 草稿をもとに一九六七年に出版された)

エンゲルスは「空想から科学へ」と称して後者の方がずっと偉いといったが、本書を読むと空想上等!と思わされる。社会思想が社会「科学」になることで何が失われたのかは二一世紀に投げかけられた重い問いである。組合の思想運動が共同体形成から消費協同組合中心に変わり、友愛のユートピアが連帯の現実的プラグマティズムに変わったときに失われたものと言い換えてもよい。理想郷は古代以来政治思想家たちが追い求めてきたものだが、フーリエを最後にその試みは潰えたように見える。後継となったのは科学を掲げながら理想郷を裏口から招き入れるマルクス主義であった。ただしこの本は本物の奇書。恋愛マスターが頂点に立つ愛の新世界を「いいな」と思う人は心のリア充と認定してよいだろう。

パスカル、松浪訳『パンセ』（『パスカル全集』第三巻）人文書院、一九五九年ほか（Blaise Pascal, *Pensées*, Paris: Desprez, 1670）

含蓄がありすぎて少し読むと疲れてしまう。パスカルが描く「無限」の幻惑に吸い込まれそうになる。そういう読者に配慮してのアフォリズムなのだろうか。パスカルは自らの心をいつも澄んだ眼で眺めることに努めていたにちがいない。思考の明晰さと誠実さによる文章の透明感に窒息しそうになる。プロテスタント的実存というものがあるとするなら、パスカルこそそれであろう。かつて滞在したパリの賄い付の安宿で、そこに住まう年配の繊細で孤独な女性が自分の好きなパンセの詩句を教えてくれた。彼女はその節を少しくぐもった口調で暗唱し、とても大切にしていた。パスカルは世界中でそのように読まれるべき著者なのだろう。

ドストエフスキー、江川訳『悪霊』（上）（下）新潮文庫、二〇〇四年ほか（Федор Михайлович Достоевский, *Бесы*, Азбука-классика, 1873）

論文内の引用は『カラマーゾフの兄弟』であったが、ここでは私が一番好きな作品を挙げる。この作品は、「神が死んだ」世界を稀有の文学的才能が描くといかに恐ろしいことになるかの見本である。登場人物の名前も『カラマーゾフ』よりは覚えやすい。相当深刻に発禁本の要件を備えているが、文豪なので発禁にはならない。西欧の社会主義者の中には、早くからロシアの革命家の軽薄に気づき距離を置いたキースのような人たちがいた。これに対して、内側から結社の怖さを描くドストエフスキーは、思想的薄っぺらさがもたらす無際限の抑圧と粛清という、ロシアで生じた悲劇的結末を予見していた。ドストエフスキーはいつも、「ロシアの農民」による知識世界への醒めた視点と、人間の運命と摂理についての切迫した問いかけに衝き動かされている。

アーレント、志水訳『人間の条件』ちくま学芸文庫、一九九四年（Hannah Arendt, *The Human Condition*, Chicago: University of Chicago Press, 1958）

『全体主義の起源』の後にこの本を書くアーレントの情熱と思想の振幅に驚かされる。テーマに急かされて、書かざるをえなくなって書きつづける思想家。息せき切ったような文体もそのせいであろう。思想史の「定石」とは関係なく思想家と対峙する際の嗅覚は比類ないものだ。彼女が描く光と影のヨーロッパ思想史は、過去にこだわりつづけることでしか未来と関わることはできないという確信に発し、いまも未来を照らしてくれる。彼女もまた、政治が果たしてきた神話的な役割を熟知し、それについて新しい物語を書いた。歩きながら考えごとをしているときなどに、「そうか、アーレントが言おうとしたのはこういうことだったのか」と唐突に納得し、世界が広がるような体験をさせてくれる。

伊藤邦武『人間的な合理性の哲学――パスカルから現代まで』勁草書房、一九九七年

合理性、知性、理性。ポストモダン哲学がやり玉に挙げてきたこれらの理念が、必ずしも統一された像を結ばないことを、丁寧に教えてくれる。理性を否定してどこか別のところに赴くより、「さまざまな」合理性についての哲学史を辿りなおすことの中に、豊かな思想の鉱脈が隠されている。そのことをこの人の作品によってはじめて理解することができた。そして、自分の嗅覚を

信じて対象を選ぶなら、どんなジャンルの思想家を論じてもかまわないということも。この本で選ばれているのは、たとえばパース、ケインズ、ラムジーである。目次に並んだ思想家たちの名を眺めるだけで、脳の中をきれいにしてから読まなければと気合いが入る一冊です。

宮崎駿『風の谷のナウシカ』（1）―（7）徳間書店、一九八二―一九九四年

世界の終わりの後の世界を描いた作品。戦乱に次ぐ戦乱、汚れた空気、破壊された自然と人間生活など、終末の後の息苦しさと希望のなさからはじまる。だがこの作品は、宮崎の絵のタッチによって、はじめから温かい優しさをはらんでいる。太めの筆先で強弱をつけた線が、物語世界にこんなにも重要な役割を果たすとは。主役、脇役、エピソード、造形された機械や生き物、すべてがそれぞれ息をし、固有の物語をはじめたがっている。物語の中では異形の生き物と人間との区別は気にならず、王蟲《オーム》も巨神兵もそれぞれに集合的意志を感じさせる。集合的意志からスピンアウトした個人の意志の愚かさと世界の運命との関係を、摂理としてでもなく自由の賞賛としてでもなく描くなどということがなぜできるのか。描画がもつ力が文字を凌駕する作品。

ニーチェ、手塚訳『ツァラトゥストラ』中公文庫、一九七三年ほか（Friedrich Wilhelm Nietzsche, *Also sprach Zarathustra*, Chemnitz: Schmeitzner, 1883（第一部）。第二・三部は翌年、第四部は私家版として一八八五年に出版され、完結した）

旅人ニーチェの魂の遍歴がイメージ豊かに描かれている。動物がたくさん登場するのも楽しい。ニーチェは詩人で、詩的言語によって最もよく自己の世界を開陳する。彼はドストエフスキーとともに、神なき世界における人間の境涯をひるむことなく描いた。そこで人はどのようにふるま

い、どこに向かうべきなのか。ニーチェは迂回などしない。ニヒリズムに安住する人々は彼の声に耳を貸さなかったが、発狂前の数年、炸裂する思考は人間離れした境地に達した。狂人すれすれの超人のことばは、理解などという生易しいものを寄せつけない。永劫回帰に耐える超人の到来を指し示すニーチェの筆致は、まさに真昼、イントラ・フェストゥムである。誰にも理解されないまま思考と倫理の高みに登った彼の孤独を思いやると胸が痛む。

ホッブズ、水田訳『リヴァイアサン』(一)―(四)岩波文庫、一九八二―一九九二年(Thomas Hobbes, *Leviathan or the Matter, Forme and Power of a Commonwealth Ecclesiasticall and Civill.* London: Andrew Crooke, 1651)

若いときには、社会契約を結んでコモンウェルスが形成されるあたりがいちばんおもしろいと思っていた。少し年をとるとその前の部分、感覚から言語や推論、そして情念が出てくるあたりをとてもおもしろく感じる。ホッブズ哲学の基本的構えが一貫していることが分かるからだ。きっともっと年をとったら、聖書解釈や教会権力、異端について論じた後半部分が読みたくなるのだろう。中世以来の法学的思考、古代から伝えられた幾何学的思考、そして近代が生み出した実験的思考の精神が層をなし、立体的な相貌を形づくっている。難しくてとても読めないと思われるかもしれないが、部分部分の論理が力強く明晰なので、大筋を追うことはできるはずだ。

オークショット、中金訳「リヴァイアサン――ひとつの神話」『リヴァイアサン序説』法政大学出版局、二〇〇七年(Michael Oakeshott, 'Leviathan, A Mythe,' in *Hobbes on Civil Association*, Indianapolis: Liberty Fund, 1975, pp.159-163)

ボズ・スキャッグスに“We're All Alone”という曲がある。オークショットにいわせれば、ホッブズが示したのはわれわれは孤独 solitary だがひとり alone ではないということだ。これこそ人間たちが政治共同体（公民的結社）を創造せざるをえない理由である。原文はロジカルで訳文は詩的。いずれも文学である。どちらもオークショットらしく、文体が取り憑いてくる。オークショットには、分からないけどまた読ませてくださいと思わせる麻薬性がある。ただし彼の方で読者を選ぶので、少し読んで引き込まれるか苦手かのどちらかだろう。引き込まれたらあなたも今日からオークショティアン。

長尾龍一「附録 シュミット再読——悪魔との取引」「人名索引」『カール・シュミット著作集II』慈学社、二〇〇七年

煮ても焼いても喰えない思想家、カール・シュミット。作品によって主張が異なるのにいちいち教養を総動員して力説してくるので、つい説得されてしまう。そして一つ一つの作品で描き出す世界の斬新さには目を瞠《みは》るものがある。そのシュミットの論理的・概念的不整合と思想史的なミスリードを、幅広い知識とブレのない論理的思考を駆使して解説してくれている。これで読者はようやくシュミットの磁場から少し距離を取れる。著者は私の恩師であるが、最も力を入れたのでぜひ読んでほしいとまさに懇願されたのが、人名索引である。シュミットが砲弾のように繰り出す誰か分からない人たちの素性が示されている。また出典をわざと隠すシュミットの引用に手こずりながらもそれを愛し、いつも嬉々として最近の調査の成果を語る知的好奇心のかたまりのような姿には脱帽する。

戸田山和久『恐怖の哲学――ホラーで人間を読む』NHK出版新書、二〇一六年

人はなぜホラーを観るのか。ホラー映画の何をどう怖がっているのか。恐怖を入口に人間の認知と情動の仕組みに迫る力作。本書のテーマと何の関係があるかと思われるかもしれないが、「恐怖」という情念がいかに手に負えないものかはホッブズが指摘した最も重要な事実の一つであった。その恐怖が、一方で非常に衝動的な側面をもちながら、他方で経験を介した複雑な心の働きによって引き起こされることが示されている。哲学者なので「心のはたらき」へと議論の重心がシフトしていくが、これはオークショットが「人間の境涯」と呼んだ、人間の生の条件への別角度からのアプローチである。たとえば「日本が攻撃されたら」といった想定は安全保障を論じるときある種の人たちの合言葉になっているが、そこにどのような恐怖の仕組みが介在しているかはあまり問われることがない。法律論も政治論も恐怖そのものを素通りしてなされていいはずがない。

おわりに

本書に収められているのは二〇〇〇年から二〇一八年に書いた諸論考である。それぞれの初出を記しておく。この論集に収録するにあたって、それぞれの論考の内容や構成には原則として手を入れず、文献表記やかなづかい、言い回しなどを修正し、いくつかの付記を行った（第四章には若干内容の修正がある）。

「序」「第Ⅰ部について」「第Ⅱ部について」「第Ⅲ部について」「おわりに」「ブックガイド」――書き下ろし。

第一章　監視と処罰の変貌
『現代思想』第三六巻一三号（二〇〇八年一〇月号）青土社、二一二―二二四頁

第二章　リスクを細分化する社会
『現代思想』第二八巻一号（二〇〇二年一月号）青土社、一四二―一五四頁（「断片化する社会

――ポスト福祉国家と保険」のタイトルで『フーコーの穴――統計学と統治の現在』木鐸社、二〇〇三年、六五―八六頁に再録）
第三章　市場化する統治と市場に抗する統治
『社会思想史研究』（市場経済の思想　市場と資本主義を考える）社会思想史学会年報、第四一号（二〇一七年九月）藤原書店、九―三〇頁
第四章　大学改革における統治性――官僚制と市場のレトリックをめぐって
福井憲彦編『対立する国家と学問――危機に立ち向かう人文社会科学』勉誠出版、二〇一八年、四七―九一頁
第五章　政治と行政について――「官邸」と「官僚」
『現代思想』第四六巻一四号（二〇一八年一〇月号）青土社、一二三―一三一頁
第六章　「隔たり」について
白水社編集部編『パリ同時テロ事件を考える』白水社、二〇一五年、二五―二七頁
第七章　なぜ社会保険に入らなくてはいけないの？
齋藤純一編『支える――連帯と再分配の政治学』（政治の発見3）風行社、二〇一一年、一九―四一頁
第八章　協同組合というプロジェクト
季刊『にじ』第六五二号（二〇一五年冬号）日本協同組合連携機構、二五―三三頁
第九章　現代社会における排除と分断

『政治思想研究』（福祉国家と政治思想）政治思想学会年報、第一一号（二〇一一年五月）風行社、六一—一二三頁

第一〇章　連帯の哲学

『現代思想』第三五巻一一号（二〇〇七年九月号）青土社、一〇〇—一一七頁

第一一章　ナウシカとニヒリズム

『世界思想』第四〇号（二〇一三年春号）世界思想社、一四—一七頁

第一二章　暴力・テロル・情念——『革命について』に見る近代

『現代思想』第四三巻一号（二〇一五年一月号）青土社、二一六—二二六頁

第一三章　なぜ政治思想を研究するのか

『政治思想学会会報』第四五号（二〇一七年一二月）、一—五頁

第一四章　天空の城、リヴァイアサン

『新潮』第一一三一一号（二〇一四年四月号）新潮社、二一八—二一九頁

第一五章　『リヴァイアサン』の想像力

書き下ろし

以下、第Ⅰ部、第Ⅱ部、第Ⅲ部に分けて、執筆時期の古い順に執筆のねらいや書かれたときの事情を記しておく。

第Ⅰ部第二章「リスクを細分化する社会」は、私にとって転機となった思い出深い論考である。

二〇〇〇年頃は、社会が激変しつつあることを肌で感じても、それを言語化し何が起きているかを言い当てることは難しかった。そういうなかで、テレビや新聞・雑誌で大々的に広告が打たれている新しい保険商品に照準を合わせてみることを思い立った。これは私自身が保険加入時に驚くべき「差別」を経験したことがきっかけである。

この試みによって、福祉国家以後の資本主義社会における個人とリスクとの関係づけについて一定の理解を得ることができた。ここから「新自由主義」なるものが個人を活用するあり方について、自分なりの見通しをもてたように思う。現代の統治にとって、個人の自由は最大のエネルギー源であり、社会のために利用しない手はない、いわばうまみの多い獲物だ。そこに不慮の事態への人々の恐怖心や安全の希求をうまくブレンドすれば、社会的責任に代わる巨大な自己責任の保障世界を築くことができる。こうした大きなヴィジョンの一端を、リスク細分型保険のうちに透かし見た。

それまで思想史研究のうちに安住していた私に現代社会について論じるよう勧めてくれたのは、当時『現代思想』編集長であった池上善彦さんである。地道なことをやっていればいつかいろいろ書けるようになるという後ろ向きの期待を口にするほど、当時は新しい領域に踏み出す自信がなかった。しかしやってみればとてもおもしろく、それ以降いくつかのアイデアに基づいて現代社会と確率・統計をめぐる論考を書くことになった。池上さんの叱咤激励によっておそるおそる一歩を踏み出したこの論考がなければ、思想史研究の狭い枠の外に出てみる勇気も機会ももてなかったように思う。

第一章「監視と処罰の変貌」は、こうした興味の延長上に、犯罪と刑罰をめぐって生じている大きな変容について書いたものである。これは二〇〇八年一〇月の『現代思想』「裁判員制度」特集に寄せた論考で、同じ号にパット・オマリーの翻訳、また日本ダルク代表の近藤恒夫さんへのインタヴューを寄稿した。それ以外に浜井浩一さんにも論考を寄せていただいた。オマリーはリスク社会と犯罪をテーマとするリヴァプール大学犯罪学研究所の研究者である。ダルクはいまではよく知られているが、日本初の麻薬中毒者の自助組織（NA）である。近藤さんが意識して行っている組織の作り方と広げ方が、ネガティヴさをバネにしたつながりの未来型であるように思われて興味をもった（その後もう一度『現代思想』からインタヴューに行った）。また、浜井さんは日本ではめずらしい、法と社会と犯罪者処遇についての独自の問題意識をもった研究者である。このときはデータの裏づけのない「治安悪化」神話の不思議について書いてくださった。本書第二章を含むこうした一連の論考によって、監視と処罰の現在と近未来を見通したいと考えて企画に加わった。

「監視と処罰の変貌」における私の最初の関心は、コミュニティベースの犯罪予防や地域主体のパトロールなどの方向と、厳罰化や監視の強化とは本質的にかなり異なるのではないかということだった。それなのに両者がしばしばセットで語られ、出現するのはなぜなのか。この謎を解きたいと思い、コミュニティ犯罪論と環境犯罪学の嚆矢である「割れ窓」を考察することにした。

現在進行形の事態をいくつかの概念を手がかりにつかまえようとするのだから当然ではあるが、事柄の進展とともに私のなかでの問題設定も変わってきた。とりわけ二〇一七年に書いた二本の論考（第三章、第四章）を通じて、「新自由主義の統治性」といった言い方が時代にそぐわなくなってきているという思いを強くした。もちろんこれに「ポスト新自由主義」という名前をつけて安心してもしかたないことは分かっている。では何が起こりつつあるのか。これに関しては特定の領域や作用を取り上げて見てゆきながら、より広く一般的な社会の動向へとつなげ、それを把握する以外にはない。第I部の後半はそのような性格のものである。

第三章「市場化する統治と市場に抗する統治」は、自由主義と統治をめぐる近代思想史を描きたいという関心からはじまった。本格的にやるなら巨大な仕事になるにちがいないが、着眼すべきいくつかの論点や思想家をピンポイントでたどることを試みた。二〇一六年一〇月の社会思想史学会報告の時点では、フーコーとカール・ポランニーを合わせて取り上げることに強い興味を抱いていた。その後アルバート・ハーシュマンという強烈な個性を加えてみることを思い立ち、自由主義とケインズ主義についての彼の回顧と展望から、新自由主義のヘゲモニーが翳《かげ》りはじめている現状に思い至った。三人の思想家たちはいずれも、政治と経済と社会という三つの領域が近代においてどのように結びつけられてきたかに関心をもっていた。これは言い換えると統治の問題そのものである。彼らそれぞれが描いたものを突き合わせることで、近代における統治の歴史を立体的に素描することがねらいであった。

第四章「大学改革における統治性――官僚制と市場のレトリックをめぐって」は、二〇一六年一一月に行われた日仏会館でのシンポジウムをもとにした論考である。大学改革の中で日々鬱積するストレスを晴らしたいという気持ちがあり、文部科学省がやっていることは統治の観点から見るとどう位置づくのかを考察した。新自由主義なるものが自由放任とは無関係で、むしろさまざまな分野に競争のレトリックをばらまきながら統治の再編を強いるものであることはすでに知られているだろう。だが、そこでの統治の再編手法がどのようなものかについては、いまだ十分に考察されていないように思われる。それを試みる中で、官僚制と競争秩序の関係という興味深い論点が浮かび上がることになった。また、カール・ポランニーによる、市場化と商品化になじまない領域の存在という着想に基づいて、大学改革を描きたいという狙いもあった。教育、福祉、広くケアの領域について競争秩序を軸に編成しようとすると、不合理と混乱と無秩序とナンセンスが残されるだけであるということを示そうとした。

大学をめぐる状況は、この論考を書いたときより悪くなっているかもしれない。科学研究費補助金の配分について、国に対して敵対的で国の役に立たない研究に支出すべきではないという国会議員の意見が話題になっている。もちろんこの主張には強い反対が起こっているが、中立なふりをしている科研費が実は国策を起源とするという、私が行ったような批判が通用しない段階の議論が出てきているようにも思われる。ポピュリズムの新しい段階、つまり誤りであることを容易に指摘できるような見解が、にもかかわらず通用しつづける時代に来ていると言ってもよいだろうか。

第五章「政治と行政について——「官邸」と「官僚」」は、第四章を書くことで明らかになった新しい問題についての考察である。大学に対してあれほど居丈高な要求を行う官僚が政治家を守るために明らかな虚偽答弁をくり返す姿が報道された。ウソをついていること自体より、彼らが国会などで矢面に立たされつづけることに違和感をもった。これは異常な事態ではないだろうか。

そこから、「官邸」「政権」といった、「政治の圧力」という際の政治の位置について考察してみたいと考えるようになった。とはいっても、いざ調べはじめると政治学もおぼつかず、行政学や法学に至ってはかなりの無知であることを改めて認識させられた。それでも思想史的な観点からの考察によって得られる視座もあるはずだというもくろみで書いてみることにした。問題提起と方向性の示唆にとどまったが、今後の議論のきっかけになればと考えている。なお、論点をブラッシュアップするために用いた石川健治論文の存在は、同僚の髙山裕二さんに教えていただいた。

第Ⅱ部の考察の出発点は、第一〇章「連帯の哲学」にある。

大学院に入学したときからずっとフーコーを研究してきた。そのため「ポストモダン的スタンス」に浸っているように見られていたかもしれない。ここでいうポストモダン的とは、既存の価値観、とりわけ近代的なものとして称揚された自由や権利や主体の自立といった価値の重要性を、ことごとく斜に構えて否定する態度といったところだ。

そのため、二〇〇七年に『現代思想』に「連帯の哲学」（本書第一〇章）を書いたときは、周囲から驚かれた。フーコーに触発されてポスト近代の統治について書いてきたのに、突然「連帯」などと言い出したためである。このとき「社会の貧困／貧困の社会」の特集を組んだ『現代思想』現編集長である栗原一樹さんもどうしたのかと思ったようである。

たしかに考えてみれば、ポストモダンのスタンスと「連帯」とはどうつながるのかよく分からない。だが私としてはこの論考も書くべき必然として書いたように思っている。というのは、本書第二章に収録した「リスクを細分化する社会」以来、やはりリスクを細分化しない社会の方がいいと強く思っていたからだ。この論考の末尾には「多様化・複雑化した社会にふさわしい別の連帯、別の支え合いを構想することも、可能性としてありうるのだ」（本書七一頁）とある。これは書き過ぎかなと思いながらなんとなく書いてしまったのだが、このときから「別の連帯」について思想史的に考察することが一つの責務であると考えるようになった。

「連帯の哲学」のアイデアは、その後『連帯の哲学I――フランス社会連帯主義』（勁草書房、二〇一〇年）という著書になった。この本ではフランスの連帯主義者たちについて時代背景を含めて詳しく考察したため、ロールズとのつながりという初発の構想はいったん脇に置いた。当初第II部としてつづきを書く予定であったがうまくいかず、結局ロールズをめぐる論点は、別の形で『社会契約論』（ちくま新書、二〇一三年）で取り上げることになった。そのため、細かい歴史的背景や思想の内容に立ち入らず当初の構想全体が明確になっている本書第六章は、かえって分かりやすく初発のもくろみを示してくれていると思う。

つながることと独立していること、異なることと共同性をもつこと、自立することと助け合うこと、互いに知らないことと同胞であること、こうした二項が両立するような結びつきこそが、「多様化・複雑化した社会にふさわしい」連帯であろう。それが単なるユートピアでなく歴史的に模索されてきたと示すことで、読んだ人も勇気づけられるような文章であることを願って書いた。

第九章「現代社会における排除と分断」は、二〇一〇年五月に開催された政治思想学会での報告をもとにしている。これを書いた頃には、政治思想研究の世界では「社会」「労働」「生」に関わる問題関心が希薄であるという認識をもっていた。そうしたなか、一方でミシェル・フーコーの統治や生権力を研究することの難しさ、なかなか研究の意図が理解されないもどかしさを感じていた。

他方で、当時日本社会にとって古くて新しい問題としてクローズアップされていた「貧困」や「排除」といった課題に対して、政治思想は応答することばをもっているのだろうかという疑念を抱いていた。

二〇一八年現在、とくに子どもの貧困を中心としてそれが重大な問題であることは広く認知されている。あるいは、一般の人と貧困者の分断というより、一握りの「成功者」や富裕層とそれ以外の人々に社会が分たれるようになっている。多くの人がいつ貧困者に「転落」するかと恐れながら生活している、日本はそういう社会になってしまった。それなのになお、連帯やつながりではなく不寛容と保身の雰囲気がこの社会を覆っている。

ではこうした問題を語り、解決を模索する言語の探求に、政治思想は向き合ってきただろうか。これについては、ここ数年は思った以上によい状況だと感じている。若い世代の中で、生活や経済社会をめぐる問題への関心が共有されており、政治をそうした領域や問題への応答の営みとして捉えるような研究が着実に育ってきているからだ。領域横断的で自由な発想の研究者に出会う機会も増えた。それによって私自身も、以前よりずっと他の研究者との接点や共有できる部分を見出せるようになっている。

第七章「なぜ社会保険に入らなくてはいけないの？」と第八章「協同組合というプロジェクト」は、エゴイズムや自己利益とは異なるしかたでのつながりの原理や実践について考察したものである。当時の社会保険、とりわけ年金加入を促す謳い文句が、個人の生活不安や老後の安心を強調するものばかりであることが気になっていた。お金を払って社会保険に入るのだから、個人がメリットを感じることが重要なのは当然である。しかし、社会連帯や支え合いといった論点がほとんど取り上げられないことには戸惑いを覚えた。

そもそも社会保障の議論は、自分のためか他者のためかの二項対立で括った時点で終わるような話である。自分のためを超えることが決して自己犠牲にならないところに制度の妙があるのに、社会保障を推進しようとする側でさえそれを忘却しているとしたら危機的である。なぜ連帯するのか、その仕組みが生み出す人と人との関係には、他の関係にないどのような特徴があるのか。これについて一般の人だけでなく、社会保障の制度設計や普及に携わる人たちはいま一度原理的なところから再考すべきではないだろうか。

第八章は、一九世紀の協同組合史とその前史を調べていく過程で、現在では企業組織の代表である「株式会社」が、組合と同時期に試行錯誤の途上にあったことを知って書いた。資本主義における代表的組織は会社であるが、その歴史的思想史的考察はあまり見たことがない。壮大なこのテーマに挑むことはこの小論では無理だが、一九世紀にはまだ有限責任の株式会社は一般的でなかった反面、協同組合の試みはさかんであった。そして、無限責任の所有者資本主義のオルタナティブとして、協同組合にはかなりの期待が寄せられていた。この事実は「協働のあり方の歴史」を描き、そこから未来を構想する第一歩として重要なのではないかと考えている。

第六章「「隔たり」について」は、フランスで相次いだテロ事件を受けて、白水社から緊急出版された『パリ同時テロ事件を考える』(白水社、二〇一五年)のために書いたものである。日本に住んでいるとヨーロッパのテロについて「実感」をもつことは難しい。まずはそれがどのような理由で難しいかを考えたかった。二〇一六年以降、技能実習制度がなし崩し的に改正を重ねており、日本で働く外国人はすっかり身近になっている。だが彼らを「移民」にはしないというこれまでの政府方針、そして日本における外国人の存在の歴史性から、人種と暴力の問題はこれからもヨーロッパとは異なったかたちをとるであろう。

だがこの問題は、このあと日本で巨大な政治課題になることは確実である。それなのにさしたる議論もなされずに裏口から制度が拡充されてきた。政治的争点として取り上げられないまま、必ずしも政権の方針と折り合わないはずの政策が、経済的必要に圧されて密かに採用されている。このことは、今後大きな火種となりうる可能性があり、危惧される。技能実習生という名をつけたからといって、この人たちが人間から単なる労働力に変わるわけではない。外国から人を受け入れるとは、その人の全生活が日本の中で営まれることを意味する。そこで生じるさまざまな問題を明るみに出し議論の俎上に載せることが、日本社会にとって火急の課題であると思われる。

第Ⅲ部で描かれている構想は、これまで「統治と連帯」を考察対象としてきた私にとっては新しいもので、その第一歩は、第一一章「ナウシカとニヒリズム」執筆を通じてふみ出した。ここでは着想にすぎなかったものを政治的考察へと結びつけたのが、第一二章「暴力・テロル・情念」であった。

第一一章「ナウシカとニヒリズム」は、ニヒリズムの通念に対する違和感から書いた。ニーチェはきわめて倫理的なテーマを扱った思想家で、ニヒリズムの概念も彼の倫理的態度と関係している。つまり「人はこの世界にどう関わるべきか」についての彼の態度表明がニヒリズム批判に表れているのである。しかしこれをニーチェに即して説明すると話が分かりにくくなる。彼が「解説」に抗う思想家だからだ。そこで、宮崎駿に仮託してニーチェのニヒリズム批判の要諦を示そうとしたのがこの論考である。

そしてこの文章は、期せずして私が書いたものの中で最も読まれてきた文章になった。というのは、いくつもの大学で入試問題として出題され、受験参考書や模試でもたびたび取り上げられているからだ。もちろんそのような意図で書いたものではないが、年齢とは関係なく理解できるテーマを扱ったつもりなので、これはうれしい誤算であった。もっとも入試問題や参考書の問いは難しいものが多く、著者でも答えを間違えることがある。必ずしも論理的整合性を問うのでなく、著者の「意図」を選択させる「国語」の世界というのも妙なものだと思いながら、毎年のように作問を読んでいる。

第一二章「暴力・テロル・情念」は、『現代思想』二〇一五年一月の特集「現代思想の新展開二〇一五」に寄稿したものである。特集そのものは哲学の新しい動向として思弁的実在論などを扱う論考が多かった。私の論考は、ポストモダン思想が「理性」「思考」「主体」などの側面から近代を批判的に考察してきたのに対し、これからは「情念」「行動」などが鍵になるだろうという問題意識でテーマを設定した。こうしたテーマを論じるにあたってまず注目すべき政治思想家はハンナ・アーレントであるが、彼女もニーチェと並んで論じにくい。

一方で、『タクシードライバー』という映画についてずっと気になっていたことがあった。この映画は「男の」映画、男性から支持を得やすい映画とされてきたように思う。これは、無軌道で言語化しにくい暴力を描いた多くの映画にあてはまることかもしれない。しかしこの映画をそのように整理してしまうことにずっと違和感があった。注の中でトラヴィスが使った銃やナイフ、ジャケットやサングラスに詳しく言及しているのは、この映画で用いられた「海兵隊の記号」の効果を理解したいと考えたからだ。トラヴィスの荒唐無稽な人物像に妙なリアリティがあるのは、フィクションが細部の作り込みによってのみ人物をリアルに造形できるからだろう。性暴力やセクハラ被害が話題に上るたびに、そこに通底する加害者の心性について思いをめぐらせる。そのときトラヴィスが頭に浮かぶ。つまりこの映画は、男の映画というより人と人とのディスコミニュケーションをつないでいって事件を起こす作品なのだ。そして主人公は最後に起こる「世間」とのディスコミニュケーションによって罪を免れる。

情念と暴力の問題を気になる映画を題材に論じる。それを通じて新しい角度から思想家の考えにアプローチする。これがこの論考で試したかったことである。

第一三章「なぜ政治思想を研究するのか」は、二〇一七年の『政治思想学会会報』に寄稿した論考である。ここではこの小さな学会のメンバーに向けて文章を書いていることが分かる表現を、そのまま残してある。政治が成立する「場」を反省的に思考するのが政治思想であるとするなら、その「場」とはどんなところなのか。これは「ナウシカとニヒリズム」以来、第Ⅲ部のすべての論考に通底するテーマである。そしてこの論考は、第一二章のテーマを別角度から再説したものである。パスカルの無限について取り上げようと考えたのは、このとき執筆していた著書（『統治の抗争史——フーコー講義 1978-79』勁草書房、二〇一八年）において、確率の出現を扱う章でパスカルの賭けを取り上げたためである。

第一四章「天空の城、リヴァイアサン」は、文芸誌である『新潮』という、私としてはめずらしい媒体に書いたものである。二〇一三年に『社会契約論』（ちくま新書）を出したが、このときからホッブズのリヴァイアサンをどこにあるどんな場所として想像すればいいのか気になっていた。ホッブズの偉大さは、どんなふうに描いてもリヴァイアサンはそうでもありうるという気にさせるところ、なおかつリヴァイアサンが唯一無二の政治共同体の条件を満たしているところにある。だからこれは私にとってのリヴァイアサンのイメージで、これまで描かれてきた多くのものとは異なっているだろう。リヴァイアサンはたしかに大地の上にあるのだが、地べたを這いずりまわる獣や生物の世界ではない。それは天と地の「あいだ」にある。そこから先、その場所をどうイメージするかは、読み手の想像力に委ねられている。

第一五章「『リヴァイアサン』の想像力」は、第一四章のつづきにあたる書き下ろしである。カール・シュミットとマイケル・オークショット。二人の思想家の『リヴァイアサン』への接近のしかたには、共通点があるように思われる。もちろん多くの点で両者は異なり、シュミットによるホッブズ政治論の性急な思想史的意味づけにオークショットは賛同しないだろう。しかし、ホッブズが描こうとした「場所」を摂理と信仰の世界の瓦解との関係で捉える視角において、二人には通じ合う部分がある。そして、ホッブズが描いたのが新しい「神話」で、その神話が説得力を失わざるをえない状況（彼らにとっての現状）に危機意識を抱く点でも両者は共通している。シュミットは、博覧強記だが案外脇が甘いところがある。一方のオークショットは老獪《ろうかい》である。ふたりの無二の才能に一瞬の邂逅をもたらしたホッブズという思想家が政治の世界に込めようとした意味と内実は、計り知れないエネルギーを湛えているのだろう。

こうして並べてみると、いずれも『現代思想』に書いた「リスクを細分化する社会」「連帯の哲学」「暴力・テロル・情念」が、各部のテーマを支える基本的な構想を打ち出した論文であったことに改めて気づかされる。

はじめて『現代思想』に原稿を寄せたのは一九九四年四月号、ジャック・ドンズロ「社会の動員」の翻訳であった。二四年も前になるとは驚きである。そのときの担当編集者はのちに『批評空間』に移られた内藤裕治さんであった。その後当時の編集長であった池上善彦さん、現在はみすず書房に移られた鈴木英果さんとともにいくつかの論考を発表した。「連帯の哲学」以降は現編集長の栗原一樹さんとの付き合いで、いつの間にか長くなった。何を書いてもいいけれど何を書いてもいいわけではない。あるのかないのか分からないけれどやはりある縛りによって妙にプレッシャーがかかるこの雑誌との関係のおかげで、私は現代社会との思想的なつながりを保ちつづけることができたように思う。

いわゆる学術雑誌でもなく、また紀要や学会誌でもない文字メディアというものは、いまや絶滅危惧種のレッドリストに載っているような存在である。大学人の研究業績表にも「査読あり／査読なし」に分けて業績一覧を並べることが通例となっている。これも文部科学省がどこか外国からもってきて強要しはじめた新しい文化であろう。規律訓練はそういう些細な日常においてこそ力を発揮するのだ。

そのなかで、『現代思想』のような月刊誌が存在する場所はどこにあるのだろう。しかもこの雑誌は、もう少し時事的な話題をそのまま取り上げる論壇メディアでもなく、まさに現代の思想がどう社会と切り結ぶかを語ってみようというコンセプトなのだから。論壇文化が死滅しかかる一方で、研究者が論文を書く媒体は日本の教育研究行政によってじわじわと限定され囲い込まれつつある。そうした状況で『現代思想』もつねに苦境の中にあるだろう。ときどきだがとてもいい特集を出すこの思想誌を、今後も見守り関わりをつづけていきたい。

このようにいずれも大切な諸論考を青土社から単行本化するという企画を持ちかけてくれたのは、とても若い編集者の加藤峻さんであった。気づいたら年下の編集者との仕事ばかりになっているが、異世代からの刺激と感性の初々しさで本書の方向性を定めることができた。いまでは時代がかったものになりすぎ、結局ボツになった収録候補の他作品を含め、永きにわたって私が書いてきた数多くの論考に目を通し、さまざまな提案をしてくださった。このような形で自らの思考の歩みと時代との関わりを残しておくことができることは本当に幸運である。

こう書くと人生終わりかけているようで奇妙だが、不慮の事態がなければどうやらまだ先は長そうである。思考を未来に向けて、次のテーマを探しにいきたいと思う。

二〇一八年九月

重田園江

事項索引

さ行

た行

な行

は行

ま行

や行

ら行

わ行

人名索引

あ行

アーレント Hannah Arendt　10, 226, 298-304, 307, 312, 322-323, 355, 373
イグナティエフ Michael Ignatieff　70-71
ウィルソン James Q. Wilson　26, 27, 28, 34-35, 37, 165, 232, 343
ウェーバー Max Weber　110-111, 136-137, 157, 161, 284, 296, 348
エワルド François Ewald　49, 246, 253, 259, 351
オーウェン Robert Owen　216-217
オークショット Michael Oakeshott　337-340, 357, 358-359, 375

か行

カント Immanuel Kant　257, 297, 350, 352
ケインズ John Maynard Keynes　77-78, 90-91, 210-211, 356, 366
ケリング George L. Kelling　27-28, 30-31, 33-34, 37, 232, 343
ケトレ Adolphe Quetelet　47-48, 51-58, 61-65, 67, 197-198
ゴルトン Francis Galton　47-48, 61-65, 67
コント Auguste Comte　197, 252

さ行

サン＝シモン Henri de Saint-Simon　217, 252, 254
シュミット Carl Schmitt　284, 333-337, 339-340, 358, 375
ジッド Charles Gide　217, 250-251, 254, 264-267, 278, 352-353
新藤宗幸　140-141
スコセッシ Martin Scorsese　306, 311, 313
スミス Adam Smith　81, 83-84, 86-87, 89, 91, 215, 219, 224, 229, 252, 255, 269-270, 351
スピノザ Baruch Spinoza　336-337, 350

た行

ダイシー Albert Venn Dicey　105
デュルケム Emile Durkheim　47-48, 53-58, 62-63, 65, 67, 198, 200, 217, 250-252, 254, 263-265, 278-279, 351
トクヴィル Alexis de Tocqueville　91, 133-135, 149, 152, 167
ドストエフスキー Feodor Dostoyevsky（英）　302, 322, 354-356

な行

ニーチェ Friedrich Nietzsche　293, 356-357, 372-373

は行

ハーシュマン Albert O. Hirschman　77-79, 81, 83, 89-93, 345, 366
ハイエク Friedrich Hayek　122, 210

パスカル Blaise Pascal　201, 283-284, 318-323, 325, 354-355, 374
ハッキング Ian Hacking　47-48, 55-56, 61, 63, 65, 318-319, 344
廣重徹　126-127
ヒューム David Hume　82-83, 224, 228-229, 269, 297, 327, 347-348, 352
フーコー Michel Foucault　9, 17, 22-23, 25, 51, 53, 69, 71, 73, 77, 89, 93, 97-99, 100-101, 108, 116-117, 145, 151, 209-213, 227, 296, 316, 344-346, 362, 366, 368-369, 374
フーリエ Charles Fourier　216-217, 252, 353
ファーガスン Adam Ferguson　91, 100-101
フリードマン Milton Friedman　210
プルードン Pierre Josephe Proudhon　252
ブルジョア Léon Bourgeois　54-55, 180, 190, 208, 250-251, 254-258, 261, 264-266, 273, 278
ホッブズ Thomas Hobbes　10-11, 173, 202-203, 216, 269, 272, 327-330, 333-336, 338-340, 350, 357, 359, 375-376
ポランニー Karl Polanyi　9, 73, 75-77, 89, 93-97, 102-108, 346, 366-367

ま行

マキャヴェリ Niccolò Machiavelli　161, 297
マルクス Karl Marx　93, 208, 212, 224
宮崎駿　288, 293, 329, 356, 373
メルヴィル Herman Melville　302, 322
モンテスキュー Charles de Montesquieu　90-91, 94, 132-135, 167, 348-349

や行

矢部貞治　162-163, 165-166
ヤング Jock Young　26-30, 231, 233

ら行

ライプニッツ Gottfried Leibniz　319
ルソー Jean-Jacques Rousseau　9, 11, 82-83, 92, 94-96, 132-133, 167, 297, 301, 322-323, 327, 347, 348
ロールズ John Rawls　200-201, 245, 247-251, 255, 266-279, 327, 352, 369
ロザンヴァロン Pierre Rosanvallon　71, 245-249, 253, 267, 270
ロベスピエール Maximillian Robespierre　299-302, 304, 306, 321-324

［著者］重田園江（おもだ・そのえ）

1968年兵庫県西宮市生まれ。早稲田大学政治経済学部、日本開発銀行を経て、東京大学大学院総合文化研究科博士課程単位取得退学。現在、明治大学政治経済学部教授。専門は、現代思想・政治思想史。著書に、『フーコーの穴――統計学と統治の現在』（木鐸社）、『ミシェル・フーコー――近代を裏から読む』『社会契約論――ホッブズ、ヒューム、ルソー、ロールズ』（ちくま新書）、『連帯の哲学I――フランス社会連帯主義』『統治の抗争史――フーコー講義1978-79』（勁草書房）、訳書にイアン・ハッキング『偶然を飼いならす――統計学と第二次科学革命』（共訳、木鐸社）など。

隔たりと政治
統治と連帯の思想

2018年11月21日　第1刷印刷
2018年12月7日　第1刷発行

著者――重田園江

発行者――清水一人
発行所――青土社

〒101-0051　東京都千代田区神田神保町1-29　市瀬ビル
［電話］03-3291-9831（編集）　03-3294-7829（営業）
［振替］00190-7-192955

印刷・製本――双文社印刷

装幀――細野綾子

©2018, OMODA Sonoe, Printed in Japan
ISBN 978-4-7917-7117-2　C0010